U0051389

第七意識與第八意識？

——穿越時空「超意識」

——平實導師　述

ISBN:978-986-6431-47-0

從意識細分出來的心，名為意識的細心、極細心，能說不是意識嗎？當然不能。既然仍是意識，即是**識陰**所攝，所以意識的細心、極細心，仍然是生滅心。

假使有人能把意識細分為三個、五個、八個，仍然是意識，不是佛法中說的第七識意根、第八識如來藏。因為，第七識是意識運作時的所依根，第八識是出生意識的如來藏，又名阿賴耶識、異熟識，成佛時改名為無垢識。能生意識的第八識，以及意識生起後的所依根，都是先於意識而存在，當然不可能從被生而且後有的意識中細分出來。這是稍懂邏輯的人都能瞭解的道理，真正想要修學佛菩提道的人，對此稍加思惟即可了知；此後將不再被六識論者所說的第七意識、第八意識故意混淆的說法所誤導，即能如實邁向真正的成佛之道或聲聞解脫道。

——平實導師

第八識如來藏出生了名色，才會有三界有情的存在，所以第八識是一切有情的本源，禪宗稱此如來藏爲父母未生前的本來面目；意識攝屬名色中的名，只是如來藏所生的識陰中的一個識，不論如何細分，都不能脫離識陰的範疇。

第七識意根則是意識出生的藉緣，也是意識出生後的所依根；若無意根陪著意識同時存在，意識即無法存在及運作。但意識因眠熟或悶絕而中斷時，意根仍繼續存在及運作，所以有情在眠熟位及悶絕位中不會捨身死亡，證實意根時時刻刻現行而眞實存在，並非只是意識的種子。

第八識是出生意識的常住心，釋迦如來名之爲如來藏，先於意識而存在；第七識是意識出生後的所依根，當意識存在時，意根必定同時存在及主導意識的好惡等行爲，並且是意識眠熟而中斷時仍繼續存在的心。由第七、第八識都先於第六意識存在的道理，證實第八識與第七識並非由第六意識細分出來的；而這二個識至今仍然可以實證其存在，也已證實第七識與第八識都非從意識心中細分出來的假名言說。

——平實導師

意根與意識的區別，是有智慧的菩薩們才能了知的佛法眞義。沒有智慧的人無法信受意根與意識同時存在，更無法區別意根與意識的差異性，也無法了知意根眞的存在，所以玄奘菩薩造的《八識規矩頌》中說：「愚者難分識與根。」這是說，小乘聲聞愚於佛法，只知解脫道，不能了知意根與意識各有種子，也常常同時現行；由於不懂意根的緣故，誤以爲意根與意識互生，就主張意根是意識的種子，意識是意根的現行，不知道意根是常住不斷而時時現行的「現識」；於是產生了許多智者所破斥的法義上的種種過失，在智者面前就無法啓口說法，也是早就被玄奘菩薩在頌中所破斥的了。

——平實導師

目次

序

佛法的修證，下從人天善法的人乘與天乘，中如二乘小法的聲聞菩提與緣覺菩提，上如大乘法的佛菩提道，全都建立於八識和合的正理才能成立；若不依於八識論正理而說，改依常見外道的六識論而說，即不免落入常見外道的邪見中；非唯作祖成佛全墮空談，乃至修習無數阿僧祇劫以後仍將是凡夫或外道，一世空修菩提，唐捐其功。數百年來的北傳大乘佛教，即因得勢的弘法者悉墮於常見外道的六識論中，所修佛菩提道悉皆無功，甚至助長了相似像法，令正法淹沒不彰而告失傳，適足以印證 釋迦如來於《阿含經》中的預記。

《雜阿含經》卷三十二，釋迦如來預記云：「譬如劫欲壞時，眞寶未滅，有諸相似僞寶出於世間；僞寶出已，眞寶則沒。如是，迦葉！如來正法欲滅之時，有**相似像法**生；相似像法出世間已，正法則滅。……如來正法不爲地界所壞，不爲水、火、風界所壞；乃至惡眾生出世，樂行諸惡、欲行諸惡、成就諸惡，非法言法、法言非法，非律言律、律言非律，**以相似法，句味熾然，如來正法於此則沒**。」是故相似像法流行於人間時，若不加以辨正，佛門四眾普皆不知相似像法與眞實正法的差異所在；當相似像法廣爲流行時，眞實正法則被大量的相似像法淹沒而不能彰顯，於是漸漸滅沒。若欲弘護眞實正法者，悉應憶念玄奘菩薩「**若不摧邪難以顯正**」的教導，終生效法而救護佛門四眾，才能令眞實正法久住，以免眞實正法被廣爲流行的相似像法淹沒，佛門四眾畢生精勤修習的三乘菩提方能有成。

自從筆者小眾弘法後創立正覺同修會，自始至終都以八識論正法弘揚三乘菩提，至今已歷二十二年，仍以第八識的眞如、佛性弘揚，永不改易如是第八識正法。如今大乘佛教弘傳地區，於修學佛法多年之佛弟子中，多已知悉三乘菩提的修學不能外於八識論正理，否則一切苦修皆將徒勞而無所證。由是緣故，已有佛門中落入常見外道見解的六識論弘法者，亦開始宣稱他們所弘揚的佛法也是八識論正法；可見八識論正理的奠基已有成效，久修佛法的佛教大眾普皆知悉八識論正理是修學佛法的實證基礎，大多信受不疑。

然而卻有墮入識陰或意識境界中的佛門六識論法師們，隨著如是情勢而跟著宣稱他們弘揚的解脫道也是八識論的正理，卻只是將識陰所攝的第六意識細分出細意識及極細意識，自行命名爲第七意識、第八意識，誑惑佛門四眾而宣稱爲八識論的弘法者。然而意識細分出來的內涵，本來就不能誑唬大眾而宣稱爲第七意識、第八意識，否則眼識也將可以細分其功能而稱之爲第二眼識、第三眼識；依此類推，意識即非排名第六，不該稱爲第六意識。由此可見其第七意識、第八意識之立名，是不合邏輯、不合因明的妄立；仍應回歸第七識爲意根、第八識爲如來藏之佛教原本正理，才是符合大小乘諸經所說的正理，依之修行才不會付諸流水——在整整一世精勤苦修之後。

所以者何？從意識細分出來之心，永遠不能自外於意識，不論其名爲細心或極細心，仍是意識，**識陰**所攝，仍屬四阿含諸經中 釋迦如來所定義，要藉根、塵二法爲因緣才能出生的識陰；是故以意識的自身，以及意識細分出來的細心、極細心，取代第七識意根及第八識如來藏者，仍然屬於識陰範疇的生滅心。

六識論者將意識細分爲三心，藉以取代第七識意根、第八識如來藏，是極不恰當也不誠實的作爲，本質是在欺騙不知情的新學佛四眾弟子。意識細分出來的內涵，不外於意識的功能性，仍屬於意識所有，並無第七識意根及第八識如來藏的功德，仍非佛法說的第七識意根、第八識如來藏，當知不能用來取代第七、八識。此因第七識意根乃意識運作時的所依根，第八識則是出生意識的如來藏，又名阿賴耶識、異熟識，成佛時改名爲無垢識。能生意識的第八識，以及意識生起後的所依根，都是先於意識而存在，當然不可能從被生而且後有的意識中細分出來，凡是稍懂邏輯的人都能瞭解這個道理；只要有人將此眞理稍加說明，眞正想要修學佛菩提道的人，將不再被六識論者所說的第七意識、第八意識故意混淆的說法所誤導，便能邁向眞正的成佛之道或聲聞解脫道。

意識的細分，永遠無法取代第七識意根與第八識如來藏，因爲意識是依意根而存在的，也是從如來藏中出生的；而且意識攝屬名色中的名，只是如來藏所生的識陰中的一個識，不論如何細分，都不能脫離如來藏所生的識陰範疇，如何能反過來細分出能生意識的第八識如來藏，而名之爲第八意識？此理大大不通。至於其他的許多過失，於本書中將有詳細的舉例及闡釋，讀者細讀之後自能了知佛門中的六識論者，以意識細分取代第七、八識的種種過失，則能開始回歸八識論正法，爾後凡有所學、所修，悉皆功不唐捐。

至於意根與意識的區別，是有智慧的菩薩們才能了知的佛法眞義；以意識的細分當作第七識、第八識的佛門六識論者，本質從來不曾外於六識論邪見，不因其建立第七意識、第八意識之說法，而能成爲八識論者；故說他們都是愚癡人一類，悉皆不能外於常見外道的見解，當知無法信受意根與意識同時存在的實證現量事實，更無法區別意根與意識的差異性，當知亦無法了知意根眞的存在，因此緣故，玄奘菩薩所造的《八識規矩頌》

中說：「愚者難分識與根。」這是說，小乘聲聞凡夫們愚於佛法，落入六識論中而只知想像的解脫道，不知聲聞解脫道亦依八識論正理而修才能成就，亦不能了知意根與意識各有種子而且常常**同時**現行的事實，誤會意根與意識互生，故主張意根是意識的種子、意識是意根的現行；從來不知意根是常住不斷而時時現行的「現識」，於是產生了許多已被古今智者所破斥的法義上的種種過失。由玄奘菩薩在《八識規矩頌》中所說的「愚者難分識與根」，已經證實現代公開主張有第七意識、第八意識的人，都是愚人而早就被玄奘菩薩預先破斥了。

爲了救護末法時代的佛門四眾學人，筆者必須針對此一題目加以宣演，是故不厭其煩而不斷地舉例辨正八識論與六識論的差異所在，對於口稱第七意識、第八意識的佛教弘法者，當然必須辯證其爲六識論者的本質，只是仿冒八識論的表象而弘揚六識論的常見外道法，以供佛門四眾大師與學人鑑照，遠離六識論本質的假八識論弘法者，方能回歸眞正的佛菩提道而遠離常見外道邪見，畢生辛勤精修以後方免徒勞而抱憾終生。以是緣故，有此演講整理成文而梓行天下，以利有緣佛子。茲以梓行在即，爰述因緣，即以爲序。

佛子 **平實** 敬序

於公元二〇一二年暖冬

平實導師：

歡迎大家參加這個佛法演講的盛會，我在這裡向大家致謝！我們本來沒有計畫到台中、台南、高雄來弘法，因爲我們本來計畫將台中道場逐漸移交給一位法師，可惜她有一些問題，所以就耽擱下來；現在就變成因緣轉變，不會再移交給誰了。台南也是一樣的情形，已經是交給一位法師，但是因緣也不湊巧，他接了台南講堂以後，反而破壞我們幫他證得的如來藏妙法[1]；所以爲了正法的弘傳，我們又另外成立一個講堂；這也是因緣的轉變，才有今天的台南講堂。所以，我們本來沒有打算要到中部、南部來弘法的，但是因爲學法者在法上得到受用，發了大心，買了這個房子捐給正覺同修會成立高雄講堂；因此，應該說「**南部這邊佛弟子們的法緣成熟了**」，這個高雄正覺講堂的成立，只能說是法緣成熟的緣故而成立，不在我們原來的計畫之中。以上是說明成立「**高雄正覺講堂**」的緣起，當然首先要代替高雄地區的

---

1 編案：詳見《眞假開悟、辨唯識性相、假如來藏、識蘊眞義、燈影》等書及〈略說第九識與第八識並存⋯⋯等之過失〉一文。

有緣佛子們，向捐贈高雄講堂的三位師兄姊致謝[2]。

今天要講的題目是「**第七意識與第八意識？**」，但是有一個大問號「？」跟隨著這個題目。那麼，附上這個大問號當然是有原因的，事實上我們是針對南部佛弟子們目前比較重要的需求來擬定這個題目。這個題目本來我是打算直接寫成書的，如今因為高雄講堂的成立，所以就在這裡先講。但是，第一章我已經寫完了，所以第一章的部分就以口語大概為大家照本宣科地唸一唸。第二章開始，就只是綱要了，內容都還沒寫。

【引言】　若沒有漏失今天的所有法義，聽聞後也能如理作意的領納眞義，因此而不抗拒今天所聽聞、所瞭解的法義，您今天將可能實證初果，並且能以「原始佛法」四阿含經典的見道內容自己印證；唯除較遲鈍而自信不足的初機學人。

講記內容：今天講的法，我希望諸位很用心地來聽聞；如果你可以不漏失今天所說的所有法義，並且聽聞以後也能夠如理作意地領納今天所說法義的內容，不以先入為主的觀念來抗拒，而能接受今天所聽聞、所瞭解的法義，

---

2 由於捐贈者不想讓人知道，故 平實導師未指名道姓稱謝。

那麼你今天就有可能證得初果！也許有人會想：「你這話太誇大了吧！」事實不然！等諸位聽完了今天的演講，回去家裡把阿含部的經典請出來檢驗，那麼你會發覺，今天所聽的法義是可以用阿含部經典來印證的。也就是說，我見的斷除以及三縛結的斷除，依舊是可能的！如果佛法修學了一輩子，結果是**「不可知也不可證的」**，就顯示那個佛法只是表相上的佛法，不是眞正的佛法。實際上，斷三縛結應該是一切佛弟子的首要之務，所以請諸位把原來先入爲主的知見先丟棄掉，把自己當作一張白紙一般來聞法。

我們今天將會爲大家說明意識的眞實意涵。當你在這一場演講中詳細地聽聞，而我會特別著重在識陰的部分作說明，識陰的部分又將特別著重在意識的部分來爲大家說明；諸位聽聞了以後，除非你打瞌睡，否則你將會如實瞭解到意識的本質。五陰之中的我，最難斷的就是意識我見；假使意識我見能夠確實斷了，也如實了知及現觀意識的生滅性，那麼三縛結就斷了，你的口袋就多了一顆看不見的水果[3]啦！這就是眞實佛法的可知、也可證，並且是可以禁得起檢驗的。你可以透過聖教量來檢驗，沒有絲毫的差距；這樣也

[3] 編案：喻指「初果」斷我見（斷三縛結）之功德。

就不枉諸位今天來此一趟，這一趟保證你値回乘車往返的票價！

但是，希望你要一字一句都仔細聽進去。如果今天聽完演講之後，你還無法斷三縛結，我見還存在，那就只有兩個原因：第一、就是不如理作意，誤會了我所說的法理；第二、就是不願意把我見眞的滅除，只是嘴上說很願意斷除我見來證初果，可是實際上心中抗拒。那麼，這樣最多就只有部分的見地（或者說只有「知見」），初果的功德受用將不會存在，你最多只能是個初果向。所以，接受與不接受這正確的法義，對你的影響是非常大的。

第一章 總說——意識之定義

【演講大綱】[4]

意識之定義爲何？這是佛門中人最需要探討的大問題。這個問題，不只是現代末法時期的學佛人所應該大加探討的，也是每一個學佛人都需要立即探討而不應拖延的大問題。因爲釐清這個問題時即可斷除我見，身證聲聞教或大乘通教的初果功德；雖然仍然不能了知實相，仍不

---

[4] 第一章「大綱」是在演講前已經寫好的書中內容，但都與後面的大綱同樣於演講當時投影於銀幕，故與後面的大綱統一稱呼爲「大綱」。

具大乘法的見地，但已在斷我見之後，三縛結隨即斷除而生起解脫道中的見地，預入聖流中，永不再下墮三惡道中，極盡七次人天往返即能出三界，永除輪迴生死大苦，所以是一切學佛人的首要之務。

講記內容：首先我們要進入第一章中來講〈意識之定義〉。意識祂的定義是什麼？這是佛門中人需要探討的一個大問題！不只是現代末法時期的學佛人應該探討的，也是每一個時期的學佛人都要立即探討而不應該拖延的大問題。因爲釐清這個問題時，就可以斷除我見，身證聲聞教或者大乘通教的初果功德。雖然仍然無法了知實相，仍不能具大乘法的見地，但是已經在斷我見以後，三縛結隨即斷除，而生起解脫道中的見地，可以預入聖流中，永遠不再下墮三惡道，極盡七次的人天往返以後，就可以出三界了，從此永除輪迴生死的大苦；所以聲聞法（也就是解脫道）中的見道——證初果，是一切學佛人的首要任務之一。

【演講大綱】然而對於意識心的錯誤認知，導致學佛無量世以至今世，仍然無法確實斷除我見、身證初果，並不是現代學佛人才有的大病，這其實是古今一切學佛人的通病；這不僅是學人們的大病，更是一切錯悟般若

的古今大師們共有的通病。所以此文將先探討意識的確實定義，然後再來談一談第七識與第八識是否可以稱之爲意識？大家就一目了然、再無疑惑了！從此以後，對於一天到晚都以「意識」一名來稱呼第七、八識的法師與居士們，自然知道應該要以何種眼光來看待他們了。

講記內容：我見中最難斷除的就是「意識常住」的邪見，然而對意識心的錯誤認知，導致學佛無量世以來不能斷我見，到了這一世，仍然無法確實斷除我見、身證初果，這並不僅是現代學佛人的大病，而且是一切誤會般若的古時與現代的一切大師們共有的通病。

但是在這裡我要先插進來一句話：「**假使我今天有談到某一些大法師、大居士們法義錯在哪裡，請你不要煩惱！**」因爲你們應該都已經知道，我這個人向來在法上是不講人情的；但是我手頭也最奢侈，只要你敢要，我就能給你啊！如果因爲某一些名師是你所崇拜的人，你聽到我對他們的評論而覺得很難過，那麼你可以隨時離開，我會當作沒看見，不會使你覺得很難堪，好不好？這樣，我們先達成一個共識，好不好？

好！我現在接著要先探討意識的確實定義，然後再來談一談第七識與第八識是否可以稱之爲「意識」？談完了以後，諸位就會瞭解第七識與第八識爲什麼不能稱爲意識。而第七識與第八識爲什麼是眞實有，不是方便施設，就可以一目了然，再也沒有疑惑了！那麼從此以後，對於從早到晚都以意識這個名稱來稱呼第七識或第八識的法師與居士們，你自然就知道應該用什麼眼光來看他們囉！

【演講大綱】 爲何平實要特地撰文來辨明「第七與第八識能否稱爲意識」呢？這個緣起，就得從印順派的法師與居士們的弘法妄說來談起了。印順派的門人，從來都不承認有七、八識的存在，所以一向都和宗喀巴、阿底峽、寂天、安慧、智軍、月稱、佛護、清辨等人一樣主張人類都只有六識心；安慧的徒弟般若趜多正因爲這個理由，便依據他的師父安慧論師之說法，寫出《破大乘論》來誹謗大乘八識正法。因爲大乘法中說有第七、八識，那是他們所無法接受的；他們的觀念中從來都沒有七、八識的存在，他們也誤認爲原始佛法聲聞道中一向都是說只有六識。（《阿含經》中「原始佛法」沒有「八識說」嗎？詳後略說，此處暫置。）

講記內容：那麼爲何我要特地來辨明第七識與第八識能不能稱爲意識呢？這個緣起，就得要從印順派的法師與居士們弘法時的虛妄說法來談起了，因為這是今天這個演講題目的緣起。印順派的門人，他們從來不承認有七、八識的存在，所以他們一向都和古時候的宗喀巴、阿底峽、寂天、安慧、智軍、月稱、佛護、清辨等人一樣地主張所有人類都只有六個識，他們的主張是「六識論」。

安慧論師的徒弟般若趜多，正因為信受他師父安慧的說法，所以他就寫了一部《破大乘論》來誹謗大乘八識正法。當然，他的《破大乘論》之六識論主張，隨即就被玄奘菩薩破斥了，而他也無法回應；可惜的是玄奘菩薩寫出來的《制惡見論》[5]，沒有在私下或是公開說法的場合之中流傳下來；而且因為他自己謙沖為懷，沒有帶回中土，這部論在西天也已經失傳了，直到目前都還查不到。

大乘法中說有第七、八識，這是他們六識論者所無法接受的，在他們的觀念之中從來都沒有七、八識的存在。他們也誤認為「**原始佛法**」的聲聞道中一向都是說只有六識，但是阿含佛法中真的沒有說七、八識嗎？這部分，我們稍後接著會談到。並且，在我寫的《阿含正義》裡頭都有詳細地舉證及

[5] 編案：這部論是玄奘菩薩在一天一夜之中就寫完了七百頌，可以說寫得飛快！玄奘菩薩在西天廣破安慧的《大乘廣五蘊論》，即是破安慧的徒弟般若趜多之《破大乘論》。

說明，再過十天出頭又要出版第二輯了[6]。稍後我們在這兒都會爲大家舉證：阿含諸經中的聲聞解脫道法義，是不能離開七、八識的。那麼這裡就暫時把這個部分先放下，回到原來的主題。

【演講大綱】同樣的，現在的印順派法師與居士們，繼承了宗喀巴、安慧、寂天、智軍、月稱、佛護、清辨等人的錯誤思想以後，使他們不論是在私心之中，或是公開說法的場合中，都不承認確有七、八識的存在；但是自從平實十多年來以書籍繼續提出種種實證上——理證上——以及教證上的理由，證明確有七、八識的存在，他們都不能提出任何反駁，都不能否認七、八識的存在；但是卻又不肯轉變原有的錯誤觀念，所以就在私底下說：「第七、八識都是由意識細分出來的，所以第七識是意識，第八識也是意識。」因此就在公開的場合中，都說第七識意根爲「第七意識」，都說第八識阿賴耶識爲「第八意識」。他們這樣子不斷以「第七意識、第八意識」的名詞，灌輸到學人心中；久而久之，跟隨他們學法的人們，就會漸漸的直接認定第七、八識都是意識，也就不需要再加以說明或辨正了；這樣一來，就不會顯

6 編案：《阿含正義》總共七輯，2007年8月已全部出版完畢。

露應成派中觀的邪見馬腳出來了。

講記內容：現在的印順派法師與居士們，繼承了宗喀巴、安慧、寂天、月稱、佛護、清辨、智軍的六識論錯誤思想以後，使他們不論是在私下，或是在公開說法的場合之中，都不承認有七、八識的存在。但是，我十多年來以書籍繼續提出種種實證上，也就是在理論上和親證上的證明：確實有七識與八識。目前我們同修會中有三百多位的明心者[7]，這些同修們都已經親自證實七、八識確實存在。這是在理上可以實證的，也就是說禪宗的開悟，不是自由心證；它有一個標準存在，違背那個標準就是悟錯了！在理證上，七、八識都可以實證的；而且我十多年來也不斷地用教證—**就是聖教量**—來提出證據，已證明確實有七、八識的存在。而他們到現在都無力提出任何反駁，不論在理證上或教證上，他們已經沒有能力再來否定七、八識的存在；但是卻又不肯轉變原有的錯誤觀念，所以他們私下常常這麼說：「**第七、八識都是由意識細分出來的，所以第七識是意識，第八識也是意識**。」

因此，他們在公開場合中或者說法時，都是說第七識意根叫作「**第七意**

7 編案：此文刊登時，已經將近四百人明心。（本書出版時補註：係《正覺電子報》連載時。）

識」，又把第八識阿賴耶識稱呼爲「**第八意識**」。他們這樣不斷地以「**第七意識、第八意識**」的名詞來灌輸到學人的心中，久而久之，跟隨他們學法的人，就會漸漸地直接認定第七、第八識都是意識的細分。那他們也就不需要再針對是否有第七、八識的問題加以說明或辨正（辯解）了，這樣一來就不會顯露出他們所繼承的藏傳佛教應成派中觀之邪見馬腳囉！

也許有人心裡面想：「**那是人家不理你！不是你說的法對、他們錯！**」因爲昭慧法師幾年來一直都是私下這樣子說，自認爲她是上駟而說她不屑與我對話；後來她弄得太過分了，所以我們不得不在這兩期的《**正覺電子報**》中，把她個人與我互動的證據公布出來[8]。而且她總是說：「**那蕭平實程度太差了！不懂法！我懶得理他！**」但是，現在事實證明，證據列出來讓大家看到，她四次想要見我，沒想到我對那麼有「**名氣**」的人卻不想見。

我是個怪人，我專喜歡見沒有名氣的市井小民；大人物呢—**因緣不具的人**—我都不想見啦！其實要見我也很容易啊！只要在講經的時候直接闖進「**正覺講堂**」不就見了嗎？那時我總不能再推辭不見了嘛！所以，由這些現

[8] 編案：請參考《正覺電子報》33、34期的連載。後來釋昭慧教授無端提出告訴，最後又無條件撤回，詳細情形請看《正覺電子報》54—58期連載。

象可以見到，當一個人知道他沒有能力來與別人對話的時候，講話當然會有不同，所以我在這裡還是要公開說：「她或者她周圍的人，都沒有辦法來與我對話，**他們都沒有能力來否定七、八識的存在**。」因爲，一旦否定七、八識的存在，就會引生非常多、非常多的問題出來，而那些問題沒有一個是他們有能力來解決的！所以他們很聰明，十年來一直保持不在法義上回應；這是正確（聰明）的作法，因爲一回應，馬上就有一大堆的問題等著她要處理。

【演講大綱】　他們這種作法，是極爲嚴重的破法行爲，而其目的只是在自圓其說，想要繼續堅持「識只有六」的邪見，想要繼續以這種邪見來「度」眾生，所以就不斷地對學人們熏習「第七意識、第八意識」的名相，想要迴避與平實所弘八識正教的衝突而避免了法義辨正，繼續灌輸給學人們一個錯誤的觀念：**第七識及第八識都是從意識細分出來的，所以七、八識仍然是意識**。對此，我們不得不專門針對這個心態，針對意識本身，簡明的提出教證與理證上的說明，讓大家了知他們不斷宣說「第七意識、第八意識」二名的「司馬昭之心」。

講記內容：那麼我們回到本題來。誹謗七、八識的存在，那是極嚴重的破法行爲；而他們這樣作的目的，只是在自圓其說，是想要繼續堅持六識論的邪見，想要繼續以這種邪見來「度」眾生啦！所以，就不斷地對學人們熏習「第七意識、第八意識」的名相；想要迴避與我們在八識正教上面的法義衝突，而避免與我們作法義辨正的窘境。所以他們繼續不斷地灌輸給學人們一個錯誤的觀念說：「第七識、第八識都是從意識細分出來的，所以第七識與第八識都是意識，說有七、八等二識只是方便說。」由於這個誤導眾生的行爲很嚴重的緣故，我們不得不針對他們這個心態來處理，針對意識的本身來作簡明的教證與理證上的說明。讓大家了知，他們不斷地說「第七意識、第八意識」這兩個名詞背後的用意；講得不好聽一點，叫作「司馬昭之心」啦！當然他們這個司馬昭之心的目的，不是故意要遮障諸位在聲聞法上的見道，而是想要維持他們既有的弘法基礎或既得利益；但是佛法卻會因此被他們破壞，佛弟子們的道業也會因此被他們嚴重耽誤。

【演講大綱】 意識的定義，誠如《識蘊眞義》一書中所舉證的南傳佛法解脫道中的 佛陀開示聖教，都說「眼、色因緣生眼識，……」乃至「意、法因緣生意識」；從眼識到意識等六識心體，都是「根、塵、觸」三法和合因緣所生識；凡是從這三法和合而生的識，佛都將祂們攝屬識蘊之中，都是所生法的妄心，所以是有生之法；意識既是有生而且是藉緣而生的法，當知必定也是必滅之法，不是常住法、本有法；這正是南傳佛法的四阿含諸經中佛陀的聖教。

講記內容：意識的定義就如同我在《識蘊眞義》書中所舉證的南傳佛法解脫道中 佛陀開示的聖教，都說：「**眼、色因緣生眼識，耳、聲因緣生耳識，……**」乃至「**意、法因緣生意識**」；這個聖教，諸位應該都耳熟能詳。假使你有聽過基礎佛法，或者你曾經請閱過《阿含經》，都知道從眼識到意識等六個識，都是「根」與「塵」加上「觸心所」這三個法才能夠出生的。凡是根、塵與觸三法和合而出生的識，佛都把祂們歸類在識陰之中。意識既然歸屬識陰，也是三法和合而生的識，當然是有生之法；有生就會有滅，如同有情有生就會有死一樣。意識是意根、法塵以及意根的觸心所觸了法塵，然後意識才生起，那麼這個意識顯然是要藉緣而起；意識既是有生，而且是藉緣而生的法，當知一定是生滅法，不是常住法，也不是本有法。這正是南傳佛法的《阿含經》[9]之中的聖教，北傳佛法的四阿含所有《阿含經》的說

9 編案：南傳稱爲五部《尼柯耶》Nikaaya。

法也是一樣。所以，這是北傳《阿含經》與南傳《尼柯耶》經裡面共同一致的說法。

【演講大綱】 佛陀有時則說二法，是說根與塵，由根與塵合生識；凡是由這二法合生的識，都屬於識陰所攝；意識是由意根與法塵合生，所以意識是識陰所攝，是生滅法。這個識蘊的定義顯示了意識的本質與不可改變的意涵：祂是生滅法。這是誰也無法否認的聖教，也是在生活常識、醫學常識與佛法實證上的正理，是任誰都不能否認的事實。今天，印順如果仍在世的話，古時的清辨、安慧、月稱、寂天、阿底峽、宗喀巴等六識論者假使仍然健在，他們也和昭慧、性廣……等人一樣，都不能否認、不能推翻這個事實。所以，意識一心，是被 佛陀歸類在識蘊中的，是根塵二法相觸而和合出生的生滅心，當然是虛妄法，不可能是常住心體。這也是誰都無法推翻的聖教，也是眾所公認而無異議的正理，也是世間的醫學常識，是世間有智之人都可以現前觀察的，只有愚癡人才無智慧觀察這個事實。以此聖教及現實常識爲基準，就可以了知一件事實：**意識是所生法，也是後有之法；既是後有而有生之法，則意識心體當然是生滅法，未來必定會斷滅，不能去到未來世中；因為有生之法在將來必定有滅，不能外於這個定律。**

講記內容：有時候 佛又說二法所生都是識陰，所謂二法就是把「觸心所」省略，直接說根與塵——凡是根與塵爲緣和合所生的心，都屬於識陰所攝。那麼人有幾個根呢？有五個根是色法，另有一個根是心法。眼、耳、鼻、舌、身五根是五色法，意根是心法而不是色法，這樣就有六根。還有六塵——色、聲、香、味、觸、法，這六塵是被六根所接觸與攝受的。當根與塵相觸時，眼識出生，乃至根與塵相觸時，意識出生；所以意識顯然是生滅法，不是常住法。

佛把一個原則告訴我們：二法因緣生者，都屬於識陰。換句話說，從眼識、耳識……乃至意識，都是藉根塵二法爲緣而出生，都是識陰所攝。既是識陰所攝，全部都是生滅法，入無餘涅槃時都必須全部滅除。既然是如此，那麼識蘊的定義已經顯示了意識的本質，顯示了意識不可改變的生滅性之眞相了，這是誰也無法否認的正教。並且在生活常識、醫學常識以及佛法實證上，都可以證實：**識陰是生滅法**。今天！假使印順法師還健在，假使古時候的清辨、佛護、安慧、月稱、寂天、阿底峽、宗喀巴都還在，他們仍然會跟昭慧法師一樣繼續認定意識是常住性；但是今天他們同樣都會面臨一個困境——就是四阿含諸經仍然存在，南傳的阿含—《尼柯耶》—也仍然存在，而這些聲聞解脫道的經典上，都明明白白記載著一個事實：意識是二法為緣生、意識是三法為緣生、意識是識陰所攝的生滅法。他們都無法推翻這個事實。

所以意識這個心，一向是被 佛歸類在識蘊中的，祂是根、塵二法相觸而和合出生的生滅心，當然是有生的虛妄法，不是常住法。這是誰都無法推翻的聖教，也是眾所公認而沒有異議的正理；這也是世間醫學的常識，是世間有智慧的人都可以現前觀察的，只有愚癡人才沒有智慧來觀察這個事實。以這個聖教以及現實常識作為基準，就可以了知一件事實——意識是所生法，也是後有之法。既然是後有而且是所生之法，那麼意識心當然是生滅法，未來必定會斷滅，不能去到未來世中。因為，有生之法，將來必定有滅；這個定律沒有人能推翻，包括十方諸佛都不能推翻。

【演講大綱】 既然不能去到未來世中，既是有生而且有滅的斷滅法，絕無可能是常住法、實相法，當知絕無可能是萬法的根源；既非萬法的根源，又是由意根、法塵為緣而出生的法，又怎能出生第七識意根？法塵是在五塵上附生的法，但五塵與法塵都是從第八識中出生的，法塵又是意識出生的藉緣，所以意識其實也是藉第八識為緣而出生的；如此，意識怎能反過來出生第八識？又怎能妄說「第七、第八識都是從第六意識中出生而細分出來的」？既然第七、八識都不是從意識出生而細分出來的，那又怎能說成「第七意識、第八意識」？怎能附屬於第六意識心體？

又，如果第七、第八識果眞是從第六意識心體出生的，或說七、八識都只是意識心體的細分，那麼七、八識也不應該稱爲意識；就如同第八識出生了前七識以後，前七識就都各有其名稱：意根、眼識、耳識……乃至意識。所以，第七、八識如果都是從第六意識心體中出生或細分的，那麼第七、八識也就應該稱爲別的名稱，而不應該仍然是意識之名。

講記內容：意識既然不能去到未來世，既是有生而且有滅的斷滅法，當然不可能主張說祂是常住法、實相法，因此當然知道祂絕不可能是萬法的根源。而且祂又是藉意根、法塵爲緣而出生的，既然是藉意根與法塵作緣才能出生，祂怎能反過來出生意根呢？這個道理是很容易懂的。既然祂是藉意根與法塵爲緣而出生，那麼意識如果是常住法，法塵也應該是常住法，意根也應該是常住法囉！那就變成常住的實相有三個囉！這樣說乃是違背了實相絕待的正理。

而聖教中說：五塵以及五塵上所顯示的法塵都是從第八識中出生的。這也是有阿含聖教根據的，譬如在《阿含經》中 佛說名與色的根本是入胎識。佛說這個入胎識是「名色習、名色本」。換句話說，一切人所熏習的所有種子都是這個第八識本識收存的，而所有有情的名色都是這個入胎識出生的。因此 佛問阿難尊者：「假使這個識不入胎，能有名色否？」阿難說：「不能。」色是我們的有根身五色根啊！名是在講識陰六個識，那麼意識正好是識陰所攝。換句話說，五色根以及識陰六識，全都是由這個入胎識入胎以後才出生的。那麼第八識入胎識入胎以後出生了五根，加上原來的意根，所以六塵就出生了；有了六塵才能被六根所觸，六根觸六塵才出生了六識，所以意識是由第八識入胎識藉根與塵相觸而生的。

佛既然說意識是入胎識所生的，那就證明第八識是眞實存在的，也是先於意識存在的，當然不可能是由後來出生的意識細分出本來先已存在的第八識。意識出生時必須假藉六塵，六塵也是從第八識入胎識中出生的，而第七識意根也是從第八識中出生的。這已顯示是由這個第八識入了母胎，才能有五根以及意識出生；意識既然是藉第八識所生的意根與法塵來出生的，顯然意識不可能出生第八識嘛！當然不可能出生或細分出入胎識啊！假使意識能出生入胎識，那麼請諸位回想一下：**你還沒出生以前住在母胎中，是不是清清楚楚明明白白啊**？沒有！這表示那時還沒有意識存在，表示意識是在五根、六塵出生以後才能出生的嘛！所以這很清楚的在《尼柯耶》中、在四大部《阿含經》中告訴了我們說「**意識是所生法**」，包括五色根都是本識入胎而出生的。所以說，我們五陰「**名、色**」是第八識入胎識藉父母爲緣才出生的。既然名與色（包含意識）都是依靠本識入胎才出生，顯然意識是本識第八識所出生的，那意識怎能再反過來出生第八識本識呢？所以不該說第八識是由意識細分出來，而應該說意識是由第八識所生出來的。這樣才是符合聖教，也才是符合理證上的現觀。

再說如果「**第七識意根、第八識本識**」果眞是從第六意識心中出生，或者說七、八識都只是意識心體的細分，那麼七、八識也不應該稱爲意識呀！也許諸位還沒有很清楚這個道理，我們來說明一下：就如同第八識如來藏，祂出生了前七識以後，就有了八個識，八個識應該各個都有自己的名稱啊！所以本識如來藏出生了前七識，前七識就叫作眼識、耳識、鼻識、舌識、身識、意識以及意根——末那識，各有不同的名稱、各有不同的作用。那麼假使意識出生了七、八識，加上前面五個識，總共還是八個識，那這樣的話，意識也應該是出生前五識的心啊！那麼前五識各有名字，意識所生的七、八識也應該各有名字啊！那要叫作什麼名字啊？這也是印順派的學人們必須要考慮的一個大問題。這個問題如果不解決，他們在大乘法中不但不能見道，連聲聞解脫道也無法證得，因爲我見一定斷不了。

所以第七、八識如果都是從第六識中出生或者細分出來，那麼第七、八識也應該有別的名稱，而不應該仍然稱爲意識，所以他們不該把祂叫作「第七意識、第八意識」。那，如果他們把原來的說法認定爲正確，而說第七、八識確實從意識中出生，那又有個大問題：**第六識出生了七、八識，那麼第七識意根，他們要擺到哪裡去**？他們應該要把意根擺到哪裡去？因爲 佛的聖教以及理證上的現觀是無可推翻的，那麼他們是不是要把意根稱爲第九識？從這兒再引申下去，還會有許多許多的問題出來，那我們今天時間不夠，就不談它！

【演講大綱】 而且，第七、八識若眞的是從第六意識心體中出生的，那就一定會有其各自不同於第六意識的體性，那又是什麼體性呢？如果不是有著大異於意識的體性，就不該再從意識心體中細分出來，可見七、八識絕對有著大異於意識的體性；那麼那些堅稱第七、八識都是第六意識中細分出來的法師與居士們，對七、八識的體性，是否也應該給學人們一個合理的答案？而不該都無解說。他們既創立了第七意識與第八意識，是大異於佛說的新說（不論是近代的他們新創，或者他們的古代祖師創立），都應該對這個問題加以解釋，才能圓謊成功；否則就不該創立這種新說，來主張七、八識都從意識心體中細分出來的。可是不論古代的應成派中觀祖師、自續派中觀祖師，或是近代的印順一干人等，他們任何一人或全體，都無法對此加以回應的，料想都只能迴避不答、顧左右而言他；所以第七識與第八識，都不應稱爲意識，講題中的「？」即因此故而加上去。

講記內容：而且說第七、八識如果眞的是從第六意識出生的，那就一定各有不同於第六意識的體性，那就要請問：「**第七識、第八識是什麼體性？**」一定是有不同於意識的體性，才會被他們從意識中再細分出來嘛！所以，他們必須要解決這個問題。如果不是有著大異於意識的體性，那他們就不需要從第六意識中細分出第七識、第八識，也不該說第七、八識是從意識細分出來的，可見第七、八識絕對有著大異於意識的體性。可是那些堅稱「第七、八識都是從第六意識中細分出來」的法師與居士們，他們對七、八識的體性，是否也應該給他們座下的學人一個合理的答案呢？而不該都是迴避問題從不加以解說的！

既然他們創立了第七意識與第八意識的名稱，與佛陀的至教完全違背，那麼他們都應該對這個問題加以解釋，否則是無法圓謊的。如果他們不能圓謊，那他們就不該創立這種新說，來主張七、八識是從意識中細分出來的。不論是誰創立了**六識論**的新說，不管他是古時候自續派中觀的清辨，或是應成派中觀的佛護、安慧、月稱、寂天、阿底峽、宗喀巴等人，或是印順後來主動去繼承藏傳佛教應成派的中觀，當他們繼承了六識論的邪見以後，對這一些問題都是無法回應的。所以他們到今天為止，只能閉口而不答、顧左右而言他。因此，第七、八識都不應該稱為意識，我們今天的講題後面的大問號，就是基於這個道理才加上去的。

【演講大綱】 意識，在阿含聖教中，既是「意、法因緣生」的有生之法，既是識蘊所攝之虛妄法，既是「意根、法塵、觸」等三法和合而生之法，即是所生法；所生法即無可能出生萬法，故不是實相法，當知不可能出生任何一心，祂又怎能是第七、八識的所依法？而說第七、八識都是從第六意識心體中細分出來的？事實卻相反：意識反而是以第七識意根及第八識所生的法塵作為祂的俱有依緣，才能從第八阿賴耶識心中流出意識種子而出生。

識，在阿含聖教中既是意、法因緣生的有生之法，祂既是識蘊所攝的虛妄法，既是根、塵相觸而生的生滅法，既是根、塵、觸三法和合而生的法，當然就是所生之法囉！只有本住的實相心才能出生萬法，所生的法當然就不可能出生萬法。意識既是所生法，一定不能出生萬法，當然也不可能出生任何一個識，所以說祂不是實相法。既不是實相法，又不是出生七、八識的法，那怎能夠成為第七、八識的所依呢？六識論者竟然對大家說七、八識都是從第六意識中細分出來的。事實上則是顛倒過來的，意識反而是以第七識意根，以及第八識所流注出來的法塵及意識種子作為根本因及所藉緣，才能出生的；所以意識存在的時候，必須要有意根與法塵作為俱有依的藉緣，才能從第八識中流注出意識種子來，才會有意識的存在。

講記內容：意

但是說了老半天，到底意識是什麼？也許有人想：「**意識**這個名詞**我常常聽到**，**可是又不知道意識是什麼？**」那麼，如果你沒有弄清楚「意識」是你自己的哪一個心，你今天這些法就會白聽了！要斷我見就不可能了！所以，這個前提還是要讓大家先瞭解一下。我相信你們絕大多數人都知道，意識是哪一個心；但是可能還有少數人，我們希望也能照顧到，所以要為他們說明。

現在你坐在這裡聽聞佛法，你是很清楚明白的，我們要把這個清楚明白的心，要分成六個部分來看。不論你在這裡直接看到我，或者從暫借的第二講堂那邊視訊影像上來看到我，都是看；你所看到的我，是個影像——色塵，而你能夠看到我的那個心就叫作眼識。你也同時聽到我說法，能聽到我說法的聲音，這個能聽的心叫作耳識。假使剛好旁邊有人點了香，你同時嗅到了香味；或者有個新學菩薩，今天特地抹了香水來，你嗅到了；你嗅得清清楚楚，那個心叫作鼻識。啊！一路上趕路來到這兒，口渴了！口有點乾，那個了別**口乾之中有乾苦味塵**的心叫作舌識。坐在這裡不像外面那麼熱，你覺得有一點涼涼的清涼感，欸！這是身識，是在觸覺上讓你接觸到了觸塵。這些都是根與塵相對的：眼根對色塵相觸的地方生起了眼識，耳根對聲塵相觸的地方生起了耳識……這就是識陰中的識。

可是五塵你都領納到了，特別是現在專心在領略法塵，從我所說的聲音裡面，你領略到了法：從你所見到我的影像裡面，你瞭解到我這個人是長什麼模樣！以前也許你們很好奇：「這蕭平實長什麼模樣？沒見過。」也許我曾經在你眼前晃過，你不認得；可是你現在瞭解了，這其實是色塵上顯現的法塵啊！從我說話的聲音，你感覺到我好像喉嚨不太好，氣管好像有點問題：「**或者是感冒吧！**」從聲音裡面你也領略到這個，這也是法塵啊！聲音上也會顯現出法塵，譬如這個人說話的音質好不好聽，南部人說：「這個人說話時破格、破格。」[10]對不對？另一個人講話時，您心中想：「唔！聲音很好！」這也是法塵，故說五塵上各有法塵。

然而這個法塵是被意根所領納，然後由意識去分別出來的；意根雖然領納法塵，但是無法作詳細了別，所以祂接觸了法塵的時候，必須要把意識喚起，由意識來了別這些法塵。所以現在諸位能在五塵上領略各種不同的狀況，也能了知五塵內的種種細相，那都是你的意識所了知的。用簡單的一句話來說：「**意識就是覺知心。**」這個覺知心藉著眼識及耳、鼻、舌、身識來了知種種法塵的細相，也了知它的粗相，所以這個覺知心就是你的意識。好！現在瞭解哪一個是你的意識了，接下來不應該再聽不懂了哦！我一面講，你們可以一面反觀：反觀你的意識狀況，跟我講的法義是不是符合？如果符合，你就繼續領受，繼續聽下去！希望你今天聽完了以後，三縛結就斷了！那麼我今天便成就一場紹繼聲聞法的大功德了，並且也可以使你們了知「識

[10] 編案：平實導師以閩南語語音說出。

陰我」的虛妄以後，漸次發起大心，敢發大心說：「我現在要轉入大乘！我眞的要親證法界的實相！」這樣就是紹隆佛種。那麼，今天我們大家便共同成就了一場大乘佛法久住的大工程，這也是諸位的大功德。

【演講大綱】 第八阿賴耶識心體執持了意根、法塵與意識的種子，才能出生意識心體，所以意識心必須有第七、八識及法塵爲緣，才能在人間生起與存在，這是諸位可以現前檢查而證實的；既然如是，當知意識心是以第七、八識作爲所依緣，才能生起與存在，依照他們的邏輯，當然應該這樣說：「意識是從第八識中細分出來的，並且要具足第七、八識同時運作，才可能存在。」既然如是，又怎麼能把第七識意根說成第六意識細分出來的第七意識呢？又怎麼能把第八識如來藏說成是意識細分出來的第八意識呢？豈不是盡成「心行顚倒妄想」的愚人呢？

講記內容：現在，我們回到主題來說。第八阿賴耶識又名**如來藏**，祂執持了意根、法塵與意識的種子，這三法的種子都由第八阿賴耶識執藏著。講到這句話，又有一個問題出現了！你應該要問啊：「蕭老師啊！那哪一個是我的意根？不然老是說這個覺知心是意根、法塵接觸而出生的，但是哪一個是我的意根啊？」這也是要先插幾句話來說明，讓你今天瞭解意根是哪一個。其實，眾生所認知的自我有兩個：第一是意識覺知心，第二就是時時作主、處處作主的心啦！這個心與意識混合在一起，所以你分不清楚。因此當有人問你說：「你的意根是哪一個心呢？」就茫然了。可是你今天一定要弄懂意根，懂了意根以後，接下來斷我見就容易了！譬如：當你開始學佛了，你說：「我不應該再貪好吃的了。」可是看到好吃的食物呢，忍不住又多吃了一口，吃了以後又自責：「不要再吃了！」可是忍不住，又吃了一口；這種事情，特別是小朋友，最常遇見哦！

好！現在產生了自我衝突，是誰告訴自己說「不要再吃」的？是意識！因爲這個覺知心能夠分別法相，知道說「現在學佛了，這種對好吃的貪求是我所的貪愛，我所的貪愛應該要斷除啊！」意識是理智的，可是意根很不理性，祂是隨著自己的習慣去做事的。一向都吃好吃的，家裡平淡的食物沒辦法每天吃，每週總要上兩、三次館子啊！以前意識總是很想要，現在意識知道那個味道很好，但是現在則說：「不要再貪了！」其實意識以前也很貪，但現在不貪了；可是意根卻說：「不行！我還要去吃！」所以意識雖然想了再想，認爲不該再貪味了，最後也沒有誰告訴你，可是你自己就走上館子去了。這是爲什麼？這表示意根在主導。意識說：「不應該去了！」可是意根是主導的心，由意根作決定，於是你的腳就走上餐館去啦！所以，那個作主決定你要上餐館的心就是意根，這個不接受意識理智判斷的意根，才是背後眞正的「你」，也就是眾生最深藏而最堅固的自我。所以說，今天開始你要很清楚的認知哦！「**世俗我有兩個：一個自我是能判斷的覺知心，另一個自我是作主決定的意根。**」聲聞解脫道中說的「**意根**」在大乘法中叫作「**末那識**」。

好！這個意根的自我與意識不一樣；這個意根的自我，當自己睡著了，意識滅了，覺知心不在了，可是意根還在，所以半夜裡你會作夢，這都是意根引起的啦！夢完了又睡，睡到天亮了，意識又會起來——覺知心又會起來，也都是因爲意根！包括微細的意根行相，譬如說：我現在告訴你某一個法，你聽了覺得很有道理，意識說：「**嗯！很有道理。**」在很有道理的時候，就應該會點頭認同，對不對？可是你意識並沒有下決定要點頭啊！那是誰下的決定？是意根啊！所以決定點頭的心，就是你自己，那就是意根！好！這樣子你就知道自己身中有七個識了，總共七個了，對不對？懂了哪個是意根，你就知道說，爲什麼睡著了以後，意識滅了，可是法塵境界有大變動的時候，有天搖地動的地震時你就會醒來，或者有很大的聲音時你就會醒來，因爲「**你**」

還在嘛！就是意根還在嘛；睡著了意根還在，可是祂領受到法塵時卻不能分別啊！不能決定要如何？應該作什麼回應？祂必須要把意識拉起來了別，所以你就醒了！醒了以後發覺：「嗯！這個要趕快逃！」所以，意根就知道應該逃了嘛！意根知道應該逃，你立刻就逃了，就跑出屋外去了；不必再由意識以言語對意根說：「欸！應該逃囉！」然後意根再決定，不須要這樣！當意識了知後，意根會直接決定。

很多事情意根都是直接決定的，當意識分別完成，祂就自動決定了；但這一句話有點語病，應該改爲說「我」就自動決定——「你」就自動決定。舉一個簡單的事例來說好了！譬如說：我這兒拿一個石頭，或者偷偷伸手到背後向 佛剽竊了一顆水果，突然間對你丟去！你的回應就只有兩種動作啦：一種就是閃開，另一種就是伸手把它接了。意識在見的當下就分別完成了，然後意根立刻下決定：「接了！」如果是女眾呢，一定是閃開。但意識並沒有去告訴意根說「我應該往右邊閃，或者往左邊閃，或者應該去接」都沒有！但意根憑著意識那個認知，祂直接就下了決定。那個作決定的就是「你」，所以「你」自己是無時無刻都存在著，睡著無夢時依舊都在。這樣意根弄清楚了哦！還有沒有人弄不清楚的？好！謝謝諸位！（大眾笑⋯⋯）

你們都弄清楚了，接下來我就好講了！

接下來說第八識了，第八識如來藏又名入胎識、住胎識、取陰俱識、有分識、窮生死蘊、正住者、如、涅槃本際，在我們大乘佛法中，叫作阿賴耶識、異熟識、無垢識、心、所知依、眞如、如來藏……等很多名稱；在大乘「阿含」(阿含亦名阿笈摩，原意爲成佛之道)中，也就是《雜阿含經》的《央掘魔羅經》中，則說祂叫作「如來藏」。那麼如來藏究竟是哪個心？這個密意呢，暫時保留，期待你自己參禪來證悟，這樣你才不會退轉。凡是自己參出來的，般若實相的智慧就會不斷地出生；般若智慧不斷出生的結果，你得到的功德受用很大，當然就不會退轉；但如果爲你明講，我若是今天公開爲你說明你身中哪一個識就是第八識，很可能你將來會謗法！因爲你還找不到祂，原因只由於祂和你的距離太近啊！和你實在是太近、太平實了，所以你不可能相信的。我若爲你明講了，你的實相智慧不能生起，以後可能會謗法而成就地獄業；所以這裡就先賣關子，賣到諸位將來參加我們的禪三，破參了，我就不用賣關子了，你就可以眞的理解般若的眞實義，所以這裡先保留。

但是我要先提出一個前提：你可以自己先觀察清楚，確定意識覺知心與處處作主、作決定的意根，都是不可能出生五陰的。當你經由實地觀察而確定了這個前提，那麼現在是否已經證得第八識如來藏的事情，就不那麼重要了，也可以安下心來聽講了。既然意識是從第八識中出生的，當然不能把意識說成是能夠細分出七、八識的心。聖教中已經很清楚說明：**入胎識如來藏出生了名、色**；「名」中的識陰就是眼、耳、鼻、舌、身、意等六識，已經明說意識是識陰所含攝的。而識陰是名所含攝的，名則是被第八識入胎識出生的，那當然不能夠說第八識入胎識是從意識細分出來的。

就像我們每一個男人都是媽媽的兒子（每一個人都是女人的兒子啊！所以妳們女眾都不要妄自菲薄，不管哪一個偉人，都是女人的兒子！）可是，竟然有人說：**「媽媽是從兒子身中細分出來的。」**你能不能同意？唉！就有一種人會同意，叫作**顛倒想**的人。所以，今天你們應該知道什麼人是顛倒想的愚人，從今天開始你們不再有顛倒想了！以上這樣的說明，諸位對第六、第七、第八識，應該有一個輪廓了！

【演講大綱】 **總說已經說完了，以下我們就大略分為九個部分加以略說吧！讀完這本小冊子**[11]**以後，您對意識就會有更清楚的認知了，從此以**

---

[11] 編案：平實導師本來預計要將此內容寫成小冊子流通，後來因為演講解說的緣故，所以

後就不會再被表相大師們所籠罩了！也不會再被印順派的藏傳佛教應成派中觀邪見所誤導了！並且在這場法會結束時，您也可以遠離藏傳佛教密宗紅、白、花教的自續派中觀，不再墮於意識心中，現斷三縛結；從此就可以直入解脫道裡觀行與進修，或者再轉入佛菩提道中參學般若智慧，乃至親證第八識如來藏而悟得實相般若，就能因爲這二種智慧而有能力隨緣或努力救護可憐的末法大師與他們座下的學人了，這就是平實期待於您的地方。

講記內容：這段文字是我們第一章的總說。這個總說說完了，接下來要大略分爲九個部分來作略說。那麼聽完這一場法，你們對意識有了更清楚的認知以後，就不會再被表相的大師所籠罩了！也不會再被印順派的藏傳佛教應成派中觀六識論邪見所誤導了！並且在這一場法會完畢時，你也可以遠離**藏傳佛教**——喇嘛教中紅教、白教、花教等自續派中觀的六識論邪見了！因爲藏傳佛教的黃教，他們最自豪的是應成派中觀六識論，但它其實是具足常見與斷見的，這個部分我們後面會再說明。而紅教、白教、花教是自續派中觀六識論，自續派中觀也是意識境界，也是常見外道見。那麼，今天如果你

取消了小冊子的寫作與印行，改以電子報連載後結集成爲結緣書流通。

聽完了，斷了我見，回家以後可以用《阿含經》來自我檢驗，看看你的我見是不是斷了？如果斷了，你可以再檢查你的三縛結有沒有斷？那麼，因此功德你就可以正式成爲聲聞法解脫道中的見道者，你就有膽子敢發願：「**我這一世一定要證得法界實相**，那個能夠出生我身體、能夠出生我覺知心的那個心，我發願：『**要把祂親證！**』」你就敢發這個願。你如果沒有斷我見啊，膽子就小，不敢發這個願。好！假使你今天眞的斷了三縛結，你就能夠有智慧在緣熟時，努力去救護末法時代的大法師、大居士們，你也能夠有能力救護他們座下的弟子，這就是我期待於諸位的地方啊！

第二章　意識的因緣、所依緣緣與等無間緣略說

現在我們進入第二章，要來講意識的因緣、所依緣以及等無間緣。瞭解了這三個緣，就知道意識是必須要有三個緣才能生起以及存在；否則，意識就會斷滅。諸位可以一面聽聞，一面現前觀察——隨聞入觀。

第一節　意識覺知心的出生與存在

【演講大綱】　意識覺知心的出生與存在，必須有因緣、所依緣、等無間緣，才能出生及存在，否則就不可能有意識覺知心的生起及存在。意識心的所依緣，是依照祂出生時必須具有的各種依存條件來說的；換句話說，意識心必須有三個基本條件，才能從第八識如來藏中出生、現行、運作於人間；這些緣，都是意識覺知心生起及存在時，不能一時或缺的要素；否則意識隨即斷滅，不能存在了。

講記內容：第一節講意識覺知心的存在、出生，必須有因緣、所依緣、

等無間緣，才能出生及存在，否則就不可能有意識覺知心的生起及存在。祂的所依緣是依照祂出生時必須具有的各種依存條件來說的；換句話說，意識心必須要有三個基本條件，才能從第八識如來藏中出生、現行，以及於人間運作。這些緣，諸位可以現前觀察，都是我們意識覺知心生起以及存在時，不可以一時或缺的要素，否則的話，意識隨即斷滅，不能存在。

意識覺知心不論是有念靈知或是離念靈知，既然在現實上可以現觀證實必須有這三緣才能生起、才能存在，顯然是有生之法；若是有生之法，未來必定會有壞滅的時候，當然屬於生滅法。生滅法絕對不可能出生他法，因此意識覺知心不可能出生五色根、六塵及意根，而第七識意根是末那識，正是意識的所依根，當然不可能從意識中細分出來；我們將在這裡一一為大家詳細說明，讓大家可以現前觀察意識心的生滅性，藉此來斷除**意識是常住的自我**的我見，然後識陰我見以及其餘四陰的我見就會隨之斷除。斷了我見以後，回家可以請出《阿含經》來印證，從此以後不再落入意識的有念靈知或是離念靈知中，不再沉淪於常見外道的凡夫見解中。

第二節　意識的因緣

【演講大綱】　意識的因緣：如來藏與意識種子。這就是意識心出生的二個根本因，因爲意識不能自生、自在。

第一、是如來藏心體中所含藏的意識心種子；如果沒有如來藏中所含藏的意識心體種子，每當晚上眠熟而使得意識斷滅了，第二天就無法再度有意識覺知心出生了。這意思就是說：如果沒有如來藏所含藏的意識種子可以在次日再流注出來，則一切有情入眠之後就會成爲死亡與斷滅了。

第二、意識心的種子，必須有一個常住、不間斷的無間等法來執持不散，就是由常住不斷的第八識如來藏來執持種子，才能在第二天再度流注意識種子，使意識可以在第二天早上再度出現。假使在沒有另一個常住心執持意識種子的情況下，意識覺知心入眠而斷滅之後，就不可能有再度現行的機會了，也不可能轉入中陰身去；因爲沒有另一個心體來執持意識心的種子，所以眠熟斷滅了以後就成爲「空無、無法」的斷滅境界；此時是斷滅而沒有任何一法存在，自己已經不存在了，又怎能自己再度出生自己呢？所以說，如果沒有如來藏所執持的意識覺知心種子，一切有情都應該眠熟之後就成爲斷滅境界，再也不能繼續出生了。中陰身及中陰境界的意識也都不可能生起，因為意識心已壞滅而不存在了，又沒有另一個常住心執持著意識心種子，當然無法再度生起意識，所以眠熟以後就成為斷滅。由此可知，意識晚上眠熟而斷滅以後，一定另有一個常住的心繼續存在運作，才能收藏意識種子，使意識種子繼續存在而不斷滅；待緣熟時，也就是身體疲勞消失時，由意根的攀緣性、執著性，在身體不疲勞時決定可以醒來了，使得如來藏流注出意識種子，於是意識在隔天早上又再度出現了，又有見聞覺知了！所以收藏意識心種子的如來藏，就是意識覺知心出生的因緣。故第八識如來藏不應是從意識中細分出來的。

講記內容：第二節說意識的因緣。意識的二個因緣是如來藏以及意識的種子。如來藏中含藏著意識的種子，含藏著諸法的種子，含藏著六塵的種子，也含藏著五色根的種子，如來藏就是意識的第一個因緣。那諸位想想看：種子是什麼？種子又名為「界」；諸「法」的種子就叫作「法界」，所以法界的意思就是：**諸法的種子**。這個界（這個種子），又有一個名稱叫作**功能差別**；「法界」就是法的功能差別，所以意識的種子就叫作意識的功能差別。功能為什麼又要叫作差別？因為這個識跟別的識不一樣。意識能夠了知六塵，可是眼識只能了知色塵，並且有限制，不是全部色塵都了知，所以眼識與意識的功能有差別，因此種子又叫作功能差別。種子又叫作界，是因爲功能差別有其界限，不能超過眼識或意識自己的功能界限。

如來藏與意識的種子是意識的因，如果沒有這個因作爲意識出生的緣，沒有這個「因緣」意識就不可能出生。也許有人覺得說：「你這樣說法太簡略，我聽不懂！」那我們就再說明一下好了。譬如說意識，現在你知道就是覺知心嘛！這覺知心在晚上睡著時就中斷了，但你並沒有斷滅，因爲你的第七識意根還在啊！你的第八識如來藏也還在啊！可是第六意識中斷啦！意識中斷的時候，當然意識是不在了，所以那時你不知道發生任何事情，因此眠熟時你是無所知的，因爲對六塵已經沒有意識可以領受了嘛！好！現在問題來了，意識在眠熟以後中斷了，意識當時是不存在的；這個時節，意識既然不在了，當然不可能由不存在的意識自己再來出生自己嘛！因爲不存在就已經成爲無法囉！既然都沒有法存在而成爲無了，怎麼能又出生自己呢？否則即是無中生有，就與龍樹說的諸法不無因生的《中論》正理相違背了。眠熟後意識斷滅而空無了，隔天還能繼續生起而運作，那一定是說意識自己的種子，也就是自己的功能差別是被另一個心執持著，然後我們睡著了才不是斷滅；因爲意識覺知心的種子還在，所以我們明天早上意識的功能差別又出現時，我們覺知心就又出現啦！所以這表示說：一定**還有另一個心收藏著我們覺知心的功能差別**。

覺知心意識的種子是被另一個心收藏著，收藏意識種子的心，就是第八識如來藏，就叫作入胎識，所以這個如來藏心就是意識覺知心生起時的第一個因緣。那這個入胎識收藏了覺知心的種子，所以能使覺知心睡到半夜作起夢來了，到了天亮又醒了。所以，這個第八識如來藏心如果不在，就不可能收藏我們第六意識的種子；既無第八識而不能收藏意識的種子，那我們就不可以睡覺了，因爲一旦眠熟就會成爲斷滅，再也不會有意識覺知心醒過來了。好在有這個第八識如來藏幫我們收存著種子，我們才可以今天事情做累了睡一覺，明天又精神百倍地醒過來，這都要歸功於你自己的第八識如來藏，這已證明如來藏是意識覺知心出生及存在的第一個因緣。這個如來藏一直都跟你同在一起，祂又叫作**自心如來**，所以禪師才會說：「**夜夜抱佛眠，朝朝還共起**。」正因爲有祂，所以你每天晚上都可以安心睡覺；否則你睡著了，意識自己不在了，明天怎麼可能又出現？因爲不論什麼法都不可能**無中生有啊**！那麼，這就很清楚知道了，第八識如來藏收藏著第六意識的種子；所以意識的種子跟如來藏二者就是意識生起的因緣，這就是意識覺知心能夠出生的根本因。

那麼第二個部分說：意識心的種子由這個常住不間斷的無間等法，來執持不散，我們第二天就可以重新醒來。假使在沒有另一個常住心—如來藏—來執持意識種子的情況下，我們覺知心眠熟以後，就不可能有再度醒來的機會了，也不可能轉入中陰身去，因爲三界中不可能會有無中生有的事情嘛！

死後的中陰身，是由誰生的？也許有人說：「那中陰身就是我們意識生的嘛！」可是，問題來了！有好多人都不知道人死後會有中陰身，甚至於從來都沒有聽過「中陰身」這個名稱呢！那麼意識在死亡時根本不知道自己應該幹什麼事情，又如何能生中陰身呢？絕大多數人的意識對中陰身完全無所知，而且那時候意識也已經斷滅啦！怎麼能出生中陰身呢？那請問中陰身是誰生的？當然是本識如來藏嘛！

欸！也許又有人不服氣說：「那是你說的！應該是那個睡著了還在作主的我—意根—生的。」那問題又來了，有的人造惡業，他死後出生了畜生的中陰身，只好往生畜生道。請問：「他處處作主的意根願意出生畜生中陰身嗎？」顯然不願意嘛！這就證明中陰身不是意根出生的。可是畜生中陰身還是被出生啦！那是誰生的？一定不是意根生的嘛！而前六識死了，已經滅了，不在了！意根又不願出生畜生道或餓鬼道、地獄道的中陰身，那中陰身當然是如來藏生的嘛！一定是能出生五色根的心，才能出生中陰身啊！那假使沒有這一個常住心如來藏呢？一切人死了，就沒有下一世了，因爲都不會有中陰身了，也無法去投胎啊！所以也會變成睡著以後就成爲空無—無法—斷滅了；那麼這樣在意識成爲斷滅空無以後，怎麼可能再有下一世的自己呢？怎麼可能會有明天的自己呢？總不能無中生有吧？也不能自生吧？所以否定了七、八識的時候，本質就是斷滅見，無法脫離斷見的範疇。

因此，大家應該都瞭解到：意根是一定存在的，否則第二天不能夠促使入胎識再把我們的意識種子流注出來；假使沒有入胎識阿賴耶識常住，而意根本身也沒有執藏種子的能力，那麼意識今天晚上睡著斷滅了，明天又怎能由不存在的自己來出生自己呢？不存在的自己是不可能出生自己的，因爲這是無中生有，不符合邏輯及法界事實。這樣大家就瞭解：**一定是還有一個第八識存在的**，**一定也是有一個意根存在的**。諸位在聽聞這個法的時候，可以一面回想：你每天睡著、醒來的事是不是這樣？由此證明：意識的出生，必須先有二個因緣：**如來藏心以及如來藏心含藏的意識種子**。

第三節　意識出生的藉緣

【演講大綱】　意識出生的藉緣。

先說：無明、意根、法塵；此三法是意識生起及存在的藉緣（而此三法也是由如來藏出生的），故意識無法離開如來藏。

次說：意識亦須以如來藏心體爲因緣（配合意根的運作，使得六塵與無明能與意根相應，否則，意識就無法生起，所以如來藏也是意識的因緣。意識若無如來藏心體配合運作，即不能存在、不能運作，故如來藏亦爲因緣。），故說意根不可能是從意識中細分出來，如來藏更不可能是從意識心中細分出來，當然不應名爲意識細心、意識極細心。

講記內容：好！第三節要說：意識出生的藉緣。前面說的是因緣，說意識種子以及執持意識種子的入胎識，是意識的因緣；可是光有因緣，還是不能出生覺知心意識，還得要有藉緣。那麼藉緣呢，至少要有三個，這三個就是**無明**、**意根**以及**法塵**。（這三個藉緣是最簡單的說法，如果你要再加上世俗人所看重的色身，那就變成四個藉緣。）現在我們來說這三個藉緣；譬如說意根，如果睡著了以後只有入胎識而無意根存在，而入胎識是被動性的，祂不會主動做什麼，所以就要有一個主動性的意根，來促使你的入胎識把你的意識種子流注出來，然後你覺知心才能出生而醒過來，所以一定要有個意根作為意識出生的藉緣。

這意根不但能促使你的意識出現，並且從剛剛諸位所體驗的，假使沒有意根為你作決定，你是無法生活的。譬如剛剛你在搔癢，誰了知身上癢？是身識以及意識。可是誰決定要去搔癢？你自己嘛！就是意根嘛！現在呢，如果先知道癢而沒有意根，不能決定說「我要去搔癢」，那你能生活嗎？你只有躺在醫院裡面有如植物人：只能領受痛苦，不能去處理它。所以意根一定存在嘛！意識覺知心現行時，如果沒有意根配合，意識就無法運作，因為意識連現行都不可能了；所以意根是意識覺知心出生的第一個藉緣；必須有意根的作意，意識才能生起及運作。

好！第二個藉緣呢，要有法塵，大多數的情況下，法塵是在五塵上顯現的。所以，大多數的情形，法塵存在時五塵其中至少有一塵會存在，在人間的定境裡面也是如此。好！既然如此，那麼這六塵具足，或者最少有兩塵存在，或者最少譬如說在四空定中，至少要有定境法塵存在，意識才能存在。

那麼請問六塵或者定境法塵是從哪裡來的？六塵或法塵會是自己本有的嗎？會是自己出生自己的嗎？當然不是自己本有、不是自己出生的啊！唉！可是有人還是難免誤會啊！對一般學佛人而言，這個部分的內涵蠻深的。

譬如有人說：「**我看見你，很清楚，我看見你這個色塵，不是我生的；是因爲你在那裡，所以我看見啦！**」其實不然，你沒有眞正的看見我！怎麼說呢？因爲當你看見的「**我**」這個色塵，只是你自己的內相分，而你的覺知心並沒有眞的看見我。你所看見的**我蕭平實**這個相分，是你的如來藏——**入胎識**——藉著你的五色根所變現出來的。

譬如說，你眞正看見我這個色塵、這個影像的，是你的眼球；可是我這個影像在你的眼球視網膜裡面是顚倒的，不是正立的，而是倒立的。現在請問你：「**你現在看到的我，是倒立的嗎？**」不是！而你眼球中那個倒立的我也不是眞的我，只是你的眼球中的影像，顯然你沒有眞的看見我嘛！所以看見我的，是你的眼球；可是你的眼球也沒有眞的看見，因爲它不是心，所以它自己不能看見；只是視網膜上有一個我倒立的影像在你的眼球裡面，透過視神經傳到腦部裡面去（腦部中的一部分是你眼根的勝義根，你的眼球只是眼根的扶塵根），如來藏就在眼的勝義根中變現出內相分的色塵影像出來；那麼意根在腦中眼根的地方接觸到色塵的法塵相，祂無法了別，祂得要意識與眼識來了別，所以你的頭腦裡面的眼根的勝義根，接觸到眼球傳進去而由如來藏變生的內相分色塵影像的時候，意根就透過意識把眼識叫過來了別色塵；然而如來藏在你的腦部裡面示現了我這個影像，它又是正立的，不是倒立的；倒立的才是眼球裡面眞正的我這個色塵影像，而你看到的卻是正立的，顯然你所看到的影像，不是你所看見的身外眞正的色塵相。這樣，諸位應該可以接受了吧？所以你看見的是你的入胎識變現出來的內相分色塵相，不是身外的色塵相。

那麼再舉一個例子好了，譬如說，《尼柯耶》、《四阿含》中 佛都開示說：「**阿羅漢入涅槃時，要把十八界都滅除，才能成爲無餘涅槃。**」好了！問題來了：且不談古時候像法時期的後代阿羅漢，光談 佛在世的時候有一千二百五十位大阿羅漢，那些未迴小向大的阿羅漢入滅了沒有？入滅了！只剩下四位還在人間未入涅槃嘛！但也不示現給我們看嘛！可是其餘的都入滅了，他們入滅了，所以入涅槃時也都把十八界滅盡了；那麼他們的十八界滅了，有沒有滅掉六塵呢？有沒有？有啊！現在問題來了，**那麼多位阿羅漢把六塵滅了，爲什麼我們如今還有六塵**？有沒有想到這一點？這表示什麼？表示他們滅掉了六塵只是滅掉他們自己的相分六塵，不是滅掉世界中的六塵——不是滅掉外六塵啦！所以，那個十八界中的六塵講的是什麼？**是各人自己的內相分六塵，不是外相分六塵喔！**因此法塵也是由自己的如來藏變現的，所以你才具足十八界嘛！如果你自己沒有六塵，完全都是依靠外面的六塵，那就不應該說你有十八界啊！應該說你只有六根及六識等十二界啊！所以，顯然六塵也是你自己專屬的六塵，那當然不是外六塵，而是自心中的內六塵。好！現在已經瞭解了：得要有意根與法塵兩個藉緣，意識種子才能被促使而從如來藏中流注出來，覺知心才會出現啦！這是意識覺知心出生的兩個藉緣。

第三個藉緣呢，譬如阿羅漢說：「**我意識種子不要再流注出來啦！我要入無餘涅槃啦！**」那表示什麼？他的無明斷了，意根作主決定不想再有未來世的自己了，想要使自己永遠滅失了，這是我執的無明斷盡了，就沒有再使覺知心從如來藏中流注出來的動力；所以入涅槃以後十八界滅盡，只剩下本識如來藏，成為無餘涅槃。所以若沒有無明，意根就不會促使如來藏流注出意識種子，就不會有意識覺知心的出生；顯然意識的出生還得要有一個藉緣，就是無明，這樣就是三個藉緣囉！

意識的出生要有三個藉緣，可是，如果要講得比較完整一點，還得要有五色根啊！如果沒有五色根，你在人間的六塵就無法出生啊！那意根要如何觸法塵？如來藏又如何能出生意識？所以必須要有五色根啦！因爲人間就是這樣（如果排除五色根，那就是說無色界）。好！既然要有五色根、意根、法塵以及無明作爲緣因，人間的意識才能出生；而且這四個藉緣，又都是由入胎識如來藏中出生的。那請問：意識能出生第八識嗎？請問第八識可能是從意識中細分出來的嗎？顯然不可能！因爲，意識是藉很多的緣才能從入胎識中流注出來的，也因爲意識所藉的四個緣都還是入胎識所出生的。那麼這樣子，諸位就很清楚，意識不可能細分出如來藏。若要說是誰細分出誰，反而要說意識是從第八識如來藏中細分出來的，應該如此說啊！

第四節　意識心的等無間緣

【演講大綱】　一、意識心的等無間緣：意識心的存在與運作時，不可稍離的俱有依，共有五法，就是五色根、意根、我執及我所執的作意、法塵或六塵、如來藏。（以等無間緣之理，一一說明之）其中的五色根、意根、法塵，是意識心的俱有依，此是極略說，是爲斷我見而說，不是爲大乘菩薩說。

（如來藏與意根都是現行識，才能使意識存在及運作。五色根、意根、我執作意、法塵或五塵、如來藏現行識，此五法與意識覺知心相等無間的配合運作，才能使意識覺知心在人間存在與正常運作。）

二、種子等無間緣的說明：既然必須有五法爲等無間緣，而第七識意根及如來藏都是意識的等無間緣，顯然是先於意識存在的，故不可能是從意識心中細分出來的細心、極細心。

結論：若離如上所說的因緣、藉緣、等無間緣的俱有依，意識必定立即消失，故意識是生滅法。生滅法不可能出生七、八識。

講記內容：接下來第四節要講意識心的等無間緣。假使只有剛剛講的那四個藉緣，那麼意識還是無法出生的；一定要有等無間緣，否則的話，你的意識將很麻煩。怎麼麻煩呢？會有時在、有時不在。

所謂等無間緣，就是說有兩種現象可以被觀察出來：第一、這意識覺知心在運作的過程中，一定要有其他四個藉緣同時相等無間地共同運作；假使不與這四個法同時相等無間地共同運作，意識就不能運作了。諸位想想看哦！你現在要一面聽一面現觀哦！要有現觀的功德，你才能夠斷我見啦！因爲這不是靠想像的，一定要從現觀中去整理出來，我見才能眞的斷哦！你現在要現觀哦！我一面講你一面反觀：**你的覺知心在運作，就是說在分別的時候、在了知的時候，因爲了知就是分別嘛！能不能離開無明？能不能離開意根？能不能離開六塵？能不能離開你的五色根？**你可以現前觀察一下。假使無明不在了，你現在就會入涅槃了，你不想再留在這兒啦！變成我們要幫你辦後事啦！是不是？所以你一定要有想要繼續生存在人間的無明同時存在嘛！那如果是大菩薩們，得要有悲願同時存在啊！無明雖斷了，但是悲願要同時存在，你才能繼續生活於人間，這是意識的第一個藉緣。

第二個藉緣——意根；如果你意根自己不在了，意識覺知心根本不會出現啊！那你意識覺知心如何能繼續分別？不可能啊！所以意識要與意根同時並行存在，才能夠運作，這叫作「等無間」。意根與意識兩個心之間相等無間，中間根本插不進別的東西；你不能夠將某一個法去插在意根與意識中間，祂們是直接聯繫的，這叫作等無間緣：**意根是意識的等無間緣**。

那麼再來看看：如果沒有六塵，覺知心的你，現在能不能存在？你反觀一下看看：**如果沒有六塵，也就是說離開色、聲、香、味、觸、法，覺知心的你還能不能存在？**請你現在觀察一下。你會發覺：**不可能！因爲你不可能**

在意識覺知心存在的時候而沒有六塵，不可能！所以六塵也是你意識的等無間緣[12]。好！這樣有四個法了：**無明**、**五色根**、**意根**、**六塵或者說法塵**；這四個法要與意識相等無間地接觸著，同時存在著，意識才能存在，這個「塵」就是意識的等無間緣。

可是意識自心也有自己的等無間緣啊！一方面祂作爲前五識的等無間緣，一方面祂自己前後種子互相爲等無間緣，使意識的功能繼續不斷地流注；前一個、前一剎那的意識功能流注出去了，下一剎那的意識功能緊跟著流注出來，不能間斷。假使這個等無間緣間斷了呢？就會像放錄音帶的時候，有一段、沒一段的，當你聽一句話以後，結果其中的三個字、五個字沒聽到，就會變成這樣，那意識的運作就不能正常啦！所以意識自己的等無間緣，是不能夠出問題的；必須要有這個等無間緣，覺知心才能繼續現起，並且以後不間斷地一直存在運作。那如果意識在運作的過程當中，與前面講的這四個等無間緣（就是意根、無明……等四個）如果有間隔了，那意識也會一起間斷。所以這樣看來，意識不是自在法，因爲祂要靠這麼多的緣，要靠因

12 定境法塵則是定中獨頭意識的等無間緣。

緣、等無間緣……才能存在啊！那麼（有人上來提示中場休息時間到了），哦！讓我再講一會兒再休息，好不好？

那麼意根不是意識的種子，因為意根自從無始劫以來一直都是現行識，不曾中止成為種子，而是現行識與種子同時存在著，才能夠從無始劫以來不曾中斷而被稱為「恆、審、思量」的心，因此不可說意根是意識的種子；意根也有祂自己的種子，意根不是沒有自己的種子啊！因為意根有意根的作用。種子又名功能差別，諸位剛剛現前體驗到意根一直是存在而現行的嘛！那麼意根的功能差別與心性又是如何呢？意根的體性是恆、審、思量，換句話說，祂是作決定的心；而這個作決定的你，一直都存在，沒有中斷過；乃至你眠熟無夢時，意根還是繼續在運作而不曾中斷過，因此意根從來就不是種子——不是意識的種子。

而且意根是意識的俱有依根，所以你意識在運作的時候，既然不能離開意根—**必須有意根作等無間緣**—那麼意根顯然有祂自己的功能差別，才能被意識所緣而配合意識共同運作。既然如此，已表示**意根是現實存在的**，而且祂相對於意識時確實是真實法，才可能作為意識的所依、作為意識出生的藉緣。這道理就很簡單了嘛！顯然是有第七識意根存在於意識出生之前嘛！不然就要把《尼柯耶》推翻重寫！不然就要把《四阿含》推翻重寫啊！

這個意根有自己的功能差別，才能夠使你將來修定修好了，進入滅盡定、無想定中仍然不會死亡。如果意根不在了、斷了，那你入定就死了，因爲如來藏一定會捨身而去。或者說，每天晚上睡著以後如果沒有意根存在，而意識又斷了，那不就斷滅了嗎？或許會有人說：**「那時還有如來藏啊！」**單靠如來藏，看來好像不會死哦？可是你可就要當睡美人囉！永遠醒不過來了，因爲你沒有意根作動力來流注意識心種子嘛！事實上是，意根斷滅時如來藏一定會捨身而去，就成爲無餘涅槃了。所以，意根是時時刻刻處處存在的，乃至正死位中意根也還是在運作的。那這樣看來，意根顯然是在意識出生之前就存在的，顯然是意識依意根爲緣才能出生，顯然意根不是從意識中細分出來的。所以假使有人說：**「爸爸是從女兒身上細分出來的。」**不會有人這樣認定或同意，因爲女兒要依爸爸爲緣才能出生啊！顯然**爸爸是在女兒之前存在的**，當然不應該否認爸爸的存在，更不該主張爸爸是從女兒身上細分出來的嘛！這樣道理就很清楚了。好！這樣才講完第二章，我們還要再努力，要快一點，才能有時間讓大家來發問囉！

那麼，現在我們要休息十五分鐘，但是先請大家別忙著走動，因爲我們有個禮物要給大家；諸位來的時候有聽到我們播放的音樂，如果你覺得很好聽，因爲有人已經在問：「這是什麼歌？」這不叫歌，這是**正覺同修會的發願文**，我寫的發願文，那麼我們把它譜曲做成ＣＤ，不曉得今天準備的數量夠不夠發？我們沒料到會有這麼多人來，因爲臨時租借的第二講堂也差不多是坐滿了，那麼我們現在請義工菩薩們發給諸位。同時也有些事情要宣布，請余老師上來宣布，請！（編案：休息十五分鐘宣布事情。）

第三章　意識的大概分類

第一節　有念靈知心、離念靈知心

【演講大綱】　有念靈知心、離念靈知心，都是三界九地中的意識心。

講記內容：三界總分爲九地，地是境界的意思，也就是說，三界總共區分爲九種不同層次的境界，就是欲界地、初禪地、二禪地、三禪地、四禪地、空無邊處地、識無邊處地、無所有處地、非想非非想處地。不論是有念的靈知心，或是離念的靈知心，都是三界九地中的生死法、輪迴法，全都是意識心所住的境界。意識既然只能住在這九地的三界境界中，就無法在出於三界外的無餘涅槃中存在；而有念或離念的靈知心，全都是意識心，當然不能出離於三界外存在。

爲什麼說有念及離念的靈知心都是意識呢？因爲，我們從這兩種靈知心的體性來瞭解，就能證明不論是有念或離念的靈知心，都是意識心。然而我們爲什麼要提出這個單元來說明呢？是因爲近代所謂的禪宗開悟者，不論是台灣或者大陸的大師們，都同樣主張離念靈知就是禪宗開悟時所證的眞如佛性，就這樣自以爲悟，也爲徒眾們如此印證，害人一同陷入大妄語業中。我們十幾年來寫出了許多本書，包括公案拈提在內，不斷地從理證及教證上面來說明；但是當代各大山頭的大法師們仍然不改初衷，繼續在大量誤導眾生同犯大妄語業；爲了挽救這些被嚴重誤導的佛弟子，所以我們必須建立這個單元來加以解說。

意識心當然會與五遍行心所法相應，但是祂還與五別境心所法相應，也與「善十一」心所法相應，也常常與貪、瞋、癡、慢、疑、惡見相應，也會與二十個隨煩惱心所法相應，又往往與惡作、睡眠、尋、伺等四個「不定」心所法相應。那麼離念靈知心是不是識陰所攝的意識心呢？我們今天不打算將與祂相應的所有心所法都提出來討論，只將意識心必定會與五個別境心所法相應，也必定會與善十一心所法相應，來察看離念靈知的心所法是否與意識的心所法完全相同？假使是完全相同的，那就是意識心，不必再諍論了；因爲所有人都不會有兩個意識心，也不會有兩個不同的心卻擁有完全相同的心所法。若是由此證明離念靈知就是意識心了，當然也就證明離念靈知不是禪宗眞悟祖師所證的眞如佛性了。離念靈知若已證明是意識心了，有念靈知當然更是意識心，佛教界也就不必再諍論有念或者離念靈知是不是眞如佛性了。

首先來說明離念靈知的種類，詳細說來，離念靈知有許多種不同的狀態；譬如一般人修數息法時制心一處，時間久了以後，可以五分鐘、十分鐘、一小時離念——心中不會有語言文字生起了，這是最粗淺的離念靈知；再來則是靜坐之時發起欲界定了，那時會有欲界定的持身法生起，感覺色身皮膚如同類似桂圓或荔枝剝掉外面粗殼以後的細膜一樣，感覺有一層薄膜包住身體，這時身體安定不動而完全不必用力挺直，自然正直不倒，這時的覺知心就是欲界定中的離念靈知。然後是更深入修定，使心安住於離語言文字妄念的境界中，繼續深入而不再感覺身體的存在，也遠離五塵的吵鬧，忘了時間的感覺與存在，這是已經超越欲界天，卻還到不了色界天的境界，就是未到地定中的離念靈知。然後是初禪、二禪、三禪、四禪中的離念靈知，最後則是空無邊處、識無邊處、無所有處、非想非非想定中的離念靈知。以上所說的這些離念靈知境界中安住的心，都是離語言文字的，但同樣都是意識心；因爲同樣都擁有五種別境心所法在運作，只是或多或少的差別而已。

一般人的離念靈知、欲界定中的離念靈知、未到地定中的離念靈知，都屬於粗意識。從初禪開始的定中意識心，則都屬於細意識；因爲都已經不與粗糙的欲界五塵相應了，因此都可以名爲細意識，然而這些細意識的境界還是各有不同的；其上的最細意識是非想非非想處的定中意識，已經微細到不能反觀覺知心自己是否仍然存在了，所以是三界中的最細意識。超過非想非非想定中的極細意識境界，就再也不可能有意識存在了；因此說，三界中的最細意識，就是非想非非想定中的極細意識。一切意識，不論粗細，超過以上所說的這些細意識境界，就再也找不到意識的粗心或細心存在了。換句話說，在四禪後的無想定中，在非非想定後的滅盡定中，以及在出離三界境界的無餘涅槃中，都是沒有意識存在的；因此意識細心的最微細境界，就是非想非非想定中的細意識，這就是最細意識，因爲同樣都擁有別境心所法而在運作不斷。即使是非想非非想定中的極細意識心，也仍然時時都在了知定中的法塵境界，只是不反觀自己是否仍然存在而已，所以仍然有別境心所法在運作不斷，當然還是意識境界。

接著回來檢視這些粗細意識的自性，都是同樣一個意識心，只是經由修定來降伏煩惱以後，可以住入較微細或者最微細的意識境界中，所以在出定或入定的不同時分中，其實都是同樣一個意識，不是有幾個不同的意識心；因此說，把意識分割爲粗意識或細意識、極細意識，而建立意識爲兩個心或幾個心，是沒有意義的；因爲都是同樣一個意識心，只是所住的境界相不同罷了，並不因爲所住的境界粗細差別而可以分割爲幾個意識心。既然粗意識、細意識、極細意識同樣都是意識，佛說「諸所有意識，彼一切皆意法因緣生」，那麼不論怎麼微細的意識，終究還是意識、終究還是生滅法，當然不是菩薩開悟明心時所證得的眞如心第八識。

第二節　三界最細意識

【演講大綱】 三界最細意識爲非想非非想定意識。

講記內容：爲什麼說三界中的最細意識是非想非非想定中的意識心呢？因爲修定的人其實是在捨而不是在得，是由於捨了某些法，上升到執著較少的處所，而說他「獲得」某一種定境的實證，本質其實是捨而不是得。譬如證得未到地定的人，是捨了欲界中的五塵而證入深厚的未到地定中；譬如證得初禪的人，其實是捨了對欲界五欲的貪愛，也捨了欲界飲食的貪愛，才能發起初禪；又如證得二禪的人，其實是捨了初禪中的色塵、聲塵、觸塵的貪愛，才能發起二禪；因此，證得禪定的人，其實是捨了某些下等層次的法以後才發起的，就依他們上升轉住的上面層次的境界，而說他們證得某一種禪定境界了；但其實反而是捨了原有的下等層次境界，改住於五塵貪著較少的境界中，並沒有新得什麼境界法。

瞭解這個道理以後，再來看非想非非想定的境界；這是從最低層次的捨離欲界法的貪愛而轉入初禪，再由初禪中捨離初禪境界的貪愛而轉入二禪；如是乃至由識無邊處捨離了對意識種子廣闊無邊的境界愛，轉入無所有處安住，成爲無所有處定；無所有處定中仍然有意識覺知心存在，能夠了知意識自己住在無所有處中；然而，若是想要出離三界生死，就得捨離自我而證無我，才能出離三界生死苦，問題是外道或凡夫不知道蘊處界無我的道理，也不知道滅盡蘊處界以後仍有本識第八識存在不滅，誤以爲滅盡自我以後就是斷滅空，因此不敢滅盡自己，無法進入滅盡定中。於是想要保持意識自我繼續存在，但卻誤以爲只要不再記掛著自己是否繼續存在，就這樣讓意識自己不了知自己而存在著，於是就轉入非想非非想定中安住，誤以爲這樣就是住在無餘涅槃中。在非想非非想定中，如果眞能滅了意識自己，了知自己滅盡以後並非斷滅空，還有涅槃本際的第八識本識獨存，才能無所恐懼而願意滅盡意識自己，於是就成爲滅盡定了。這個滅盡定是要以斷我見爲前提才能證得，若是沒有斷我見時，就會想要把意識自己滅除而保留著色身繼續存在，就會成爲無想定，這就是四禪後才能證得的無想定。

由此看來，非想非非想定中的意識，就是三界中的最細意識，當然應該稱爲極細意識。這不是藏傳佛教的所有人能夠證得的，他們連想像都無法想像的；因爲**藏傳「佛教」的宗旨是要每天都修雙身法，而住在初喜到四喜的淫觸快樂境界中，這是欲界中最粗重的貪愛，他們自己也稱此爲大貪**。這種心境是永遠無法發起初禪的，連未到地定、欲界定都無法證得，而且捨壽後還會下墮三惡道中，根本就沒有離開欲界的可能，乃至連欲界天的境界都無法想像，何況能夠知道無色界的非想非非想定境界？所以，藏傳「佛教」的喇嘛們住在最粗重淫樂境界中的離念靈知，只是欲界人間具足六塵的意識極粗心；若是住在一念不生的靜坐境界中，或是在日常生活當中處理事情時的有念靈知或離念靈知，也都仍然是意識粗心，還談不上初禪定境中的細意識。

第三節　三界外無意識

【演講大綱】　三界外無意識：意識不能出於三界外存在。

講記內容：意識心有一個永遠不變的自性，就是不可能存在於三界外。無餘涅槃是三界外的無境界境界，是滅盡十八界的無生無死境界，因爲再也沒有後有十八界了。但是意識心的兩個大分類——有念靈知與離念靈知，都屬於五陰中的識陰所攝，都屬於十八界中的意識界所攝；意識所依的五色根及意根尚且要滅盡，才能入涅槃而出離三界，何況是依意根及五色根才能出生及存在的意識有念與離念靈知，當然更是必須滅除的妄心；這已經足夠證明意識心只能存在於三界九地中，意識心是不可能存在於三界外的，所以意識心是虛妄心，不是眞如心。

往往有假名善知識開示說：「死時只要離念靈知安住不動，捨離色身而繼續保持離念靈知存在，那就是無餘涅槃的境界了。」在顯教中及藏傳「佛教」中，一向都有大師這樣開示；藏傳「佛教」甚至妄說這樣就是輪涅不二——自稱這樣就是輪迴與涅槃不二，說自己的這種境界就是證得明光大手印，還說這樣就是顯教的開悟成佛的境界。可是這種說法其實是不懂涅槃也不懂成佛境界的人才會這樣說的，是還沒有斷除我見、沒有斷除三縛結的凡夫大師才會這樣開示；因爲這種離念靈知只是意識覺知心，而三界外不可能還有意識存在。

爲什麼說三界外不可能有意識存在呢？因爲 佛在四阿含諸經中多處開示說：**阿羅漢入涅槃時是要滅盡五蘊十八界的，也說阿羅漢都是不受後有的**。假使進入涅槃中**安住**時是還有識蘊中的意識存在，這就是還沒有滅盡五蘊十八界，就不符合聖教，也違背涅槃寂靜的法印。或者說，凡是認爲進入涅槃中**安住**時是還有意識存在的，那就是保持後有繼續存在，就不是不受後有的阿羅漢證境了，就是未斷我見的凡夫，不論他的名氣多大、徒眾如何之多。

再說，住在無餘涅槃時，如果還會有意識有念或離念靈知繼續存在，那麼意識的俱有依，也就是意識生起時必須同時存在的因緣與藉緣，當然就必須同時存在不滅才行；那就一定還會有意根、如來藏、五色根、六塵或法塵繼續存在，那麼就會有具足人間五蘊或欲界天或色界的五蘊存在，或者必定還會具足無色界的四蘊存在，那就一定是三界有，根本就不在三界外，這就是**藏傳「佛教」**所說的輪涅不二的明光大手印境界[13]，其實是未斷我見、未斷三縛結的凡夫境界，因爲全都是落在三界有中的凡夫境界。那些凡夫大法師及**藏傳「佛教」**的所有法王、喇嘛們，全都誤認爲意識一念不生時就是

[13] 編案：事實上藏傳「佛教」之「修行」永遠也不可能出離最粗重欲界的境地，永遠都不可能到達色界、無色界的境地，連欲界天都無法達到，又如何能出於三界之外？

無餘涅槃的境界了，其實全都是凡夫所住的三界有境界，連聲聞初果都還沒有證得，更別說是菩薩的開悟明心境界。在聖教中，佛陀早就說過了：不迴心的阿羅漢是最後身，所有阿羅漢們入涅槃時是要把五蘊十八界全都滅盡而永遠不再出現後世意識的，這才是眞正的入無餘涅槃。所以識陰所攝、十八界所攝的意識，是不可能出於三界外繼續存在的，因此緣故，我們說三界外的涅槃中絕無意識存在。

第四節　只有常住法、無間等法才能出三界

【演講大綱】　只有常住法、無間等法才能出三界。出三界的常住心即是涅槃心，是本來就不離三界，亦不在三界生死中。

講記內容：佛在《阿含經》中曾說過：阿羅漢證得有餘涅槃時，所知與所見的解脫並不是斷滅空，而是**常住不變**；也說：聖者阿羅漢所證的解脫，是**真實**、**清涼**、**寂靜**的。這就是說，出三界的無餘涅槃境界是寂靜而迥無六塵的，因此說**涅槃寂靜**；不在六塵境界中，全無熱惱，所以說**涅槃清涼**；又是常住不變而**眞實不虛**的，因此涅槃不是緣起性空滅盡蘊處界而成爲斷滅

空。然而，這樣常住不變的無餘涅槃中，既已滅盡蘊處界等一切法，當然是無境界的三界外境界，當然不允許一絲一毫生滅法的蘊處界存在，否則無餘涅槃就成爲生滅性，而不是常住不變的解脫境界了。無餘涅槃若不是常住不變的境界，那個涅槃境界當然就是生滅境界，就是有生有死的境界，怎能再被稱爲涅槃呢？因爲，涅槃就是不生也不死、不生也不滅的常住而絕對寂靜的境界啊！所以，出三界而住的涅槃境界中，當然就只有常住法、無間等法才能存在或安住。反觀蘊處界等法，全都是生滅法或可滅法，不是本來而有、永不能壞的常住法；也都是念念生滅、日遷月化的變異法，都不是無間等法，當然不可能存在於常住不變的無餘涅槃境界中。

那麼究竟是什麼法可以存在於無餘涅槃的三界外境界中呢？當然是本來而有的本住法如來藏，這個本住法是常住不變的心，這個心體也是無間等的心，不曾有過一剎那的間斷，也是不必依靠任何他法就已經法爾存在著；這樣的無間等法才是能夠常住於無餘涅槃的無境界境界中的心，這個心就是《阿含經》中 佛所說的「**名色因、名色習、名色本**」的本識。既說是名色出生之根本因，也說是名色所依的根本，又是名色熏習一切法時的被熏者，就表示這個心是不被任何一法所生，表示祂是出生一切法的根本因，當然是無始以來就法爾存在而不可被所生法所壞的金剛心。這樣的金剛心，在《阿含經》中說爲無間等法。意思是說，被祂所生的一切法都是由祂流注種子而念念生滅、念念相續地存在著，祂自己卻是恆常而且無間等的心；只有這種無間等的本住法、常住法，才能存在於常住不變的無餘涅槃境界中。因此說：「**只有常住法、無間等法才能出三界。**」然而意識心不論是有念時或離念時，都是眠熟時即告斷滅的有間等法，當然不可能出於三界外的無餘涅槃中安住。

我這次的演講標題中說：「**出三界的常住心即是涅槃心，是本來就不離三界，亦不在三界生死中。**」因爲，這個能夠出生蘊處界等一切法的第八識如來藏，祂就是涅槃心。這個心在凡夫位中，雖然一世又一世不斷的出生蘊處界，導致眾生流轉生死永不斷絕；但是祂在眾生的生死之中，卻是從來都恆常存在而不曾有生死，祂這個心體也不像蘊處界需要藉祂所流注的種子才能念念生滅地存在，而是本然就自己存在著，所以說祂「**本來就不離三界，亦不在三界生死中**」，這樣的心才是涅槃心。無餘涅槃中既然是常住不變的無境界境界，那麼有生有滅而且不離六塵境界的變異心等法，當然不可能存在於常住不變的無餘涅槃的無境界境界中。我們可以在此來檢驗意識心的境界，是否能與無餘涅槃的常住不變的無境界境界相容？答案顯然是不可能的，而且是絕對不可能的。所以說，那些想要以離念靈知意識心住入涅槃無境界境界中的大師們，當然都是錯會解脫道的凡夫，也都是未斷我見、未斷三縛結的凡夫；有智慧的人聽完這一場演講以後，就應該遠離意識境界而求斷我見，求斷三縛結。

第四章　意根是意識的種子嗎？

第一節　略說十八界

【演講大綱】　十八界出生的順序。結論：意根非意識的種子。

講記內容：現在要進入第四章，解析古時的凡夫論師們，以及當代大法師們的一種說法是否正確？我們現在要解析的題目是：**意根是意識的種子嗎？**

那些六識論的古時論師們，創始者就是應成派中觀的佛護，以及自續派中觀的清辨二大論師。這兩位六識論的大論師，都是從聲聞上座部分裂出來的部派佛教凡夫，由於他們都寫出大乘法的論著，所以表相上看來是大乘菩薩，但骨子裡卻都同樣是以聲聞法爲主，都是以誤會後的聲聞法六識論來解釋大乘的般若中觀。眞正實證聲聞解脫道的阿羅漢們，都如四大部《阿含經》中所說一般，同樣基於八識論的解脫道，才能實證解脫，因此他們寫的聲聞解脫道論著都是八識論的教理。但是應成派與自續派等二大中觀派，全都是六識論者，全都否定第七、八識；由此緣故，導致他們都無法認定意識是生滅法。因爲他們都恐懼滅除意識以後會變成斷滅空，所以六識論的應成派與自續派中觀師，全都認定意識是常住的本住法，因此斷不了我見，於是三縛結也就全部具足存在；又自以爲已經斷結證聖了，便寫出應成派中觀見及自續派中觀見的錯謬論著來，流行一時，廣爲誤導學佛人。後代的大藏經編輯者又不具有慧眼，更無法眼，於是又將他們以凡夫所知所見而寫出來的謬論，全都編輯收入大藏經中；如今又都再被編輯收入《大正藏》以及電子版的 **CBETA** 中，繼續誤導更多的佛弟子。

這些源於聲聞法中的凡夫中觀師，不論是古人或今人，都有兩個共通點：第一是同樣**主張六識論**，**否定第七識意根及第八識如來藏**。第二是同樣**主張意根是意識的種子**。所有六識論者都無法斷除我見，因爲一定會產生「於外有恐懼」的現象；「**於外有恐懼**」的「外」字，是指外法蘊處界，是相對於「**於內有恐懼**」的內字而說的；「內」是指內法第八識如來藏，即是北傳《阿含經》與南傳《尼柯耶》中，佛所說的能夠出生外法蘊處界的本識，就是大乘法中所說的如來藏阿賴耶識心體。他們因爲無法實證內法第八識如來藏，必須要與常見外道合流而堅持意識是常住法，然而又不許有第七識意根及第八識本識存在；當別人舉出阿含聖教說意識是依意根而生起及存在的，於是他們就妄想出一個**解套**的說法來：**意根只是意識的種子**，想要以這種說法來解決他們違背阿含聖教的窘境。

然而意根眞的是意識的種子嗎？我們就來探討一下他們的說法是否正確？阿含聖教中說「**意、法因緣生意識**」，意識若是由「**種子意根**」流注出來而存在著，那麼「**種子意根**」是否必須由另一個常住心來執持著，才能不散失？否則意根就是於虛空中自己存在了。果眞如此，那麼意識種子的意根就應該不能成立三界因果，人間的父母、子女、師長、弟子……等因果也就隨之不能成立了，還能有家庭、有國家嗎？因爲，不是每一個有情的六識都各有自己所歸屬的執藏種子的常住心，而是同樣都歸屬於虛空；然而虛空是無處不在又是同一個虛空，同一個虛空執藏一切有情的意識種子意根，豈不是要成爲種子雜亂流注的現象了？而且虛空是色邊色，是依沒有色法的處所來建立爲虛空，因此虛空其實是無法，是依色法無物之處而建立的，顯然無法執藏任何一個有情的意識種子意根，那麼因果要如何成立？很顯然的，應成派與自續派兩大中觀所說意根是意識種子的理論，都是不能成立的。

在顯教的大乘佛教中，並沒有所謂的應成派中觀與自續派中觀；這兩大中觀派都是源於天竺密宗，後來傳入西藏成爲藏傳佛教四大派所宗奉的中觀學說。**藏傳佛教的黃教**，以阿底峽爲主，傳到宗喀巴以後廣傳應成派中觀；近代流亡到台灣的印順法師，即是自己主動繼承**藏傳佛教黃教**的應成派中觀，才使應成派中觀滲入顯教中來。**藏傳佛教**的其餘三大派——紅教、白教、花教，如今則都是自續派中觀；但是百年來一直都被黃教的應成派中觀所壓制著，不敢公然反抗應成派中觀；直到達賴流亡海外以後，管不到他們了，於是他們開始宣揚自己的自續派中觀。由此證明**藏傳佛教**四大派的中觀見，全都是六識論的邪說。

三百多年前的覺囊巴則是主張他空見，他空見主張有如來藏眞實不空，是眞我；而如來藏所生的蘊處界是他法，是無常空。這是八識論的中觀見，才是眞正的大乘佛法中觀，卻已被達賴五世消滅而不復存在了。他空見的八識論中觀是主張意根與意識並行存在的，當意識中斷時意根仍然存在，因此不同意應成派與自續派所說意根爲意識的種子。由於覺囊巴主張佛法的修行應實證如來藏眞我，有眞我不空，而他法蘊處界都空；這與四大派落入意識境界中的說法不同，讓四大派法王們無法應對而覺得很難堪，所以黃教首領達賴五世稱臣於清廷康熙皇帝，在取得康熙同意後向蒙古借兵，合力消滅信奉覺囊派的政敵達瑪王；再指令薩迦與達布二派打殺覺囊巴的各寺院堪布及信眾，把覺囊派徹底消滅，並且改刻抽換覺囊派的教義印板，徹底淹滅覺囊巴的教義。

話說回頭，我們再來檢視意根是否可能成爲意識落謝後的種子？我們前面已經說明過：意識只能分別、思惟、判斷而不能作主決定，得要由意根來決定；所以常常會有一些行爲是明知不該作的，意識已經分析觀察而判斷是不應該作的事情，但是在意根主導下，還是作了不該作的行爲，這已顯示意根是與意識二個法並行存在的，由這個現象界中常常可以看見的事實，證明意根不是意識的種子，而是現行識。

再從十八界法出生的順序來看，也可以證明意根不是意識的種子：當我們前一世剛入胎後，前世中陰身裡的意識已經滅失而永遠不會再現前了，因爲前世意識是依前世的五勝義根爲緣而出生與存在的；入胎後，前世五色根及中陰身之微細色根都已經斷絕關係而不再有任何聯繫了，這時住於母胎中的只有意根與本識執持著受精卵；這時還是有「名、色」，「名」就是意根，「色」就只是一顆連肉眼都看不見的受精卵，故經中說羯羅藍（受精卵）位中仍然有名色。然而羯羅藍及遏蒲曇[14]位的意識是不存在的，如果這時候只有色而沒有名，那就不符合聖教了。由此證明意根是一直存在著的，這時意識是還不曾出現的；因爲這時還沒有成熟圓滿的五色根，本識就不能藉五色根出生六塵，意根還無法觸法塵，意識就不可能出生與存在。直到住胎四或五個月時，五色根生長到一定程度而具有基本功能了，意識才會因爲意根觸法塵而開始有時生起的現象。

由這個道理，已經證明意根不是意識的種子了。爲什麼呢？這是由於**種子得要現行而成爲識的時候才會有作用的**，還在種子位的時候是沒有作用的。當他們主張意根是意識種子時，這種子位的意根是還沒有現行而無法觸法塵的，又如何能引生意識起來分別六塵呢？所以，當五色根粗具雛形時，六塵才能生起，從此時開始，意根是時時刻刻都在領受法塵的，才能觸法塵而使意識生起；由這個道理，也就證明意根絕對不是意識的種子了。如果意根眞的只是意識的種子，那麼意根就無法觸法塵，就不可能生起想要了別法塵的作意，當然不可能促使如來藏流注出意識種子來，那麼意識將永遠不可

---

14 羯羅藍是前七天以內的受精卵，遏蒲曇是第八天至第十四天的受精卵。

能出生及存在了。由這個道理，證明應成派與自續派中觀等六識論的凡夫論師們，所主張「意根是意識種子」的說法是不能成立的；所以，源自聲聞部派佛教六識論的教義過失，在有實證智慧的菩薩面前是無法自圓其說的。當然，在經教中還有其他許多的理由，可以證明意根不是意識的種子，但是以上所說已經足夠證明意根不是意識種子了，限於時間，我們就不必一一列舉經教中的開示。

第二節　意根應歸在何界中？

【演講大綱】　意根應歸在何界中？依十八界的並存，證明意根不是意識的種子。依意根與意識各有種子（功能差別），說意根不是意識的種子。依意根是意識的俱有依根（等無間緣），說意根若滅時意識即不能存在，故意根不是意識的種子。

講記內容：接下來我們要從意根的歸屬，來說明意根不是意識的種子。佛在《阿含經》中告訴我們，所有正常的人都有十八界，也就是六根、六塵、六識；「界」又名功能差別，換句話說，十八界就是十八種功能差別。如果意根是意識的種子，就不該列入十八界中；但意根卻是與意識並列在十八界中同時存在，顯然意根不是附屬於意識，當然不是意識的種子。如果識的種子可以列在十八界中，那麼眼識的種子也應該列入十八界中成爲十九界；同理，耳、鼻、舌、身等四識的種子也應該列在十八界中，那麼十八界應該再加上六界而成爲二十四界才是，因爲眼等五識也是和意識一樣各有自己的種子啊！然而，佛陀明明只說有十八界，終究不說有二十四界。既然 佛告訴我們說有十八界，不多也不少，這已顯示意根有自己的功能差別，而不是還沒有功能現行的種子；又把意根與意識同列在十八界中，表示意根有自己的功能差別，與意識的功能差別同時存在而並行運作著，才會與意識同時列在十八界中。

從另一個方向來說，五識各有自己的種子，五色根也有自己的種子；依照六識論的聲聞中觀師所主張的道理說「意根是意識的種子」，那麼五色根的種子一樣應該列入十八界中，於是二十四界就還要再加上五界，成爲二十九界了。這是從意根與意識各自的功能差別來作歸屬的分類，顯示聲聞六識論的兩大中觀派將意根扭曲爲意識的種子，有其過失而無法自圓其說。

再從意根是意識的等無間緣來說，證明意根絕對不可能是意識的種子。

意根是意識現行時的俱有依，也是意識存在時及運作時的等無間緣，這表示意識若離開現行位的意根就無法存在，也表示意識若離開現行位的意根相等無間的支援，就無法持續運作，因此意根才有可能被 佛陀列入十八界中，成爲意識的所依根。識陰六識中的每一個識的所依根，都是每一個識的等無間緣，都是每一個識的俱有依，都是與六識同時同處運作的，所以六識的所依根都不可能是六識的種子。譬如眼識的所依根是眼根，眼根是眼識運作時不可一時或缺的俱有依根，是與眼識同時同處相等無間並行運作的，才能使眼識生起及運作；眼根若不正常時，眼識就跟著不正常；眼根若毀壞而不能成爲眼識的等無間緣時，眼識就不能生起，更別說是繼續存在及運作了。同理，意根是意識生起及存在與運作時的所依根，而意根也是意識運作時的等無間緣，因此意根是與意識同時同處存在而配合及主導意識在運作的，否則就不稱爲意識的所依根，當然也就不叫作意根了。但是 佛說意根是意識的所依根，根的意思已經很清楚表明一件事實：意識必須依附意根才能存在及運作。而且意根也與意識並列在十八界中，這都已表示意根不是意識種子了；所以藏傳佛教的應成派與自續派中觀師，主張說意根只是意識的種子而非現行識，這道理是講不通的。

第三節　可以排除意根嗎？

【演講大綱】　可以排除意根嗎？（意根是「現識」：使一切種子可以流注。意根若是意識的種子，則意識現行時意根已滅，諸法種子將不再流注出來，十八界法將全部滅除，成爲無餘涅槃。）

講記內容：說明了意根不是意識種子的理由以後，我們再來解析一下：法界中可以排除意根嗎？今天特地在這裡向大家提出一個學佛人應該省思的問題：**在三界中的一切法界，能不能排除意根的存在與運作**？也就是說，在三界中的一切法功能差別之運作中，能不能排除意根的常住與運作？這是所有學佛人的一個很重要的課題。我說這個課題很重要，原因是這會影響學佛時的起跑方向是否正確。如果起跑方向在一開始就錯了，那麼後面的努力奔跑，將會距離目的地越來越遙遠，成爲越努力修學就越遠離佛法的實證，自始至終都是徒勞無功的，甚至成爲修善以後反而成就惡業，因爲會落入六識論中而堅持己見，破斥第七、八識而成爲謗菩薩藏，成就一闡提的大惡業。在《楞伽經》中說，**謗菩薩藏的人是一闡提人，也就是斷善根人**。菩薩藏的內容是專講第八識如來藏的中道性、具能生萬法的功德性、本來自性清淨涅槃。排除第七識意根的人，都會同時排除第八識如來藏的存在；這兩種邪見是如影隨形永不相離的，由此可見對於意根的正確認知是非常重要的。

那麼意根在三界中爲何那麼重要呢？因爲意根是《楞伽經》中佛說的「**現識**」，這是說，意根是萬法從如來藏中現行的動力，也是三界六塵中一切法的主導者；若不是有意根在主導，就不會有名色的出生與存在，也不會有任何六塵六識的出現，一切有情都不會在三界六道中了知六塵中的各種境界，也不可能有人能學習世間諸法或出世間諸法，更不會有任何有情造業與受果。我們限於時間，無法一一舉例來加以說明，但我們可以簡單舉出人間的人類日常生活中的一件小事情來說明，諸位以後可以舉一反三而加以類推，自然會知道第七識意根在三界中的重要性了，而且會知道祂是絕對不可一時或缺的極重要的心。

譬如：當我們晚上睡著以後，意識等六識已經斷滅不存在了，這時就稱爲眠熟了。眠熟是與識陰六識相應的法，但是不與意根相應；所以，當識陰六識由於睡著而中斷以後，不知不覺六塵境界時就稱爲睡眠或眠熟。然而，意根卻不會也不曾與睡眠這個心所法相應，所以眠熟而不知不覺六塵時，意根還是繼續存在著；也正因爲眠熟以後識陰六識中斷時，意根仍然存在不斷而繼續運作著，就能繼續了別法塵的變動；所以睡覺時若突然遇到重大變動發生時，意根才能喚醒意識等六識心而清醒過來，才能分別事情的狀況而決定應變的速度與方式。

如果主張意根只是意識的種子，而種子若是還沒有現行時是沒有作用的，必須被喚起而成爲現行狀態時才會有作用；所以意識的種子意根（姑且依六識論者名爲意根）在種子位中是沒有作用的，也就是眠熟位中並沒有意識等心存在，識陰等六識都是中斷而不存在的，意根又是種子而沒有現行（現行時就稱爲意識了），這時是要由誰來了知重大變動呢？是要由誰來促使如來藏中的意識種子流注出來成爲意識現行運作呢？如果意根只是意識的種子而不是現行識，一切有情於眠熟後就不可能清醒過來，因爲已經沒有心來了知大變動而無法應變了！所以，眠熟位中意識等識陰六識中斷以後，事實上仍然還有意根現行識存在著，而不是尚未流注出來的意識種子，由祂來了知極粗糙的法塵有沒有重大變化？這樣才能夠維持睡眠，否則人間就不可能有睡眠這個法了。

若是眠熟以後只剩下意識的種子名爲意根，這樣的意根並不是正在現行運作的心，當然不可能了別任何六塵境界；那麼眠熟位中假使突然大地震時，沒有心來了別觸塵中顯示出來的法塵的重大變化，究竟要由誰來喚醒意識等六識心來了別當時的地震境界呢？當然不可能有任何的心再出現了，應當所有人都在眠熟後永遠醒不過來了。因爲藏傳「佛教」這兩大中觀派都只承認人類有六識，排除第七、八識的存在；那麼，當他們眠熟後六識斷滅時，就不再有任何的心存在了，就成爲斷滅空了。這時雖然還有色身存在，可是色身不是心，不能了別六塵中的法塵，在地震發生時當然是不會知道法塵的重大變化的；不知道地震時的法塵重大變化，自然不可能會清醒過來。

或許有人會認爲色身可以執持六識心的種子，如果眞是這樣，那麼還沒有被毀壞的屍體也應該可執持六識覺知心的種子，那麼三界一切有情就應該同樣都只是由四大物質的集合所成就的了。可是這樣一來，可就違背了法界中的事實；因爲物質是無情，無情不可能出生有情的六識覺知心；若是無情可以成就六識覺知心，那麼法界中的許多物質就應該可以有許多的偶然情況會成就有情的心，人類就不必一定要藉父母所生的受精卵作爲藉緣才能出生，可就不免輾轉產生許多的過失出來了。所以說，無情不能出生有情的心，色身不可能執持六識心的種子，而是由第八識心才能執持六識心以及色身的種子。

話說回頭，當我們眠熟以後六識覺知心中斷了，若是那時沒有意根存在不斷而繼續運作著，就沒有心來了別地震時的法塵重大變化，就無法有心來喚醒六識覺知心來作分別了。同樣的道理，當我們晚上睡夠了，身體的疲勞消除了，意根在法塵上了知光線變強了，開始有動物或其他人在活動的聲音了，於是想要醒過來，就喚起如來藏中的意識種子，於是識陰六識就生起而能了知六塵境界，於是我們就說自己從睡眠中醒過來了。

睡眠的法相是如此，進入無想定中、滅盡定中的法相也是如此。在四禪後的無想定中是滅盡六識覺知心的，意識已經不存在了；在滅盡定中同樣是意識等六識心都不存在了，若依藏傳「佛教」兩大中觀派的六識論主張，說人類只有六個識，說意根只是意識的種子；可是種子若不現行時是沒有作用的，現行時才會成為心而有作用；那麼，依六識論的主張來說，在無想定與滅盡定中都是沒有心存在的，這時無想定中的外道或者滅盡定中的阿羅漢，當他們入定前預設的出定境界出現時，他們又該由哪個心來喚醒意識而出定呢？若無現行位的意根，那這兩種人入定以後就應該永遠無法出定了；而色身又不能執持意識的種子，又該由誰來執持他們稱之為意根的意識種子呢？

這時他們所稱呼的意識種子——意根，應該已經不在身中了，應該與色身不再有聯結了，那麼就不可能再從同一個色身中出定而清醒過來了。

可是從佛教歷史與經典的記載中，都沒看見這樣的事情發生過，而從理證上我們也已經證明這是不可能的事情。由此可證，藏傳佛教的兩大中觀派指稱意根是意識的種子，這種源自佛護、清辨等人的創見實不能成立。所以，意根是時時刻刻都存在著，才能使人類在眠熟位、無想定位、滅盡定位之中，都仍然有心存在而不是只有意識種子存在，當然也就不會成爲屍體或無情了；由此證明意根是不可被排除的，也證明意根不是意識的種子，因爲意根有祂自己的功能而與意識同時同處不斷地運作著。此外，也可以從三界九地的其他境界中，來證明意根是不可以被排除的，否則三界九地的境界就都不可能成立與存在了。我們因爲時間有限，無法一一舉例及細說，有智慧的人自然能夠以此類推，知道時時刻刻不斷在運作的意根是不可被排除的。

第四節　意根自無始劫以來都是現行識

【演講大綱】　意根自無始劫以來都是現行識（《楞伽》中有聖教明證），

體性特異故從來不是種子：恆、審、思量。（若意根是意識的種子，將有種種過失，略說其二：①意識現行時意根已滅，則意識缺意根爲俱有依根，則無法運作。②意根若許是意識的種子，應許眼根是眼識種子。）

講記內容：這一節要說明意根是現行識，不是種子。我的演講大綱中說：「**意根自無始劫以來都是現行識**」，這句話的意思是說，意根從來不曾中斷過，不但這一世出生以來都不曾中斷過，其實是打從無始劫以來就如此恆常現行而不曾中斷過；從眠熟位、悶絕位、無想定位、滅盡定位乃至正死位中，意根始終都是現行識，所以始終不曾中斷過而一直在運作著，不曾有過一剎那的中斷，從來不曾成爲種子而眠藏起來。這個事實表示：**意根從來都不是意識覺知心的種子**，所以六識論的清辨、佛護等中觀師（也就是藏傳「佛教」自續派與應成派中觀的天竺鼻祖），這兩大聲聞論師主張意根是不存在的，說意根只是意識覺知心中斷而落謝以後的種子，因此主張意根是不存在的，只是依意識的種子而立名，不承認意根是與意識並行運作的心，此錯謬論點是有極大過失的。

佛陀在四阿含諸經中處處說「**意、法因緣生意識**」，也處處說「**意、法、觸三生意識**」。「**意、法因緣生意識**」的意思是說，**要有意根與五塵上顯示的**

法塵作爲因緣，才能出生意識覺知心；「意、法、觸三生意識」的意思是說，**要有意根來觸知法塵，才能有因緣出生意識**。如果意根不是現行識，只是意識的種子，種子還未現行時即不能產生了知的作用，請問：意識種子位的意根如何能觸知法塵而說觸法塵來出生意識覺知心？這是在四阿含諸經中處處說過的聖教，早已顯示意根是現行識而不是種子，而且是意識出現之前就已經在觸知法塵的心，當然是現行識而不是種子，當然不可能是意識的種子。

不只四阿含諸經中如是說，在大乘唯識種智勝妙法的《楞伽經》中，佛也同樣有這種開示：[15]

> 大慧！略說有三種識，廣說有八相。何等爲三？謂眞識、現識，及分別事識。大慧！譬如明鏡，持諸色像；現識處現，亦復如是。大慧！現識及分別事識，此二壞不壞，相展轉因。[16]

意思是說，意根是現行識，經中簡稱爲現識，所以不是種子。這段經文中說，如來藏如同明鏡一般執持種種色像，在現識意根所在的處所顯現出

---

15 編案：所舉經文演講時乃依經文義理舉述，並未逐字逐句背誦，於整理爲文時方自大藏經中文句節錄。

16 《楞伽阿跋多羅寶經》卷一〈一切佛語心品〉。

來。又說，現識及分別事識這兩個心，一個是會壞的心，另一個是不會壞的心，這兩個心在三界六塵中是互相輾轉相依為因的。也就是說，分別事識——就是能夠分別六塵的意識等六識心——是會中斷而有時壞滅的，現識——就是只能了別極粗糙法塵的現行識意根——是永遠不會中斷、不會壞滅的，除非具足證得解脫果之二乘無學入無餘涅槃時。

這兩個識在人間六塵中的運作是輾轉互相為因的，譬如在眠熟位中，如果不是現行識意根時時刻刻了知法塵有無重大變化而且恆不中斷，就不會有心來喚醒意識等分別事識六個心了，就不可能會在隔天早上再度清醒過來了。但是清醒過來以後，現行識意根處處作主、時時作主時，如果沒有意識等六個分別事識來為祂了知、分別、思惟、判斷等，意根也是無法處處時時作主的。由於這個事實，所以 佛說這兩個心是輾轉相因的心。前面由事實舉證的理證上面，證明意根從來都不是種子位的心；我們也在前面說明意根有自己的種子，所以意根絕對不可能是意識覺知心的種子；如今舉證大乘經典的聖教中，也證明意根是現識，是恆而不斷地促使如來藏流出諸識種子的心，也就是時時刻刻都現行不斷的心，所以不可能是種子，當然更不會是意識的種子，因此就不應該排除意根的存在，不該故意把意根錯誤地定位為意識落謝後的種子而排除祂的實存。

接著再從意根的體性特異於意識覺知心，來證明意根不可能是意識的種子。意識心的體性是「**審而不恆**」，意根這個心的體性則是「**恆、審、思量**」；意根是恆而不斷的心，是時時刻刻都現行的心，永遠都沒有中斷成爲種子的時候[17]；而意識則是每天夜晚眠熟或者中午小睡眠熟時都會中斷的心，所以說是「**不恆**」——唯識學中說意識心「審而不恆」；不恆心的意識不可能成爲恆心意根的主體識，恆心的意根不可能成爲不恆心意識的種子，因爲邏輯上是一定如此的。如今再從這個道理來檢查藏傳「佛教」這兩個中觀派的主張：「**意根是意識的種子**」，正好與上面所說的邏輯顚倒，所以藏傳「佛教」兩大中觀派所說「**意根是意識的種子**」的說法，是在不如理作意的顚倒想中建立的邪見。

如果他們繼續主張說意根只是意識的種子，立刻就會有種種過失出現，我們大略再來說其中的二種過失，更多的過失則限於時間就無法一一說明了。首先說，意根若眞的只是意識的種子，那麼當早上睡夠了而醒過來時，

17 編案：唯除前面所說入無餘涅槃時。

也就是睡醒時意識已經現行了，這時意識種子意根已經變成意識而不再有意識種子意根存在了，這時意根已經滅了，那麼意識顯然是沒有意根可以作爲俱有依根，意識就無法運作而成爲無用的心了，因爲識陰等六識都必須依止於所依根才能生起及運作的。

打個比方說，眼識運作時一定要有眼根作爲俱有依根；也就是說，當眼識生起及運作時，一定要眼根的扶塵根與勝義根都正常，沒有缺陷或沒有毀壞，並且眼根還得要時時刻刻配合眼識來運作，譬如眼的扶塵根隨著眼識的需要而轉動眼球來配合，又如眼的勝義根提供阿賴耶識變現內色塵的處所，眼識才能正常運作；否則不但不能正常運作，連見都見不到了，何況能了知色塵？所以六識都是不能離根或無根作俱有依而能存在及運作的。當藏傳「佛教」兩大中觀派主張說「意根只是意識的種子」時，意識種子意根既然現行而變成意識了，當時意根顯然是不存在的了，那麼意識運作時就不可能還有意根存在及配合著，那麼意識這時是沒有所依根的，是應該不可能存在的，哪裡還能運作而了知六塵呢？這個道理，藏傳「佛教」兩大中觀派古今的所有大論師們，都是不懂的，才會提出「意根只是意識種子」的荒謬主張。

再從另一方面來說，聖教中說意根有意根的種子，意識也有意識自己的種子；也就是說，意識與意根都各有自己的種子。因此當意根現行時，仍然有自己的意根種子繼續流注而使意根能夠繼續現行而不中斷；同理，意識現行以後仍然有自己的種子繼續流注出來支持著，才能使意識現行以後不會中斷而能繼續存在及繼續運行著，所以意根與意識的種子都是各自同時存在的。如果種子就是根，當種子流注出來而成爲現行識的時候，種子是已經不存在的了，那麼就沒有種子繼續流注出來，識就一定會中斷而無法繼續存在，何況還能繼續運行呢？

這道理告訴我們說：八識心王的每一個識都各有自己的種子，每一個識都不可能以別的識作爲自己的種子，而且每一個識現行時也都同時有自己的種子存在，才能從本識如來藏中源源不斷地流注出來而使每一個識不會中斷；這已經證明每一個識是與自己的種子同時存在的，不會因爲識現行時就沒有種子了，也不會因爲識中斷落謝時就變成所依根或另一個識；否則，眼識落謝之後應當就變成眼根了，有智慧底人都不會相信這樣的邏輯。

假使藏傳「佛教」兩大中觀派提出「**意根只是意識的種子**」的主張是正確的，那麼當早晨醒來意識現行時，意識種子意根已經變成意識而不再有意根存在了，這時意識已經沒有種子存在了，意識自身一定會中斷而無法繼續存在，因為已經沒有意識種子意根存在了，意識就失去了俱有依根，無法繼續流注出意根而使意識不得不中斷。或者成為意識才剛出現時，意根不在了，於是意識沒有種子可以流注出來而中斷，於是意識又落謝而變成意根了；然後意根再流注出來成為意識，變成意根中斷而意識又出現了；然後又因為意識種子意根中斷而無法再流注出意識種子，又使意識中斷；那麼就成為意識時而出現、時而中斷的不連續現象，就無法了別六塵諸法了。而我們在人間法界中，從來都不曾見過有這種現象，由此證明**藏傳「佛教」**兩大中觀派所建立的「**意根是意識的種子**」的說法不能成立，是荒謬的邪見。

假使**藏傳「佛教」**兩大中觀派的任何論師，還要繼續公開主張說「**意根只是意識的種子**」，我們就暫且承認他們這樣的假設，接著來求證於聖教，看看他們的假設是否能夠成立？當聖教中及現象界的現存事實中，已經證明眼識現行時一定要有眼根的勝義根與扶塵根作為俱有依，才能夠看得見色塵，也才能夠隨心轉來轉去看見想要看見的色塵，所以眼識現行識一定要有俱有依的所依根同時存在。同理，意根是意識的所依根，所以 佛才將祂命名為意根；意識既然必須要有「意」作為所依根而稱意為意根，就表示意識存在時一定要同時有意根存在作為所依，並且要由意根配合著，意識才能存在及運行；當意根是意識種子而現行成爲意識時，意根已經不存在了，又如何能作爲意識的所依根而配合意識來運行呢？顯然是不可能的。所以意根若是意識的種子，當意根現行而變成意識時，現行識的意識是沒有所依根的，當然也是不可能繼續存在及運行的；這證明藏傳「佛教」兩大中觀派主張的「**意根只是意識的種子**」的說法，是荒謬而不可能成立的。

如果藏傳「佛教」兩大中觀派，堅決允許意根只是意識的種子，說意根只是方便施設的說法，認爲意根實際上是不存在的，因此仍然堅定地認爲「**意根只是意識的種子**」；依照他們所建立的同一邏輯，他們也應該要允許在同一邏輯下所說的「**眼根是眼識種子**」的說法；然而不論是眼識或是其餘四識，全都是與所依根同時同處明顯存在的；這也就是說，當六識心王現行時，根與識永遠是同時同處並行存在著，不可能說根是識落謝後的種子。因爲，不論是在聖教量中或者現象界可以舉證的理證中，都證明六識各有所依根，同樣都是根識並行運作，同時同處存在；一旦識離了根，識就消滅而不能存在了。因此，不論是從聖教量或者現量上來說，都不許意根是意識的種子，由此證明藏傳「佛教」兩大中觀派爲了維持六識論邪說而建立的「**根是識種**」的說法，永遠都不能成立；這也證明六根是現行法而不是種子，當然意根不可能是意識的種子，因此六識論的邏輯是不能成立的。

第五節　意根有自己的種子

【演講大綱】　意根有自己的種子，含藏在如來藏中不斷的現行，乃至無想定、滅盡定中、正死位中仍繼續現行運作。

講記內容：如同剛才所說，意根有自己的種子，因為意根有祂自己的體性恆而不斷地運作著；也因為意根的體性與意識的體性大不相同，由此而可證明意根確實有自己的種子——祂確實有自己獨特的功能差別。意根的體性是「恆、審、思量」，「恆」是說意根的體性是自從無始劫以來就不曾中斷過，因此祂在眠熟位、悶絕位、無想定位、滅盡定位中，都恆而不斷地存在；乃至正死位中也是恆而不斷地存在，無始劫以來在任何時刻都不曾中斷過一剎那，所以說祂是「恆」。**假使人類都只有六個識**，而意根又是意識種子而成為會中斷的心，那麼正死位中意識斷滅時，就沒有心存在了，意根又只是意識種子而不是現行位的意識，那時又是由誰來主導第八識如來藏出生中陰身呢？又是由誰來牽引如來藏本識去入胎而出生下一世的五陰呢？因為那時識陰已經中斷而沒有意識了啊！斷滅無法怎能入胎？又怎能出生來世的名色五陰呢？

假使人類都只有六個識，意根又只是意識種子而成爲會中斷的心，那麼一切人眠熟、入無想定、入滅盡定以後，也都應該死亡而成爲斷滅空了！因爲在這些境界中，識陰等六識都已經滅盡而成爲空無了，而意識種子又無常住心來受持不散，當然不可能無中生有而再度出生意識覺知心啊！那麼，一切凡夫晚上眠熟以後，一切已證無想定的外道入了無想定以後，一切俱解脫阿羅漢入了滅盡定以後，應該都會隨即死亡而成爲斷滅空才對。可是我們所知所見，人類眠熟以後並未死亡，外道入無想定以後並未死亡，阿羅漢入滅盡定以後並未死亡，都是可以重新醒過來，或是可以重新出定而完好無缺。

由此證明眠熟後以及進入這兩種定中的時候，仍然是有心存在著；而這時候的心是會思量而能決定要不要醒來，或者決定要不要出定的心；這個「恆」常相續、能夠審斷而作決定的心，就稱爲「審、思量」的心，就是意根。意根的心性不同於第八識本識的體性，本識如來藏是「恆而不審」的心，一向隨緣應物而不會自己作決斷；由此證明眠熟位及這兩種定境中雖然都沒識陰六識了，意識確實不存在了，卻已經足夠證明仍有意根確實是存在著的，也明確證實藏傳「佛教」兩大中觀派的六識論，以及他們辯解「意根是意識的種子」的說法，是完全不能成立的邪說。

若依藏傳「佛教」兩大中觀派的主張，說意根只是意識的種子，已經分明顯示藏傳「佛教」這兩種中觀派都與世尊所說不同，那麼他們就應該脫離佛教而另行創立新教，不該繼續留在佛教中卻專說違背世尊聖教的邪理。也就是說，他們應該提出新主張：**阿羅漢入涅槃時，不應該只滅除十八界，而是應該同時把五色根的種子及五識的種子也找出來滅除，應該是要滅除二十八界才對**。那麼，他們其實是在指責佛陀不懂阿羅漢應該如何入涅槃，也是在指責佛陀不懂如何入涅槃，因爲佛陀只說應該滅除十八界而不是要滅除二十八界。如果他們能這樣主張，並且證實法界中的眞相確實是如此，才能繼續主張說意根是意識的種子，也才能配合他們自認高於顯教佛證量的妄想。

第五章　意識能了別什麼？

第一節　顯色、形色、表色、無表色、世間法、二乘出世間法、世出世間法

【演講大綱】　顯色、形色、表色、無表色、世間法、二乘出世間法、世出世間法。

講記內容：　爲了讓大家能夠更深入瞭解識陰六識的意涵，知道識陰六識—特別是意識—與意根的不同，因此我們接著要爲大家說明識陰六識各自的功能差別，也就是說明識陰六識的自性。前五識都只能了別六塵中的某一個部分，而且都不能具足了別那個部分；但是意識所能了別的，遠超過前五識。可是意識又無法「不依賴前五識而了別祂自己對五塵的深細分別」，譬如說眼識，眼識能了別色塵；那麼意識呢？也能了別色塵，那我們現在就針對眼識與意識的關聯來談一下。色塵有幾種？色塵有顯色、形色、表色，也有無表色。顯色是說青、黃、赤、白、黑的影像，這是屬於顯色，顯色是眼識所能了別的。接下去的形色、表色、無表色呢？眼識就沒有能力了別囉！

那是屬於意識所了別的了。

什麼叫作形色呢？譬如說：大小、方圓、上下、遠近等，凡屬於形像的、屬於形狀而非顏色的色塵，都屬於形色的範圍，是屬於**法處所攝色**，都是在意識所了別的範圍內，所以形色是眼識不能了別的。換句話說，你的覺知心若是分成六個識來說，這識陰中的六識，功能各不相同；眼識所了別的只有色彩，除了色彩以外的色塵，可就不是祂所能了別的。所以你現在知道，你能了別色彩的心就是眼識，這樣大約可以把眼識從六識之中區分出來了。譬如說：以這一尊佛像來說，你的眼識能了別的，是它的色彩，佛像上面有一些比較深的這個色彩，我們說它叫作褐色，也有一些比較淺的色彩說它叫作黃色，你的眼識所能了別的只是這個簡單的色彩。至於說，佛像的形狀是什麼？那就是屬於意識所了別的了！這部分就屬於形色了！又如佛像大概有多大？距離我有多遠？形狀是如何？在我眼前所看到的時候是在我的眼睛上方？或是在我的眼睛下方？或在什麼的上方、什麼的下方位置……等，那就是意識所了別的啦！這些內容都不屬於色彩範圍中的色塵，而是依附顯色等色塵上所顯示出來的法塵（法處所攝色），這叫作形色。

可是除了顯色與形色以外，還有表色啊！如果從有情上面來講表色，那叫作行來去止、屈伸俯仰；一個人正在做什麼事情，並不是眼識所能了別的；眼識只看到某一個人是什麼樣的色彩，譬如髮色、膚色、衣著色等色彩；但是那一個被看見的人，他正在做什麼事情，那已經是屬於意識所了別的，那叫作表色。而這個表色——行來去止等，如果要從無情上面來講，譬如現在人類很會製造器具，那麼當你看到一輛車子時，你說那輛車子正在跑動，那可是意識所知道的，已不是眼識所能知道的，因爲眼識只是能看車子的顯色，而且對於顏色的微細內涵也不能了別，得要由意識來了別了。

那麼再說無表色，如果從有情來講，有情的無表色，就是藉著他的顯色、形色以及表色來顯示；也就是說，藉著這一個人，從他的色彩，他的體形以及他的肢體語言動作等等，你才能領納出來：這個人是有氣質的，還是沒有氣質的；這個人是有學問的，或者是沒學問的；或者說你去領納這個人在佛法上是有實證的，或者這個人看來就是沒實證的。爲什麼你能領納出這些無表色來？這都是要從顯色、形色以及表色等的綜合觀察來顯現出來，而你所領納的他所表現出來的神韻、氣質等等就叫作無表色。在色塵上的這四種法中，後三個乃是意識所領受的，屬於法塵，名爲法處所攝色，是意識才能了別的，眼識不能了別。

換句話說，前五識只能了別五塵的粗相，不能領受五塵的細相；五塵的細相屬於法處所攝的色法，都是要由意識來領受的，五識自己無法了別出來，所以意識領受的範圍很廣。可是當意識在領受五塵上的法塵，也就是領受五塵中的各種細相時，意識也不能自己單獨來領受，祂得要由前五識來配合，祂才能領受；如果沒有前五識的配合，意識也不能領受這些五塵上的法塵。然而，凡夫的意識都不知這個道理，所以意識往往忽略了前五識的存在，就把五識的功德據爲己有，就說：「我只有一個心啊！叫作覺知心啊！我這個覺知心呢，青、黃、赤、白都看得很清楚！」其實青、黃、赤、白是眼識之所見，然後意識從祂透過眼識所見的青、黃、赤、白中，去作詳細的了別而知：「啊！這個是正黃、這個是橙黃、這個是鵝黃等。」所以單單是一個黃色，對於那些做染料生意的人，對於那些染布的人而言，光一個黃色就可能有一百多種不同顏色的差別，那是由誰來了別這些差異相呢？就是由他的意識來作了別的啊！

可是，話說回來，如果沒有意識現行及存在的話，眼識也無法生起；縱使能夠生起了，眼識也無法自己了別，還得要靠意識在背後支援祂，因此而說意識是眼識的等無間緣；所以，眼識也要靠意識才能了別青、黃、赤、白、黑等顯色，因爲意識是眼識的俱有依啊！凡是眼識存在時，就必須要有意識同時存在來支援祂，眼識才能運作。反過來也一樣，意識雖然能單獨住在定境法塵中，不觸外境，不依靠五識而能自己存在，能獨自了知定境中的狀況；可是如果祂想要見外境色塵，就必須有眼識來配合；若是沒有眼識的話，意識就連色彩都看不見，何況能看見色彩中顯示出來的形色、表色、無表色？所以意識是與眼識相依相助的。

雖然意識在色塵中了別的範圍非常地廣泛，可是只有了別這些嗎？當然不止，意識對聲塵的了別也是像這個狀況，對於香、味、觸塵的了別也是如此啊！可是眾生好像都不覺得自己有這六個心存在呀！都覺得好像就只有一個意識覺知心存在，這是因爲六心和合運作如似一心啊！粗心的人面對識陰六識心時，看起來就好像只有一個心，只有學佛以後才會知道說：「哦！原來我的識陰有六個心，那比以前更豐富了嘛！原來我不是單一的，原來我有很豐富的內涵。」知道了這一點！那就是學佛後的第一個收穫了。

接下來，除了這一個部分以外，還有許多的世間法呀！我們就從世間法中舉一個例子來說好了。比如說插花，一盆花插出來以後，有的人看了喜歡，有的人看了卻不喜歡，因爲沒有花團錦簇，所以評論說：「哎呀！這個不漂亮，我不要！」可是有的人看了喜歡說：「噫！這個很有韻味！它看起來有一種很幽雅的氣質。」那是憑什麼說它很幽雅呢？是憑顯色、形色來共同作判斷，因此而看出它的一種氣質韻味。所以插花也有花道，於是某某流、某某流的各個派別，各自推廣自己的審美觀，那也是由意識來分別的；因爲那已經不單是顯色的問題了，還包括形色、顯色與表色合併起來，讓意識去綜合領受以後，祂覺得這個插花的人很有品味！所謂的品味或氣質就是這樣來的！這就是無表色，這也是意識所了別的。

可是意識只有了別這些嗎？不！意識能了別的範圍很廣，所以從這一些法一直到傢俱怎麼製造？房子怎麼蓋？汽車怎麼製造？乃至炸彈啦！太空梭啦！將來還可能有超光速的太空梭呢！去別的星球來回一日遊，也有可能啊！那都是誰來設計想像了別的？還是意識！所以，意識是三界中最被眾生所重視的法，也是三界中有情所最執著的法，因此沒有一位有情願意讓自己的覺知心（特別是意識）中斷；到了晚上肯睡覺而中斷，是因爲已經知道「明天早上我覺知心還可以再生起來！」如果有一個人知道說：「我今晚睡著了，明天意識再也起不來了！永遠斷滅了！」那我告訴你，他絕對不肯上床去睡覺。所以眾生對覺知心的自己是最執著的，是最放不下的，因此便成就了我見——執著意識覺知心自己是常住不滅的。於是常見外道就堅決的主張說：意識是常而不滅的。

那麼這個意識會被眾生所執著，是因爲意識能了知自己的存在。能了別自己的存在，這才是最重要的，然而眾生正在執著意識覺知心等六識時，自己卻都不知道正在執著；只有心理學家稍微知道這一點，所以提出了「高等有情能夠自覺」的說法，認爲凡是能省覺到意識自己存在這件事的有情，才是高等動物。由於人類的意識能了知六塵的細相，也能夠了知自己的存在——能夠反觀；然後從自己出發去作種種的了別，到最後，意識想一想：「我來到人間，五十年了，錢也賺夠了，五子登科也圓滿了。」妳們女眾也一樣有五子嘛！對不對？把那個妻子改爲夫子就可以啦！也是五子登科啊！好！你說：「啊！我現在五子登科了，可是就只是這麼混生混死嗎？我來這一趟人間，究竟是爲了什麼？」欸！這表示你的日子挺好過的；如果每天要爲三餐營謀，你就不會想到這個囉！好！當你已經想到這個部分，你要開始探索：「人生眞的是苦！苦在哪裡？」弄清楚了，然後想：「我這些苦是爲什麼會有？苦的原因是怎麼自己去搜集來的？導致今天有苦！」想一想：「這些苦，搜集這些苦的種種行爲都要滅掉；滅掉以後，那『我』不存在了，

『**我**』不存在了就沒有苦了嘛！」

眾生有苦，原來是因爲有「**我**」！都是因爲有這個蘊處界我。好！那我把自己滅掉！不再搜集種種後有的苦因，就得要遠離對三界中的一切法的執著，那就是「**解脫**」。可是要達到這個解脫，得要用方法呀！用什麼方法？這就是「**苦滅之道**」啊！這個道是什麼？有八個方法，叫作「**八正道**」，這就是聲聞法講的四聖諦啊！當然這只是簡單地說啦！好！現在大家想想看，去探討苦的原因：**苦爲什麼會繼續不斷存在？如何滅苦？**你所探討的這些內容究竟是世間法，還是出世間法呢？噢！原來是出世間法！這還是要由意識來了別啦！其他的五個識是無法了別的！你若是叫眼識來了別，眼識根本不會說：「**我不會了別。**」祂連這個語言文字都不相應，祂也不會思惟，所以祂不會了別這些出世間法；耳、鼻、舌、身識也是一樣。那你能叫意根來了別嗎？意根的了別慧很差，祂也不會了別這些出世間法的；意根如果會了別這些法，那你每天晚上就沒覺好睡囉！所以意根也不會了別。那你說：「**我叫入胎識來了別好了。**」第八識入胎識也不行，因爲入胎識根本就是離六塵分別的，你能叫祂了別什麼？所以這個出世間法，仍然是由意識所了別的法，這叫作二乘出世間法。

至於世間法，當然更是意識所了別的囉！所以人一出生就當**學生**，不是進了學校以後才當學生欸！一出生就當學生，是怎麼學的？當他尿片濕了就哇哇大哭！哭了以後，欸！有人幫他換乾的尿片了，舒服了啊！他學到這一點了，以後凡是尿片濕了，他就哭。同樣的法子當然可以沿用，當他肚子餓了，又哭！又有人來幫他餵奶嘛！於是他就開始當學生了，他從這裡開始學習怎樣生存。然後漸漸長大了，需要學的更多了，就入幼稚園，入小學、中學、大學、研究所、博士班；等到四、五十歲時，五子登科了，想一想：「**哎！我當學生學習生存也學夠了**，該學佛法了！」學佛法時，你可別再說「**我來這兒當『學生』**」，你應該說：「**我來這兒當『學死』**。」學佛法是要學死欸！不是學著怎麼在三界中生活，而是要學著怎麼痛快地死、爽快地死、乾淨俐落地死、不拖泥帶水地死，乃至像阿羅漢要死得徹底，蘊處界一絲一毫都不剩下，所以變成**無餘涅槃**啦！所以，來到正覺講堂要說自己是來學死的，不是學生；「**死**」才是一門大學問喔！

那麼，這個二乘菩提的出世間法，是學死啊！所以辟支佛修學十因緣、十二因緣觀，也是學死。那你說：「**我們學大乘好了，我不要學死，我學生好了！**」可以！可以！那就學「**永生**」，可是永生該怎麼學呢？等到你親證了般若以後，你會發覺不是從今天開始才永生欸！而是本來就沒有生。本來沒有生才可以叫作永生，這是因爲從來沒有出生過，所以將來就永遠不會死嘛！凡是有生的，未來一定會死啊！現在存在的法卻是不曾有生的法，就是本住法；本住法當然是常住不會有死的法，這才是眞正的永生。

只有大乘法可以這麼說：「**我既是學生，又是學死。**」因爲要學斷兩種死：**分段生死**怎麼死？**變易生死**怎麼死？講一個現成的例子好了，我們台中共修處有個老學員，是這個月初或是上個月底才走的，他走得好爽快喔！他剩下最後一口氣，即將要走的時候，還笑著跟大家說：「**再見！再見！**」然後才走人，很高興地走了。你們有看見人們很高興地死嗎？（大眾搖頭）有！我們正覺同修會裡就是有！因爲他知道眞正的自己從來就不曾死，下一世還可以依照自己的願力，繼續受生於人間延續這一世的道業，也可以上品上生往生極樂世界，這些都是他的意識所能了知的。這就表示說，出世間法也是意識所相應的，其他七個識不能相應。

可是，這種意識所相應的法，譬如出世間法，在二乘法中，祂了知的只有出世間法；在世俗人中，祂了知的只是世間法；在大乘法中，祂了知的卻是世出世間法，因爲包括世間法的內涵也要具足了知。可是你也許想：「**哦！**

那就難囉！那麼學佛也要知道怎麼製造汽車哦？」我說：「不用！」因爲所謂的世間就叫作五陰，在《雜阿含經》中說：

有因有緣集世間，有因有緣世間集；

有因有緣滅世間，有因有緣世間滅。

講的是五陰世間啊！你的五陰就是你的世間；可是世間會生成，是由於因和緣共同配合才能出生，否則就沒有你這個五陰世間可以出生。可是人的死亡（有情的死亡也是一樣），也是要因與緣配合才能滅掉，否則五陰就會永遠存在。

假使滅掉世間的因或緣欠缺了，成了植物人那可慘了——他得一直受苦，可是沒有辦法表示意思，那是人間最苦的事。如果痛苦時還能夠哇哇大叫，還算是幸福的，因爲能夠表示痛苦的意思，就會有人來幫忙；可是正當痛苦的時候，連表示痛苦的意思都沒辦法，他最多就只能淌眼淚，可是沒有人知道他的痛苦，都不知道應該來幫他解除痛苦，那是人間最苦的事。但是他想要死而不能死，因爲死的因和緣還沒有具足，他就死不了而要繼續長期受苦下去。所以五陰世間要滅也得要因和緣具足啊！所以 佛才會說這「有因有緣世間滅」。可是在大乘法中，你不只要了知這個五陰世間的全部內容；

你還要了知出世間法，那就是「你這個五陰是怎麼來的？」推究到源頭時，原來源頭是入胎識如來藏。那麼如來藏裡面還有什麼呢？祂所有的種子無量無邊，你都要一一親證才能成佛；需要歷經三大阿僧祇劫的修行來弄清楚如來藏中所有的種子了，你的一切種智便成就了，那就恭喜你——成佛了！

不過，講到這個恭喜，一般人是要到三大阿僧祇劫以後，而諸位可能這一世就可以超越第一大阿僧祇劫的三分之一，乃至有人可以超越得更多，那就看你的因緣以及你怎麼樣去修行了。這意思就是說：大乘法，它是世出世間法，是函蓋了世間法以及出世間法的；可是這些世出世間法，仍然是意識相應的法，仍然是意識所能了別的。這就是意識所能了別的法，顯示意識所能了別的法範圍非常廣泛，不是像前五識只能了別五塵的粗相。

第二節　滅盡定、無想定中都無意識

【演講大綱】　滅盡定、無想定中都無意識，故不能了知上述任何一法。

講記內容：我們在第二節中要說的「滅盡定和無想定中，能不能了知世間法、出世間法或者世出世間法？」諸位有沒有想過：在滅盡定中以及無想定中，能不能了別諸法？我想有許多人知道在這兩個定中，任何一法都無法了別。因爲在這兩個定中意識都不存在，已經滅了；這時呼吸不存在，心跳也停了，如同死人；可是三天以後你又出定了，而且沒死啊！好好的，活蹦亂跳，閩南語說「**活龍一尾**」。在息脈俱斷、無知無覺而沒有意識心在了知或者活動下，經過三天之後出定爲什麼竟然沒死呢？欸！你要探討！這是因爲你不是只有識陰六個識，你還有一個意根，祂沒有全部滅盡；在這兩個定中，你的意根還有少分或全分存在[18]；並且還有另一個如來藏入胎識，幫你管照得好好的，讓你的身體不會壞掉；所以三天或半個月後你又出定了，五蘊功能還是好好的。

如果是世俗人沒正確知見，他不知道你進入這種定中，可能就會感嘆地說：「**啊！這個人哦！坐著、坐著死掉了！**」可能他會準備爲你料理後事，想要放一把火把你燒掉；那時也許剛好有一個人不小心弄出很尖銳的聲音，譬如不小心碰了引磬，於是就把你給驚醒而出定了！出定以後大家才知道：原來你沒死，而是進入極深定境中。就很佩服而朝拜說：「**欸！這個人眞是**

18 作者案：少分意根存在是指滅盡定，全分意根存在是指無想定。

死活自在哦！」其實不是，有可能只是入無想定了，依舊是不離三界生死的凡夫。得要能入滅盡定的人，才眞的是死活自在啊！當然，這樣的人他入定目的不是在表現生死自在啊！那麼話說回來，在滅盡定、無想定中都沒有意識存在，所以當然不可能了別任何一法嘛！這是說：「沒有意識時，就不能了別諸法。」也是說，那時只剩下意根在法塵上作非常非常粗糙的了別，意識覺知心是不知道的。

第三節 四識住、七識住、二入

【演講大綱】 說四識住、七識住、二入。二入仍是凡夫境界，既不名爲住，則二入境界中，其一雖有意識，仍不能了知諸法。

講記內容：接著在第三節中來說四識住、七識住以及二入。前後三轉法輪的阿含期、般若期、方廣唯識期，全都是原始佛法，因爲都是 佛陀親口所說的，但不是指原始而不具足的意思，而是原創或親口所說的意思。在原始佛法的 佛陀教示過程中，大約區分爲三個階段教示眾生。第一個時期是講四大部的《阿含經》，結集起來總共大約一千五百部，這是初轉法輪時期；

第二個時期，是講般若經，二轉法輪。第三個時期，是方廣唯識時期，是講三界九地及十方世界以及唯識增上慧學；這是諸地菩薩應該要學的增上慧學，講的大部分是一切種智，也就是如來藏學。這三個時期都是 佛陀應眾生根器的成熟因緣的次第方便教示，每一個時期各有十幾年，既然全部都是佛陀時代的教示，所以前後總共三轉法輪的所有內容，當然都是我們所要修學的原始佛法、根本佛法啦！

在阿含時期佛法中，講四識住或講七識住以及二入；不論是住或入，都跟意識有關，所以今天要跟諸位講一下。

四種識住，爲什麼稱爲四種「**識所住的境界**」？當然是講**意識所住的境界**，那還是在世間講，在講你的**五陰境界啊**！五陰——色、受、想、行、識；但我常常喜歡講色、識、受、想、行，因爲我是依照一般人所聽懂的順序來說：色陰先有，才能再有識陰！沒有色陰就不可能有人類的識陰！所以你的意識如果要在人間生起，一定先要有色身！因此先說色陰與識陰。是有了色陰才出生了識陰，然後識陰就能夠領受六塵，於是就有覺受；有覺受時就有苦、樂、捨受，或者苦、樂、憂、喜、捨受出現了，於是五陰中的第三陰受陰就出現了。有了受陰，你就會去了知「**這個我喜歡、這個不喜歡**」等等不同的了知；有了了知，就會產生語言、文字的妄想，這個了知以及語言、文字的妄想，全都屬於想陰。有了這個想，也就是有了了知及語言文字妄想，那就身、口、意行全都存在啦！所以行陰排在最後，這叫作色、識、受、想、行。

可是這五陰具足的時候，表面上都是誰在掌控這個五陰？是識陰啊！而識陰六識裡面又是誰在作主？是意識啊！那麼意識就因為我見、我執的無明，所以識陰每天一旦出現，祂就住於四種境界中，在這四種境界當中攀緣執著不肯捨棄。識陰或者說意識，是**住**在哪四種境界中呢：**色陰**、**受陰**、**想陰**、**行陰**。這就是四識住——意識或識陰六識所住的四種境界。當然今天沒有時間為諸位講得很詳細，就只能講到這裡為止[19]。因為還有很多妙法是今天都要告訴諸位的！我今天下午要先幫諸位把肚子灌飽了，回家以後你再去慢慢消化。

因此說意識最喜歡住於色陰以及受、想、行陰等四種境界當中，這四陰

19 編案：對於五陰詳細內容可以請閱《阿含正義》，總共七輯，正智出版社都已出版。讀者再配合 平實導師於正覺同修會發行的結緣書《識蘊眞義》一起閱讀，將對五陰有更爲深入且正確的認知，多能斷除我見而證初果。

等法就是意識所住的境界，這叫作**四識住**——**四種識所住的境界**。

那麼《阿含經》中佛說還有七識住啊！**七識住**就是**意識所安住的七種境界**。換句話說，意識在三界中所安住的境界不超過這七個，如果超過了這七個，就只能說是「入」，不能說是「住」——有兩種境界不能叫作住，住與入是不同的。我們就來說明哪些是七種意識所住的境界呢？

第一、就是欲界。欲界——從人間（包含三惡道）到欲界天，這是意識所住的第一種境界。意識一旦現行在欲界中，都是領受欲界中法，這是第一種意識所住的境界。那爲什麼要稱爲住？因爲在這裡面的境界中，意識有所愛著；或者雖無愛著，但是卻不能離開而必須要去領受，所以稱爲意識所住的境界，就是欲界境界。

意識所住的第二種境界是初禪天的境界。有的修行人厭惡欲界，他認爲欲界到處充滿不淨，所以他不喜歡；譬如人間連吃個食物都是土長出來的，他不喜歡！不喜歡時該怎麼辦？要離開欲界啊！當他想要離欲界時要怎麼辦？要修定。經由修定而獲得未到地定，是因爲他定力很好；但他始終到不了初禪定，所以就叫作未到地定啊！那他想一想：「我爲什麼始終進不了初

禪定境？爲何都證不到梵天的境界呢？」他想一想：「**啊！原來我對欲界的五欲還有貪愛。**」有貪愛就離不開欲界，所以就成爲污垢不淨的欲界心，最多只能住在欲界天中，繼續領受欲界法。喔！想通了！於是他把五蓋[20]修除，對欲界法不再貪愛了；由於不貪愛的緣故，就使他的未到地定轉變成爲初禪，自然轉變進入初禪定境中了。這個初禪境界就是眾生意識的第二種所住境界。

第三種識住是講什麼？是講二禪與三禪的境界。爲什麼二禪要與三禪合併在一起講？那是因爲初禪雖然是離欲界，但是還靠近欲界；可是又跟欲界完全不同，沒有欲界的五欲了，所以把初禪另立於欲界之外。可是二禪與三禪就不同於初禪囉！二禪與三禪是不入初禪境界的；因爲初禪離欲界很近，所以它仍然還有五塵中的三塵（色塵、聲塵與觸塵），這三塵也會使初禪人產生貪愛呀！所以，他有智慧觀察到了這一點，他就說：「**我還要把初禪中的三塵也滅掉，我只要意識自己存在，五識不用再出現了，我只要住在二禪或三禪的定境中。**」所以他把前五識中剩下的三個識滅掉，因此初禪中的眼識、

---

20 五蓋：由於瞋恚、貪欲、掉悔、睡眠、疑五種惡法而遮蓋住了清淨的色界境界，於是不能發起梵行而到不了初禪境界。

耳識、身識也滅了；滅了之後他進入二禪的等至中，只剩下意識一個心存在。好！現在二禪等至位中，識陰六識中就只有意識一個心存在；三禪等至位中也是如此，所以將二禪與三禪合併爲意識所住的同一種境界。那爲什麼不把四禪加進來，而要另外建立四禪爲識所住的另一個境界呢？因爲二、三禪跟四禪不一樣，第四禪中沒有呼吸，沒有脈搏跳動，心跳停了，可是二禪、三禪中還有；而且四禪中是把「二禪的心喜、三禪的身心俱樂」都捨了，與二、三禪不同，所以四禪不能跟它們混在一起，因此就把二禪、三禪併立爲一種意識所住的境界。

因爲二禪與三禪很類似，二禪是捨棄了初禪的身樂啊！初禪人在胸腔中永遠都有一種快樂存在啊！可是二禪是捨掉這個樂觸的，跟初禪完全不一樣；那麼三禪中又類似初禪有身樂，胸腔裡的快樂又回來了，可是又跟初禪的樂觸不同，變得很微細。由於二禪、三禪有這個類似性，因此就列爲意識所住的第三種境界，成爲三界中第三個由意識所住的處所。

接下來意識的第四個所住的處所，叫作第四禪；四禪是捨棄三禪的樂取、樂受的，並且息脈俱斷，捨棄諸法，而且一切極微細的雜念也都捨了，成爲念清淨的境界，因此內心非常清淨。這跟二、三禪境界中還有微少的染污，念也還沒有完全清淨的境界又不一樣；所以第四禪息脈俱斷的境界中是不呼吸，沒有心跳，一念不生，連極微細念都不再生起了，那是意識在三界中所住的第四種境界。

意識在三界中的第五種境界，叫作「空無邊處」。空無邊處是離開第四禪之後所轉入的無色界之境界啦！這時他感覺到的，所領受到的，是無邊的空相；這個空相與第四禪的境界大不相同，離開了四禪中捨清淨、念清淨的境界，不屬於色界中的境界了，所以立爲第五種意識的住處。

第六種意識的住處——「識無邊處」。這個識無邊處，是從空無邊處轉入的；因爲他發覺在空無邊處時，意識心所緣的境界無邊廣大，心的所緣會漸漸擴散，因爲所緣擴散的緣故，定力就會漸漸退失，所以他（將意識心的所緣）轉爲向內，於是向內緣於意識自己。

向內緣以後，他會發現意識種子無量無邊，而這樣的無量無邊成爲所緣，也是一樣會擴散，定力不能常保久遠。所以他再捨棄這個識無邊處，就不住於意識自己的處所中，乾脆住於無所有的境界中，因此「無所有處」就是意識在三界中的第七個住處。這樣總共有七個「識住」境界了。無所有處，就是既不緣於空無邊處，也不緣於意識自己—**不緣意識種子**—成爲無所有處。

以上這七種境界，都是意識有「所住」的境界，所以叫作住，合稱爲「七識住」。所以你看，意識能住於這一些境界中啊！可是五識就不行了。前五識能在欲界中具足存在，一旦超過欲界六天，入了初禪天時，舌識以及鼻識就斷滅了；所以在初禪天中，沒有舌識與鼻識。那麼初禪天人當然也就沒有舌根與鼻根；但是請不要誤會，我說的是勝義根的部分，不是講扶塵根哦！如果初禪天人沒有舌根與鼻根的扶塵根，那他就變成塌鼻子，也不能說話啦！當然不是這樣！他們鼻根與舌根的扶塵根還是有的，因爲初禪天人還是有呼吸，也還是可以講話，具有莊嚴相，所以仍然有鼻根與舌根的扶塵根。初禪天人前五識中只有眼、耳、身三個識存在，這鼻、舌兩個識都已經滅掉了；這是因爲初禪天人以禪悅爲食，不再像人間或欲界天人一樣吃團食了。

如果進入了二禪，在二禪的等至位中，將初禪中剩下的眼、耳、身等三個識也都滅了；所以顯然二禪的等至位中，或者生到二禪天而進入定中時，前五識是都已不存在的，單獨有意識存在；所以五識全部最多只能到欲界天之頂，再往上的初禪境界中就得要滅掉兩個，只剩下三個識；而這三個識也只能住在初禪天中，若是再往上去呢，就只是剩下意識；除非二、三禪天人出了定，才會再有眼、耳、身等三識；因此這裡面（初禪天與二、三禪天之間）還是有差別的，所以就把初禪與二、三禪切割開來；把二、三禪合併爲意識所住的同一種境界，所以初禪與二、三禪就成爲不同的意識所住的境界。可是意識就只能住在這兒嗎？不只！祂還可以一直再往上去，所以就有空無邊、識無邊、無所有處等三處所住的境界。意識雖然住在這七種境界中的時候，往往都沒有語言文字，但祂很清楚了知自己安住的是什麼境界。

可是還有兩個定呢，是意識可以進入的，那就是無想定（或者無想天），以及非想非非想定（或者非想非非想天）。意識進入這兩類境界中的時候，只能叫作「入」，不再稱爲「住」了；那就是無想定或者無想天，以及非想非非想定或者非想非非想天；意識進入這兩類境界中的時候，意識都不存在了，當然只能叫作入，不叫作住。爲什麼這麼說呢？以無想定爲例來說明，是因爲凡夫證得第四禪以後，他的意識想要入無餘涅槃時，可是他不懂無餘涅槃，誤會無餘涅槃的眞正意涵，他心裡恐怕入涅槃以後成爲斷滅，所以就留著色身—**把色界第四禪天的天身留著**—然後把意識自我滅了，以爲可以進入無餘涅槃中，就進入無想定啦！也就是進入無知定中了。可是當他滅了意識而進去無想定中以後呢，他的意識自己已經滅了，不存在了；當意識不存在而沒有能住的意識心了，當然無所住啦！所以無所住時的無想定中，就是說—**無想定或者無想天的境界**—**是意識之所入**，**而不是意識之所住**，這就是佛說「二入」中的第一種入。

非想非非想定也是「入」而不是「住」。可是，非想非非想定中，意識還存在啊！為什麼卻說是「入」而不說是「住」？這是因為意識從無所有處識知到還有自己存在時，顯然還是有我而非無我的涅槃，於是就放下自我而不再理會自我了，因此進入非想非非想定中。非想非非想定就是非知非非知定，這是因為這個定中的**意識不會反觀自我的存在**，已不感覺到自我的存在；一直到出離非非想定以後才會發覺說：「**哦！我意識覺知心自己還存在。**」所以，當他入了非想非非想定以後，或者生到非想非非想天以後，他並沒有感覺到自己還存在，似乎意識已經不存在了，外道誤以為這就是無餘涅槃的境界；但意識其實仍然存在，而外道誤以為這樣就是完全沒有自我的無餘涅槃出三界境界；外道落入這種境界而不能出離三界生死的原因，就是沒有具足了知五陰—特別是識陰中的意識所能住的內涵—於是在證得非想非非想定時就自稱為阿羅漢。

但這境界中還是意識所入的境界，但已無所住；意思是說，意識在這個境界當中是無所住的，因爲已經全然不會覺察到自己的存在了，所以沒有覺得意識自己有所住。意識在非非想定中對定境及自己都是無所知而說是無所住，只是進入，而不了知自己以及定境，所以只有「入」而無所「住」。因此，非非想定雖然仍是三界中的境界，佛陀卻把它定位爲二種入中的一種，不說它是意識的所住。因此，佛在《尼柯耶》，也在《四阿含》中說七種「識的所住」，以及兩種「識的所入」，其中的差別原因就在這裡。[21]

那麼，這樣說明以後，諸位可以看得出來：原來意識能住的境界是這麼廣泛，原來意識能入的境界是這麼廣泛，絕對不是五識所能比擬的；因此在「七識住」或者「四識住」裡面，意識是可以了別諸法的，只是所了別的諸法多與少的差別而已。但是在「二入」裡面呢，一**個是意識滅了**，一**個是意識不能反觀自己也不能了知境界了，所以叫作入，不叫作住**。可是這樣看來，意識確實能夠普遍地存在於三界九地的一切境界中，因此意識所了別的範圍最廣泛，意識所住的境界也最廣泛；如果不能深入了知意識所能安住及所能進入的這些境界，往往就會誤將這些境界當作是無餘涅槃的境界，也會誤將

21 參見《長阿含經》卷十（一三）佛說長阿含第二分，大緣方便經第九。

這些境界中的意識覺知心認作是常住的金剛心，就會成為大妄語人，死後果報堪慮。

而這些法義，在末法時代的今天，不論是南傳或北傳佛法中，已經沒有一位大師能夠理解了，直到我們把它寫出來以後，他們讀了《阿含正義》，才能夠稍微理解；因此說，當代所有大師們都無法斷我見，原因就是對於意識的各種住與入的境界無所知；乃至連未到地定的實證能力都沒有，就別提對初禪的意識所住境界的了知，更別說是二種入的境界了，又怎能斷我見而證初果呢？我見不斷，一定會落入凡夫或外道意識境界中，又怎能證得第八識如來藏而明心成為實義菩薩僧呢？因此對於意識能入與能住的各種變相境界都應該了知，全面否定意識的常住性、眞我性，才能斷我見、斷三縛結。

可是反過來說，你如果想要修學佛法，不能把意識滅了；如果想要證得無分別心、無分別境界，更不能把能分別的意識滅了，而是要留著這個能分別的心，住在可分別的六塵境界中，來證得另一個同時同處的無分別心；這個你應該求證的無分別心就是第八識如來藏，又名阿賴耶識、異熟識。這個觀念很重要哦！常常有人說：「**我們要證得無分別智，就得要無分別。**」那麼當他無分別時，怎麼能得證**智**？而又稱呼這個智慧為**無分別智**？因為那個無分別，不只是無分別，是同時也有「**智**」哦！智當然是智慧，當然是有分別時才會有智慧嘛！所以是無分別的智慧，而智慧是一定有分別的；但是這個智慧所證的對象是第八識無分別心，有了現觀第八識無分別心的了知，就是有了法界實相的智慧，這才是意識覺知心所應實證的無分別**智**。意思是說，能分別的意識與無分別的第八識如來藏，這二個心是同時同處一起存在的；是由能分別的意識覺知心參禪，找出無分別的如來藏金剛心，才會出生對於法界實相萬法本質如實了知的智慧，稱為實相般若。所以一定要了知這一點：意識能了別的內容很廣泛，包括世出世間法都能夠了別；那麼，這就是為大家講解意識之所了別。

第四節 《心經》所說「無蘊處界諸法、無智亦無得、無無明亦無無明盡」的真義

【演講大綱】《心經》所說「無蘊處界諸法、無智亦無得、無無明亦無無明盡」的眞義（不是意識心放下這些法，而是第八識如來藏心中不相應，故說為「無」），不應將意識處於無知、無分別狀態中，因為那正是標準的無明。

講記內容：那麼第四節（哇！時間不多了！再趕趕看好啦！）諸位聽過這

些法義以後，接著請你回想一下《心經》；第八識離六塵的分別，祂出生了六塵，可是祂不去分別六塵啊！而意識所能住的那一些境界，包括世出世間法，也就是說《心經》所講的那個境界，也是意識所能證的；可是意識所證得《心經》的境界呢，那是在講實相心的境界，那是《心經》所說的那個眞心如來藏自己的境界；而意識已經證得祂了，能夠現觀眞心如來藏所住的境界啦！

這不是說要把意識去住在《心經》裡面的境界中，這一點諸位一定要先建立好觀念，不是意識去住在《心經》的境界中哦！如果意識住在《心經》說的境界中，說「**無眼、耳、鼻、舌、身、意，無色、聲、香、味、觸、法**」，可是你在誦《心經》的時候，意識心中（覺知心中）明明就有色、聲、香、味、觸、法，明明就有眼、耳、鼻、舌、身、意啊！怎能符合《心經》所說？但是，意識能夠作很多的了別，所以意識能夠去參禪、去探究佛法、去把出生覺知心的那個本識「心」找出來；當你找到這個本識如來藏以後，你就可以現前觀察這個事實：欸！**原來《心經》是講如來藏自己的境界，在祂的境界中沒有眼、耳、鼻、舌、身、意，也沒有色、聲、香、味、觸、法**。因爲祂都不了知這些嘛！所以在祂自己無所住的境界中，沒有六根與六塵境界的了知，述說第八識金剛心的《心經》中，當然要說沒有這十二處法了。

這個第八識金剛心，祂只管出生你五陰十八界，祂不管你想要怎麼樣，也不管你到底是長得醜、長得美；祂都不管，祂只管把你出生就好了。都因爲你想要自己出生嘛！祂就幫你出生。可是祂自己呢？不了別色、聲、香、味、觸、法，也不像意識一般了別六根是好心、惡心？是健壯的好身體或衰弱的惡身體？也不了別六識是在想好事或想惡事，所以祂自己住在沒有六根、六塵與六識的境界中，也就沒有一切世間法與出世間法可作了別，所以說「是」（這個）「諸法空相」啊！由於祂都不了別，所以當你了知自己有色、受、想、行、識時，祂依然沒有了知，所以叫作「無色、受、想、行、識」；乃至什麼呢？乃至沒有無明，也沒有「無明斷盡」的事，《心經》正是在描述第八識金剛心的自住境界。

對祂來講，一切都空；那你證得祂的一切都空的境界，你證得祂不了別這些法，證得祂確實是無分別性的，你就具有了知「這個金剛心無分別」的智慧，也就是證得本識心阿賴耶識無分別的智慧啦！那麼，從此以後無妨我五陰、覺知心照樣分別，好吃的我照樣吃；可是祂本識不能吃，我五陰吃，祂不能吃。可是等你悟了以後，有時又說：「祂吃了是我吃，可是我吃了以後我卻沒吃到，都是祂吃到。」怎麼講都通！這樣才是眞正的大乘法，橫說豎說都能通，只是從不同的層面來說而已，這才是佛菩提道的世出世間法。如果只能講一個部分，顯然不通法界實相的無分別智，那就不對啦！

這意思就是說，因爲「祂」完全不了別，所以祂心中沒有一切法，而又不妨出生了能了知一切法的你，讓你再去發明其他一切法去運作；那你意識能夠了別一切世出世間法，你就現前觀察到第八識如來藏是沒有了知一切法的，那你就證得無分別智了——既無分別又有智慧。那麼某些沒有智慧而自以爲很有智慧的錯悟者就說：「有分別就不可能無分別，無分別就不可能有智慧，智慧就是分別啊！」那你可以說：「啊！無分別還是智慧。」因此說，眞正想要學習佛法的人，不應該把意識自己置於無分別的狀態中；反而意識要去分別諸法，然後從諸法中去找出無分別的第八識，這樣你就有了無分別智；你有了無分別智，可是被你找到了的第八識如來藏，祂仍然無分別，祂仍然沒有「智慧」，所以祂在六塵萬法中始終不曾得到什麼法，因此祂第八識叫作「無智亦無得」。有智有得都是你意識的事，跟祂第八識不相干；可是你卻要依靠祂幫你去收藏智慧種子，讓你可以經歷三大阿僧祇劫以後次第成佛。這表示說，意識是能了別一切法的，包括世出世間法在內。（此時平實導師轉頭向司儀說：「讓我講到四點半，好不好？」）

第六章　意識是常住法嗎？

講記內容：再來講，第六章：**意識是常住法嗎**？我想諸位聽到這裡，已經知道意識絕對不是常住法了。如果你聽到現在還沒有「死」，大概也差不多去掉九分了啦！到底死了好不好？好！因爲死了才能活轉過來，就怕死不掉。死不掉，你就永遠活不過來——法身慧命不可能活起來。一定要先把意識給死了，死了以後你才會徹底否定五陰十八界自己：「**原來我要去找一個永遠不死的。**」你找到了《心經》所說的「**祂**」——**本識如來藏**，法身慧命就活轉了。在我見沒有斷的狀況，你沒有辦法去找到想要找的第八識本識，就不可能發起般若智慧啦！

那麼，現在再來談意識是不是常住法？當然諸位都已經知道意識不是常住法了，不會再認定說「**意識是常住的**」；你們不會再認同印順派或藏傳佛教四大派的人所說「**意識是常住的**」，也不會再認同他們說的「**細意識是常住的**」！爲什麼不會認同呢？因爲一切意識不論粗細，永遠都是藉意根與法塵為緣，還要藉著五色根與無明，才能在人間出生啊！顯然是因緣所生法嘛！假使有一天有人告訴你：「意識雖然是生滅法，可是意識中可以細分一個細心出來，那個細意識是不生滅法。」你接不接受？不能接受了，因為你們都搖頭了。你看！可見你們現在已經往上面層次跳一大段上去了！假使他說細意識不是意識，那你就可以給他一掌：「你既然說是細**意識**，那明明是意識啊！怎麼可以說細**意識**不是意識？那你應該只說細心，不說是意識嘛！既然是細**意識**，那當然是**意識**囉！」他就只好住嘴了。

好！也許有人再新發明學說，像達賴喇嘛說：「細意識還不眞實，還有意識極細心，祂是常住法。」那你就請問他：「請問你的**意識**極細心，是不是意識？」喔！他又張口結舌，不敢回答了。因為，既然是意識的極細心，那還是意識，那就一定還是**意**、**法因緣生**嘛！不但從理上面現觀或推斷時一定是如此，而且還有聖教依據哦！《四阿含》或者南傳的《尼柯耶》裡面都說：「諸所有意識，彼一切皆意、法因緣生。」大乘經中也說意識是「意、法為緣生」，這可不是只講意識的粗心、細心、極細心哦！而是說**所有的意識**、一**切的意識**；不管是什麼樣的意識，不論細到多麼細，都仍是要藉意、法作為因緣才能出生啦！那意識不就是生滅法嗎？可見一切意識都是生滅法。當你認知到一切意識全都是生滅法時，那麼三界九地一切境界中的意識境界當然都還是三界生死無常的境界，那麼我見就能徹底斷除了，就是聲聞初果了。

第一節　為何意識不能通三世？

【演講大綱】　為何意識不能通三世？（為何必須修學宿命通或入定中才能了知往世事？因為意識只能存在一世，不能來往三世：《阿含經》中所開示。）

講記內容：我們再來談一下「**意識為什麼不能通三世？**」意識如果能通三世，就表示你這個覺知心，是從上一世往生來到這一世；當這一世死了，意識還可以去到下一世，這樣才叫作通三世嘛！意識如果能通三世，那你應該一出生就會大聲叫嚷說：「**媽媽！謝謝您把我生下來！我肚子餓了。**」因為你不必當學生啊！你意識過去無量世已經學過夠多了，當然一出生就能分別出來誰是媽媽，也能立即開口說話要求吃奶了！然後你只要能走路，就能夠寫字及處理事情，五歲時就可以去上班求職了。好高興哦！我們小菩薩們都好高興，因為你過往無量世都是同一個意識，現在剛剛出生時的意識就是上一世的同一個意識啊！那你往世學的已經夠多了，也不必去語言補習班學美語啦！學西班牙語、義大利語，也都不用了；因爲你無量世以來已經流轉過很多國家了，還有什麼語言是不會說的？對不對？那何必要在小時候當學生？所以只要能走路、能照顧自己時，就可以去公司應徵上班了。可是，事實卻不是這樣！明明都是一無所知而開始從頭學起，顯然這個意識不是從上一世延續過來的，而是藉這一世的五色根才新出生的。

還有一個問題，意識如果是從上一世來的，應該什麼都懂，請問諸位：**「你們在母胎中的時候，有沒有覺得好悶啊？」**（大眾都在笑⋯⋯）因爲你這一世住在母胎中的意識，根本就是什麼都不懂嘛！其實剛入母胎裡的四、五個月中，這一世的意識根本還沒有生起；在入胎四、五個月後才生起的這一世意識又是什麼都不懂，所知的就只是那時很侷促的母胎中的世界，因此你才都不會覺得悶嘛！所以此世的意識，不是從前世來的。

那爲什麼說此世意識不是從前世來的？前面也說過，意識要有五色根爲藉緣，要藉這一世的五扶塵根以及五勝義根爲助緣，第八識如來藏才能出生這一世的意識。如果此世意識是從上一世移轉過來的，那你應該要把上一世的勝義根一起帶來投胎啊！對不對？因爲印順法師書中就是這麼暗示哦！

他讀過的經典中說意根是從上一世移轉過來的，而意根是意識出生時的藉緣及出生後的所依緣，於是他說：「意根就是頭腦裡的腦神經。」他說是腦神經。請問諸位媽媽們！妳們生養了孩子，有沒有看見孩子帶著上一世的頭腦或腦神經來投胎啊？都沒有嘛！意根是心，是意識的所依根，但並不是物質的法；所以印順那樣說，叫作胡說八道。

意識要藉此世的五色根為緣才能出生於人間，所以意識是依這一世的五色根為緣而出生的，當然不是從前世來的。因為，前世的意識是依前世的五色根為緣才出生的，從世間法的邏輯來看，意識是附屬於前世的五色根才能存在的；前世的五色根既不能來到今生，當然前世意識也不能來到今生。而今生的意識是附屬於今生的五色根，不是附屬於未來世的五色根啊！當然今生的意識就不能去到未來世嘛！所以意識不能通三世。

今天，輕易為諸位講明白了，諸位就突破一個疑障了。我以前剛剛破參的時候想：「**如來藏是通三世的常住心，為什麼找到如來藏了，竟然還不能發起宿命通呢？**」如來藏是出生三世五陰的常住心，當然是通三世的，悟得如來藏時應該是可以了知前世才對，但事實上卻不能；好奇怪！有些不對吧？早期我緊扣著腦袋，怎麼想都擠不出答案來。欸！等到有了種智以後，就很輕易知道了：因爲如來藏不了知六塵諸法，能夠了知事情的心是意識，而意識只有存在一世嘛！上一世的五勝義根又沒有帶來這一世，這一世的意識又是新生的，不是上一世的意識，怎麼可能知道上一世的事？這樣諸位就明白了！這就是「江湖一點訣，講破不值一文錢。」[22]

好！那麼，不但理上如此哦，聖教中也如此！《尼柯耶》或者北傳的四阿含諸經也都有講過：過去世的意識心不能來到此世，不能從上一世來到這一世，也不能由此世去到下一世。茶帝比丘就認爲說：「這一世的意識可以往生到未來世。」所以被 佛訶責，這是《阿含經》與南傳《尼柯耶》中明文具載的聖教。因此，意識不是常住法。那麼既然知道不是常住法，爲什麼要再主張意識是常住不壞的呢？那不是與常見外道合流了嗎？所以諸位今天聽到這裡，就知道意識不是常住法了。

而且意識在五個狀況中都會滅掉，例如：此世到了捨壽時，息脈俱斷以後，如來藏漸漸捨離五勝義根時，意識就滅了，那就轉入正死位了。還活著時，在悶絕、眠熟、無想定、滅盡定中，意識也都是中斷而不存在的；既然

22 編案：這句台灣俚語 平實導師是用閩南語講的。

是在五個狀況中都會斷滅的，他們怎麼能夠說祂是常住法呢？嗄？所以意識覺知心不論粗細，都是假有的、暫有的，不是眞實心，不是常住不壞的金剛心。這樣！諸位的我見可以斷了吧？應該斷了吧？（大眾點頭）應該嘛！

好！接著再來說明外道五現見涅槃中的意識，他們認爲那時已不是意識，認爲已是涅槃心，是常住法。大乘菩薩由於實證本來自性清淨涅槃，因此宣稱涅槃是本來就在而現前就可以看見的，於是外道就仿效而講出五種現前可見的涅槃。他們是怎麼說的呢？我把阿含中的聖教說給諸位聽。有一個外道說：「**我在五欲享受當中，現前發覺我自己是眞實存在的，我自己是不生不死的，這就是涅槃，因爲涅槃就是不生不死啊！**」這就是「藏傳佛教」的外道雙身法「涅槃」。

好！有另一個外道就來告訴他說：「**啊！你這個可以算是涅槃啦！不能說不是啦！但是還有一種涅槃是更殊勝的，是你所不知道的；我進入初禪中，身樂無窮、安樂無憂、離諸苦欲，這是現前存在的，不生不滅的，這就是涅槃！**」他的涅槃比第一個享樂的涅槃更高了，各個都自稱是涅槃。另外一個人證得三禪，他就來跟初禪人、二禪人說他所證得的涅槃；證得第四禪的人又跟三禪人說：「**我這個也是涅槃，你那個也是涅槃，但我這個涅槃比**

你殊勝。」因此，有五種外道涅槃都說是現前存在，於是外道說的涅槃有五種了，可是他們都誤會了。這五種外道現見涅槃，其實都只是意識境界；他們會把意識境界錯認爲出三界生死的涅槃境界，原因就是沒有如實了知「四識住」、「七識住」、「二入」都是三界中的生死法。

但現在這五種外道涅槃的第二到第五種，已經沒有任何一位佛門大師或外道能證得了；而第一種外道涅槃已經混入佛門中很久了，就是「**藏傳佛教**」說的明光大手印——離念靈知，他們自以爲是而亂說這種極粗淺的意識境界就是顯教的佛所證的涅槃。「**藏傳佛教**」又說他們有一種比顯教佛更殊勝的**報身佛涅槃**—男女雙修時遍及全身的淫樂境界—第四喜，也就是即身成佛的樂空雙運淫樂境界，說是更勝於顯教佛的涅槃。但是追究起來，其實都只是意識的境界；而且這兩種密教所謂的涅槃境界，其實都只是念念生滅、因緣生、因緣滅的意識境界，並且還是依於無常的色身才能存在的意識境界，根本就不是佛法中說的涅槃不生不滅境界。不幸的是，這種外道涅槃的意識境界，已經被當代顯教中的許多大法師們接受了，這是大家都應該要瞭解的實際情況。

那麼，因爲時間不夠，還要留時間給諸位發問，所以我這兒原來要講的，後面就沒辦法繼續講了。因爲有很多妙法要送給諸位，可是時間就只是這樣多啊！那麼，現在要跟諸位再講一個觀點：**菩薩也是現見涅槃，但不是外道的那五種現見涅槃**。這個差別諸位一定要瞭解，不然的話，你今天回去，人家南傳佛法中的學人會跟你講：「啊！你們大乘菩薩說可以**現見**無餘涅槃本際，那就跟外道五種現見涅槃一樣嘛！」但是我要跟諸位說明：「完全不一樣！」爲何不一樣？也就是說，外道的五現涅槃，他們都是意識境界；這個意識境界是會間斷的法，不是無間等法。假使不是無間等法，那就是生滅法；生滅法不是常住不壞的金剛境界，當然不可以說是涅槃；因爲涅槃是不生不滅的，是不生不死的。外道的五現見涅槃都是**意識所住的境界**，是在七種「意識所住境界」中的五種，還是落在三界生滅法中，連我見都沒斷，怎能說是證得出三界的阿羅漢所證的涅槃境界？

可是菩薩所證的現前可見的涅槃，絕對不是外道的現見涅槃；因爲涅槃就是不生不滅、不生不死嘛！凡是中道，祂就是涅槃；不是中道，就不是涅槃，而中道法一定是不生不死也是不生不滅的。第八識如來藏本識出生世間、出生名色，這個心叫作第八識如來藏，祂從來都沒有出生過：只有祂來出生我們，祂自己沒有出生過。祂既是沒有生的法，將來就不會死嘛！所以祂沒有生死。不生不死就離生死兩邊，就是中道，這才是眞的涅槃；菩薩所現觀的涅槃就是這個第八識如來藏心的自住境界，不是外道的第六意識境界。

我們五陰有來、有去，出生了就是來，死了就是去。如來藏沒有出生過啊！你怎能說祂有來？無量劫以來，祂在十方三界中出生一世又一世的五陰，因此你說祂在十方三界中來來去去。但祂何嘗有來去？祂本來就在而又無形無色。是你在十方三界混來混去啊！但祂沒有來，當然就沒有去；不來不去，那就是中道，中道就是涅槃。

如來藏不垢不淨啊！爲什麼不垢不淨？因爲祂從來不跟煩惱相應，所以祂不垢；可是祂也不去修行，因爲祂自己不修行，要修行、該修行的是我們。我們若是不修行，那如來藏就收藏著我們的染污種子；祂的心體清淨，但是有染污種子，所以叫作不垢不淨；不垢不淨還是離兩邊啦！離兩邊就是涅槃，就是中道。不管你說什麼，祂都不在兩邊中；離兩邊的才是涅槃，**涅槃就是中道**。

而這個涅槃跟阿羅漢所證的涅槃不同，阿羅漢所證的涅槃叫作灰身泯智啦！阿羅漢是把色身給滅了，然後意識也沒了，意識永滅了當然就沒有智慧啦！連解脫智都跟著消滅了——灰身泯智；入了無餘涅槃，剩下如來藏無形無色，沒有見聞覺知，沒有三界中的任何一法存在，阿羅漢的五陰從三界中永遠消失了——不受後有。然而菩薩是在五陰世間存在的當下，就找到五陰身中的如來藏，現前觀察如來藏是怎麼回事，祂自己的境界又是如何，然後菩薩就知道：「**啊！將來我假使像阿羅漢一樣入了無餘涅槃時，就是剩下如來藏獨存，不再有五陰十八界了，就是無餘涅槃中無境界的境界。哦！原來無餘涅槃中就是這樣！**」

那麼如來藏獨存時是怎麼樣呢？沒有五陰，沒有十八界，沒有三界一切法，沒有任何的無明，也沒有任何的智慧，所以「無無明盡」，全部都沒有了。那就像《心經》講的，就從無色、身、香、味、觸、法開始，無眼、耳、鼻、舌、身、意……一直到無無明、無無明盡，全部都無，只剩下祂如來藏獨存卻不再有任何一法存在，而祂自己就是涅槃；涅槃就是依照祂自己存在的境界—**離一切諸法的境界**—來施設涅槃。所以，菩薩可以現前觀察到說：「**假使我這一些蘊處界法全部滅了，剩下祂時就是涅槃。**」當菩薩還沒有滅盡五陰十八界自己時，就能現觀第八識如來藏獨住的不生不滅境界，那麼無餘涅槃是什麼境界呢？啊！諸位這時終於知道了。這個就叫作**本來自性清淨涅槃**，不共二乘聖人，這是菩薩七住位明心時自己深入觀察以後就能證得了，所以菩薩也是現前看見無餘涅槃啊！

可是阿羅漢證得涅槃，卻永遠不知道涅槃裡面到底怎麼一回事！因爲，他入了涅槃時就是把自己滅了，無餘涅槃中既然沒有自己存在了，又怎麼能知道他的如來藏到底是怎麼回事？而他生前又沒有證得如來藏，當然不懂涅槃裡面的境界。因此，阿羅漢們是證得涅槃卻不懂涅槃本際；可是菩薩不必證無餘涅槃，不必斷思惑就已知道無餘涅槃裡面是怎麼一回事。你說，菩薩有這樣的智慧，阿羅漢敢來論法嗎？還不必到入地，當你明心了，阿羅漢就不敢跟你論法囉！這也是菩薩的現見涅槃，卻不是外道所證的意識境界，而是第八識如來藏的獨住境界；所以菩薩所證的現見涅槃，不是外道的現見涅槃。

那現在這裡引申一個很重要的問題、一個很重要的觀念，這個觀念必須說給諸位知道。印順派的所有人，包括印順自己，他在《妙雲集》裡面常常說：**如來，是外道原有的名詞，所以「如來」其實是外道法。**他是一心想要支持他自己所認知的阿羅漢道，不想承認大乘的佛菩提道，他堅持所有阿羅漢都是如同諸佛一樣的智慧與功德。你們讀過《妙雲集》，若有全部讀完的人，都會記得他這樣講過。他又表示：**如來與自心如來本是外道法，所以凡是說證得自心如來，或說成就如來，都是外道法。所以，沒有所謂佛菩提道**

的成佛之道，成佛之道就是四阿含中說的解脫道。那麼他這樣主張說：如來本是外道法，後來被吸收到佛教來了，才有大乘法。

現在問題來了，假使他還在世，我要問他一句話：「你說阿羅漢道才是眞正佛法，所以你用阿羅漢的解脫道，來取代成佛之道。那我請問你：『阿羅漢所證的涅槃，是不是外道法？』」他當然會說：「不是啊！」可是問題來了，按照他的說法邏輯：如來本是外道法，因此佛門中說的如來也是外道法；可是 釋迦如來成佛以前的阿羅漢與涅槃，也一樣都本來是外道法。佛陀在人間度得許多阿羅漢，可是那些阿羅漢在見到 佛以前，還在外道凡夫位時也都自稱是阿羅漢欸！也都說他們有證得涅槃欸！可是，事實上有沒有證呢？都沒有！那些外道都沒有證得阿羅漢，也沒有證得涅槃啊！可是他們遇見 佛陀而成爲眞正阿羅漢以前，也都說他們自己是阿羅漢，也都說他們有證涅槃。那麼請問：「佛來人間以前的外道就說有阿羅漢與涅槃，依同樣的邏輯，後來佛教中的阿羅漢與涅槃，是否也是外道法？」如果他說那不一樣；那麼依照同樣的邏輯，大乘法所證的自心如來—成佛之道所成的如來—在有佛教以前，外道也一直在流傳啊！是跟阿羅漢與涅槃一樣一直在流傳著，而外道們把如來、阿羅漢、涅槃都弄錯了；但是 佛陀出來弘法以後，是正確的阿羅漢、正確的涅槃，不是外道說的意識境界的阿羅漢與涅槃；所以佛陀教導出來的解脫道所成就的阿羅漢、所證的涅槃，不是外道涅槃，不是外道阿羅漢。

同樣的道理，佛陀應現在人間以前的外道說有如來，也說有自心如來，也說已有成佛的人；可是他們都不是眞的如來，也不是親證自心如來，也不是眞的成佛之道。佛陀出現以後才有眞的如來，才講出眞正的如來，才講出眞正的成佛之道。因此，如果印順還繼續主張說：**如來本是外道法，所以大乘法講的如來就是外道法**。依照他同樣的邏輯以及古時候的事實，他也應該一併說：「**阿羅漢本是外道法，涅槃本是外道法，因爲佛來人間以前的外道就已經在弘傳阿羅漢法與涅槃了。**」然而這個說法講得通嗎？所以，依照他的邏輯，佛法中講的阿羅漢與涅槃也應該是外道法，他應該如此說嘛！此既如是，彼亦當如是嘛！

因爲古時候 佛陀出現的時候，好多人都自稱是阿羅漢，自稱已得涅槃；但不因爲這樣就使得 佛所教導之阿羅漢的修證以及涅槃的修證成爲外道法。同理，世尊出現在人間以前的外道也說有如來，但外道說的如來不等於世尊所成就的如來，也不等於 世尊在大乘經中所說的如來與大乘佛法。所以，這個觀念諸位要建立好，不然就會被似是而非的邪見所轉。因此，三乘菩提是不一樣的；這個知見奉獻給諸位，作爲諸位於了義究竟法中不會退轉的一個緣因。那麼，祝福諸位都可以在正法中有所修證。但是，諸位今天回去以後，你們應該會去檢討：**自己三縛結有沒有斷了**？

那麼，三**縛結**，我要用五分鐘的時間再爲諸位說明一下：三縛結的第一個結，叫作**我見**，又名身見，也就是以色、受、想、行、識作爲眞實法，作爲不壞法，這就是我見。那，請你回家以後，你去檢查一下：**你有沒有再把五陰中的某一陰，當作是眞實法**、**常住法**？**特別是識陰中的意識覺知心**、**離念靈知心**？如果你已經把五陰自我全部否定了，那你的我見就斷了！你當然可以自我承擔。接著檢查疑見有沒有斷？**疑見**有兩種，佛在經中說有兩種：一種就是對於能否斷我見，能否成就阿羅漢道，有沒有懷疑。不相信可斷我見、不相信有初果可證、不相信有阿羅漢道可證，那就是疑見未斷，疑見的第一種是這樣。第二種是疑見斷，是於諸方大師有沒有斷我見，自己判斷得很清楚，心中都不懷疑。這個不疑啊！不是說：**對他們說的話，你都不懷疑**。反而是說：**對諸方大師有沒有斷我見**？**你都判斷清楚了，對自己的判斷都不**

懷疑。[23]

也就是說，某某大師是有斷我見的，某某大師是沒有斷我見的，你可以很清楚地判斷他；因爲你把五陰我見斷了以後，就有智慧可以去判斷。從他寫的書以及他所說的開示中，瞭解他是不是還落在我見中，你可以判斷。譬如，如果有一個大師告訴你：「**我們離念靈知是常住法，永遠不斷滅**。」你想：「**啊！原來你沒有斷我見！**」只需這麼一句話，你就能判斷他還沒有斷我見；因爲離念靈知就是意識心，睡著了，就斷滅了啊！「**原來這個大師沒有斷我見！我對他這一點絕對不懷疑。**」那表示你斷疑見了。如果某某大師說法時，他所說出來的生滅法，把五陰都函蓋了，判定五陰全部都是虛妄的，那表示他是有斷我見的，那你對他也沒有懷疑了——他確實有斷我見。這叫作**於諸方大師不疑**。你能夠不疑，表示你已經了知我見的內容，確定自己的疑見斷了，三個結已經斷了兩個了。

好！現在接下來，譬如有的大師說：「**你如果想要解脫，就是要否定自**

---

23 編案：《楞伽阿跋多羅寶經》卷二〈一切佛語心品〉：「大慧！疑相者，謂得法善見相故，及先二種身見妄想斷故，疑法不生，不於餘處起大師見：爲淨、不淨？是名疑相須陀洹斷。」

我，**把五陰全部推翻掉，要現前觀察五陰是虛妄的。**」所以他為了這一點呢，就教導你：不可以如何、如何。都是為了幫助你斷我見而施設了許多小戒要遵守。又告誡你：「**如果受了戒而不遵守，要下地獄！**」那你去檢查他施設的戒，假使這些戒都跟斷我見、斷我執有關，就表示說，他施設的禁戒是正確的，表示他已經沒有戒禁取見。那如果有一個大師教你說：「**你如果要取證解脫，就不要貪好吃的、不要起煩惱，什麼都放下。**」可是，當你全部都放下以後，五陰我還在啊！五陰的自我還是認為自己是真實的；那表示他沒有斷我見，那麼他施設出來的禁戒，要求你說：「**以後別人誹謗你，你不可以生起煩惱，你要放下。你如果沒有放下，就是犯戒！死後要下地獄！**」那我請問你，像他這樣只在「**我所**」上面去斷煩惱，而不是在斷「**我見**」上面用心；他施設的這條戒禁，來禁止你某一些行為，這跟解脫有沒有關係？當然沒有關係！因為無法使你斷我見，那表示他的戒禁取見還在。對不對？對啊！那你這時就知道他的戒禁取見還在或者不在，那就表示你一定要自己先斷了**戒禁取見**，才能判斷別的大師有沒有斷除戒禁取見嘛！這時你能夠正確判斷大師有沒有斷戒禁取見，所以你第三個結也斷了。那就恭喜你！你是初果人了，你可以用這個內容與次第來自我檢查。

但是這個恭喜，只在這個講堂裡面，出了講堂你就得把它忘掉！你回家檢查以後，用三縛結檢查確定了以後，這個初果，你只能放在腦袋裡面，不能從嘴巴跑出來。你如果說：「欸！我已經證初果了！」那表示你的我見還沒有斷，因爲你還有我嘛！是「我」證得初果嘛！這個我還在。我還在，就是微細的我見還沒有斷，那就不是初果人。所以，如果將來你們誰來告訴我說：「欸！我那天聽你演講，後來我眞的證初果了。」那我就給你一巴掌！我說：「你誹謗我，因爲證果沒有果可證啊！」「我」否定了，「我」不存在了，哪裡還有「我」證初果？所以如果須陀洹說：「我是須陀洹，我得須陀洹。」他就不是須陀洹！阿羅漢如果說：「我是阿羅漢，我得阿羅漢。」那他就不是阿羅漢！不是阿羅漢，才是眞的阿羅漢；證果的人不是證果，才是眞的證果。如果你說：「蕭平實印證我，說我是初果。」那就表示你還沒有證初果，因爲你還有「我」在！

開放現場即時問答：

平實導師：好！那麼沒講完的內容，就等以後再看著辦啦！唉！還有一半沒講。[24] 那麼接下來，我們既定的時間是要給諸位發問，有沒有誰要發問？哦！這邊有了！請！（有人遞上紙條）哦！我們高雄講堂從十一月九號開始，每逢週四晚上的七點到九點，會播放《勝鬘經》的ＤＶＤ，是我們在台北講堂所講的《勝鬘經》。《勝鬘經》是非常棒的一部經典，可惜都被錯會了，我們把它作了詳細的講解；那麼每週四的晚上七點到九點，歡迎大家來參加[25]！好！現在是發問的時間是不是？

余老師：好！現在我們就是保留一點時間，讓來參與聽講的居士、大德，有機會來請問 平實導師一些佛法上的聞、思、修、證等問題，請同修們把握時間。好！你需要發問問題的，請舉手！我們義工會把麥克風遞給你。那

---

24 編案：當天未講完的部分，平實導師已於二〇一〇年四月二十五日高雄巨蛋大型演講：《穿越時空—超意識》，圓滿講述完畢，超過萬人參加。當天演講內容亦將於《正覺電子報》這個專欄中繼續連載。（本書出版時加註：已連載完畢，故能印出此書。）

25 編案：台灣地區台北以外各地講堂，已統一於每週二晚上播放 平實導師於台北講堂講經之ＤＶＤ，歡迎學人前來聽講同霑法益。

裡已經有同修舉手了。

平實導師：那另一講堂那邊怎麼辦？如果那邊有麥克風也可以發問。

余老師：喔！有！有！

平實導師：第二講堂也有準備麥克風，請向義工菩薩們要！

問：首先，我們請問老師，在行所謂菩薩道的過程裡面，那麼，一般的法師提倡所謂自覺、覺他，我們要在這裡請示老師：如何做最正確的解釋？

平實導師：欸……佛道未成，都要自覺、覺他；佛道已成，只有覺他，不再自覺，因爲已經究竟了。可是要自覺、覺他以前，要先知道它是有次第順序的。換句話說，要先自覺，自覺是排列在覺他之前。就像是《維摩詰經》裡面，維摩詰大士說的：「自疾不能救，而能救諸疾？」譬如同樣一個感冒，醫師連自己都治不好了，怎能治療別人？那就好像說，不會游泳的人卻跳進水裡面想要去救人一樣！所以，「自覺、覺他」一定要先自覺，自己有所覺悟了，再來覺悟別人。[26] 所以說啦！你要跟人家講解脫道，想要幫助人家

26 編案：平實導師臨時說明：有事情的人可以先走沒關係哦！那想要問問題的可以繼續留

斷我見，乃至成就二果、三果、阿羅漢果，你必須要先確定自己已經知道怎麼證，並且自己親自體驗過，有去實行過，知道它是確實可行的；那麼你有這個體驗，你有這個正見與見地，就可以爲人說明。如果你對解脫道不懂，那你如何告訴人家解脫道？你就無法覺悟別人來證解脫道啦！同樣的！明心開悟也是一樣。

有的大師開示說：「你們來這裡求悟，不必管我有沒有悟！你要在意的是：我能不能幫你開悟。我有沒有悟，是我的事。」那就好像說：「你要跟我學游泳，你不必問我會不會游泳，只要我能教你游泳就好！」這樣的話是不可信的，所以一定要先自覺嘛！你想要幫別人開悟，你要先證明你有沒有能力；怎麼證明你有沒有能力？那就是要證明你有沒有悟。

常常有人說：「開悟是不可以講的，你悟了也要善於隱藏，不可以讓人家知道你開悟，不可以講開悟的事。」那問題來了，佛一出世就說祂開悟了：「天上天下，唯我獨尊！」然後，後來示現眞的成佛了，也是說祂開悟了，不斷地講說祂開悟了。那不然，西天的不講，講中土的第一位禪宗祖師好了，

下來，或者你想繼續聽，也可以留下來。

達摩大士來到中土，他沒有說他開悟嗎？他不斷地在講開悟的事欸！再不然，講最有名的六祖好啦！《六祖壇經》翻開來，處處都在說開悟。只有未悟而示現開悟的大師，怕人家發覺他沒有悟，才會提出這種說法。所以你要覺他，一定要先自覺；自覺了以後，你才有能力覺他；否則變成自己盲修瞎練，然後又再讓別人也跟著自己盲修瞎練，談得上覺悟嗎？

想想看！好多人學佛三十年，也有學佛四十年的人，還弄不清楚到底佛法是什麼，唉！後來進了正覺，共修兩年半下來就說：「**唉呀！原來佛法是這樣！**」在同修會裡共修兩年半學下來以後，比以前四十年學的還要充足；佛法的次第、脈絡，三乘菩提的異同，都弄清楚了，所以可見得說：**佛法是可以實證的**。不論聲聞解脫道，或者緣覺道，或者佛菩提道，都是可以親證的。那麼自己親證了，悟入了，覺知了，然後再把自己所覺告訴別人，讓別人也同樣覺入——覺悟而進入，這樣才叫作「**自覺、覺他**」。所以，「**自覺、覺他**」一個最簡單的結論，就是**自己先開悟**！如果修解脫道，就是**自己先證果**！這就是「**自覺、覺他**」的要領。當然，這個要領有一個前提，就是**你要找到了眞的善知識**。

至於《楞嚴經》說的「**自未得度先度人者——菩薩發心**」，不是說菩薩還沒有開悟以前就能度人開悟。這句經文中說的自未得度，是指還沒成佛，不是說菩薩還沒有開悟。菩薩是自己悟了以後出來度人，但是這時自己還沒有成佛，所以說還沒有得度；但是菩薩已經悟了，所以能夠出世度人證悟佛菩提；自己成佛得度的事情，先放在一邊，不著急，先把沉淪的眾生救拔上來再說，這就是「菩薩發心」。所以這句經文不可以拿來解釋「自覺、覺他」的道理。好！還有沒有第二個問題？那邊……

問：平實導師你好！我有三個問題，我先把它唸一下，然後把它傳給 平實導師！第一個問題就是說，剛才 平實導師講到說第七識、第八識，那祂跟我們一般社會上所提的潛意識、集體意識是否相關？

那第二個問題，我曾經在 平實導師的書裡面看到過，平實導師說廣欽老和尚是個證悟者，那是不是請 平實導師能夠教我們如何去理解這件事情？

那第三個問題就是說，廣欽老和尚曾經開示過「念佛三昧」；有人向他請法，請這個念佛三昧法，他說：「他有一次隨眾行香念佛，突然一陣佛號聲在大殿廳內盤繞，然後冉冉地迴旋上升起來；當時沒有什麼寺廟建築和沒有其他人事物的感覺，只有源源不斷的念佛聲，由下至上一直繞轉，盡虛空、遍法界，盡是彌陀聖號。」那麼對於這樣一個狀況，那請 平實導師是不是幫我們解釋一下，他這個是定境呢？或者是說 平實導師經常講的明心見性？或者還是一個如幻觀？還是什麼樣的境界？謝謝！

平實導師：請把問題紙給我！因爲我這個人記憶很不好！我剛才爲大家講的這些東西，不是靠記的啦。嗯……「潛意識、集體意識與第七識、第八識，是否相關？」絕對是相關的！因爲若沒有第八識，沒有第七識，就沒有潛意識，也沒有集體意識。潛意識是心理學上的名詞，那麼潛意識他們所講的跟我們所講的意根很類似，但其實還是有許多地方不同的，不能完全指說潛意識就是意根。我們倒可以說他們心理學家所講的潛意識，是意根的很多體性中的一個很小很小的一個小部分，可以這麼說。所以**潛意識不是等於意根，但是祂屬於意根所攝**。可是心理學家所講的潛意識，又往往把意根混合了一些意識在裡頭，所以跟意根還是有很大的差別。

那麼，「集體意識及潛意識」我不知道你講的集體意識、潛意識怎麼定義啦，我們認知的集體意識、潛意識，譬如說：一整群人對政治狂熱，它就成爲集體的潛意識，沒來由的就是支持。像以前希特勒，他對群眾做了許多潛移默化式的教育以後，結果整個德國人，幾乎所有的德國人都支持他；只要誰反對希特勒，誰就該死！這樣就是集體意識。所以說就變成（導致）二次世界大戰嘛！那就叫集體的潛意識。因爲縱使有理智的人出來把事實揭穿了，還是沒有用！大家還是要信希特勒，一直到德國慘敗爲止，才會改變。那叫集體的潛意識。可是那個集體潛意識，其實還是混雜了意識在裡面，並且是以意識爲主要的。反而意根是極少分的，這是跟意根有很大的差別，不過總括一句話：「**第八識是世出世間法，所以不論是潛意識或集體潛意識，都在意識與意根的範疇之中，當然都在第八識所含攝的範圍內，所以它當然一定是與第八識有關的。**」因爲這些潛意識、集體潛意識，是不能離開意識而存在的；既不能離開意識而存在，當然會跟意根以及第八識有關聯，因爲都是第八識所含藏的種子流注以後，才演變（變生）出來的。

第二個問題：「**廣欽老和尚是證悟者，是如何理解？**」是要怎麼理解呢？就是阿彌陀佛！阿彌陀佛！阿彌陀佛！（語調逐漸加強，然後轉變語調：）阿彌陀佛！阿彌陀佛！阿彌陀佛！就這樣理解！（大眾笑！）這樣理解！因爲，這個不能跟你明講；但是對於證悟的人來講，我是已經明講了。所以當他唸佛的時候，這麼一頓，佛號不斷地出現，這個叫作持名的念佛三昧，以致於連續三天都聽到聲音啊！唸佛號的聲音，我體驗過；不過我念的是 釋迦牟尼佛，那佛號連續三天都一直存在，一醒來就存在了！不是我們心中的默唸哦！而是耳朵眞的聽到聲音，那叫作持名的念佛三昧！佛號是伴隨著持名念佛三昧而出現的。

廣欽老和尚是不是開悟者？是！就這麼一頓：阿彌陀佛！阿彌陀佛！（第二句特別提高音調！）阿彌陀佛！就這樣！所以他是眞的證悟者啦！至於你能不能聽懂，那就看因緣啦！如果你想要懂說：「爲什麼這樣就是證悟？」那你來共修兩年半以後，去參加禪三如果破參了，你就自己可以解釋，不用我跟你解釋，今天我就不用回答你這個問題。所以答了等於沒答！沒答卻已經答了！說眞的，廣欽老和尚爲什麼是證悟者？其實這個答案，我從進來講堂一上座就告訴你了，問題是你有沒有相應到啦！

第三個問題，嗯？第三個問題跑到哪裡去？怎麼沒有？噢！原來已經答了！好！好！還有誰有問題？這邊舉手很久了！第二講堂那邊也要照顧他們歟！

問：老師你好！阿彌陀佛！我剛學佛，接觸佛法沒有很久，所以問的問題有點淺。想請問一下，因爲老師剛剛講說意識會隨著死亡而消失，有生就有滅，那有一些文獻，有一些不知道是傳聞還是什麼，就是在國外也有：就

是有一些小孩子，他到了會說話的年齡，他會知道說他的前世；可是這些小孩子，他們不像是有禪定或是宿命通這樣子。

那第二個問題就是說：世尊 釋迦牟尼佛，祂是如何知道未來？因為我看這個《法滅盡經》裡面，祂對於這個末法時代，法要滅的時候的那個行相都講得非常詳細，說像袈裟自然變白，（經典中的）文字完全消滅之類的。那，可是因為過去的事情，老師您知道過去的事情是因為您心裡清淨了，然後在禪定中或睡眠（夢）中知道自己過去前世曾經發生的事；可是未來事情它還沒有發生，所以不能成為種子；那，請問一下，佛是如何知道未來？

那第三個問題是：那淨土的世界是如何形成？我看那個……正德居士，她寫那個《淨土聖道》書裡面有說：這個娑婆世界就是 釋迦牟尼佛的淨土，那好像《華嚴經》（我不是很清楚《華嚴經》怎麼寫），可是《華嚴經》裡面好像說，釋迦牟尼佛祂說裡面好像有個百佛世界，那我，好像這個百佛世界是佛，那個成佛的時候才會形成這個百佛世界？還是說那個百佛世界還沒有成佛之前就已經在了？如果說佛祂成了佛才產生這個百佛世界的話，那麼那裡的菩薩眾生（因為那邊的世界全部都是菩薩），那些菩薩呢，是陸續進來那百佛世界，還是「砰」一下就完全出現？那麼如果說祂的淨土……（平實導師暫時打斷而問：「你這些問題都有寫在紙上嗎？」提問者答：「有！」平實導師：「因爲我記不住這麼多的問題。對不起！」）那最後一個問題：也是淨土的問題。也就是說，如果說這淨土呢，如果是本來就有，或是說這整個三千大千世界，釋迦牟尼佛的管區，它本來就有的話，那祂爲什麼要選在地球上—印度—成佛？因爲祂的世界也有其他的眾生，雖然說：佛以一個大事因緣——有得度的眾生，才下降（生）來成佛，可是其他世界應該也有因緣具足的眾生吧？還是說我們因緣具足的眾生，我們都大家一起地到這邊來？好！謝謝！

平實導師：欸……這位菩薩的問題，如果要全部詳細回答，大概就不能接受其他人的提問啦！所以我們簡單的回答好了：

有一些小孩子知道前世，那是報得的宿命通。神通有五種，他如果沒有其他四種的神通，你就看不出他有神通，那他就是知道前一世、往世的事情，那叫作報得的宿命通。這種宿命通，若是沒有繼續修行，大多是長大成人以後就消失了。有人專修宿命通，不修別的，這是單一的神通，不具足五神通；那麼這個不是由於意識從往世來到這一世，而是因爲報得的宿命通才能了知的。

第二個問題：世尊如何知道未來？這個知未來而加以說明，在佛法中叫作「授記」。爲什麼能「授記」？那爲什麼有些人不能被「授記」？這是跟「授記」有關的。「授記」是因爲 佛陀看到你心中的種子，已經有一個什麼樣的規模，而你依憑於這樣的種子，也就是你目前現量所證的那一些境界相，祂就可以瞭解你未來將會如何演變，如何發展，已經可以看得到了。譬如說：當一個人，他學游泳，假使你善於游泳，你看到他已經學會漂浮了，那你就知道說，他大概再五天就可以往前游了，他大概再過十天就可以游快一點了，大概一個月他就可以游很快了，因爲你已經看到他的表現了！你可以預知他會怎麼發展而爲他說出來，這就是「授記」。所以 佛會看見未來這個正法還可以維持多久？像法多久？末法有多久？乃至 佛看到某一個菩薩時，授記說：**「你將來多久以後成佛！在什麼地方成佛！佛國叫什麼！佛號叫什麼！有多少聲聞弟子！多少菩薩弟子！你的正法、像法、末法時期會有多久！」**因爲菩薩已經修到了某一個地步，那接下去的發展已經確定了，不會改變了，所以就這樣作授記啊！這個也不必靠天眼。

但天眼跟這個授記不同，天眼是可以看見未來的，那個未來的影像會被看到，是因爲那個業已經成熟，他就可以看見；如果業還未定，還沒有成熟，天眼也無法看見未來！某一個人的未來，他的業已經定案了，不會改變，已成爲定業了，那麼有天眼的人，並且要天眼很好，他就可以看見這個人未來會如何。然而 佛陀對未來的看法，有時依天眼所見而說，有時依佛眼的「處非處智力」而說，不一定啊！這個是 佛所看見而授記的部分，以及用天眼所看見的部分，二者不一樣的。

好！但是這個授記，要跟大家略說一下，授記有**顯授記**，也有**密授記**。但是顯授記又有兩種，密授記也有兩種。顯授記第一種是說，當眾公開授記，說某某人將來如何、如何，這是顯授記；但是也有一種顯授記，就是直接當著他的面，直接爲他一個人講，但是沒有吩咐他不許講出去，那也叫顯授記，他可以講出去。也有密授記，第一種是單獨爲他講，不許他講出去；有時候則是爲別人講他將來成佛的事，但不許去告訴本人。所以這個授記也有不同，諸位要瞭解哦！

那再來，「在三千世界中，爲何獨選地球上的印度來成佛？」這當然有道理啊！一個佛世界是三個千的大千世界啊！就是小千、中千、大千嘛！這三個千的世界，依現在的天文學來說，大約是這個銀河系中的一千億到兩千億的太陽系啦！不必談到別的三千大千世界，光是我們這一個銀河系，它就是一個三千大千世界嘛！那麼，這裡面這麼多的太陽系，一定會有許多個行星存在，那當然也會有很多有情眾生要度嘛！但是，佛就觀察哪一個星球世界眾生得度的因緣成熟了（那都是過去無量劫以來曾經與佛結緣的眾生），但是還沒有菩薩在那邊住持，於是　佛就來示現成佛啦！假使，佛已經派了某一個菩薩在那邊住持了，佛就不在那邊示現了。可是你講的，說有百世界，那就是《阿含經》的《央掘魔羅經》所講的；釋迦牟尼佛還有在百億世界度化，那麼就選出其中一百個世界來證明。

但是你又問到說：「那裡的眾生是陸續來的，還是『砰』的一下出現了？」眾生都不是忽然間出現，而是漸漸增加，然後漸漸減少，最後整個星球滅亡。不是「砰」的一下全部都到。但是世界的形成，是由共業眾生的如來藏共同變現的；先有那個業力的緣故，才變現出來讓他們去受報，然後同一時間裡又去造業。可是那一些眾生，如果說有一些眾生得度的因緣成熟，就會有大菩薩先去那邊出生；接著　佛由於這一些大菩薩們先去了，先把整個局勢布置好了，佛再去那邊降生。諸佛降生時都沒有獨自一人來的，一定帶著一大票菩薩；這一些菩薩都是先遣部隊，要先來投胎，然後　佛才來受生的。佛是福德至尊，不是小福小德啦！一定先有大菩薩來布局，因此菩薩是配合著佛所以先來，等於是一個布局啦！先有這一些人（菩薩），在這一個國度有了一些重要的社會地位，能夠影響眾生了，然後 佛再來示現成佛。而這些菩薩們就裝作什麼都不懂，一遇到 佛就悟了，就成等覺啦！這都是在演一場戲，這場大戲是事先安排的；然後 佛在這裡就度了一些剛成熟解脫道因緣的人，讓他們先成爲阿羅漢，以這個作爲弘化事業的開始。所以是陸陸續續而有，但是 佛要降生前，會有一批菩薩先來這裡降生，所以眾生是陸陸續續增加；但菩薩是在某一個時期配合著 佛來降生，一定得要先來，一定是如此。所以這一些眾生，不是突然之間同時緣熟了，同時生到某一個世界就緣熟，不是這個意思哦！

欸……那這樣是幾個問題了？噢！「佛世界形成時」，因爲你這個寫得很簡單，我又記不住你講的，「**佛世界是成佛時才形成的？還是本來就有？**」是不是？是哦！佛世界不是單單由 佛一個人來完成一個世界，而是 佛與眾生共同來成就佛世界。這樣講，可能諸位不太瞭解，我們引述《維摩詰經》開示的義理來說好了，就說攝受眾生：**攝受眾生就是攝受佛土**。這樣應該就懂了吧？換句話說，一個佛世界的成就，不是 佛一個人的事情，而是要去攝受無量無邊的眾生，讓無量無邊的眾生同樣可以來跟祂相聚。爲什麼能跟祂相聚？因爲過去無量世以來，或者吃過祂布施的食物，或者接受過祂的金錢，或者作過祂的眷屬，或者聽過祂說法，或者作過祂的學生；諸佛就是要在成佛之前，要不斷地去攝受眾生。這樣無量世、無量劫，攝受眾生圓滿了，等到這些眾生得度的因緣成熟了，就是佛世界該形成的時候。這個時候跟祂無緣（緣未成熟）的眾生，還是會同樣生到同一個世界來（因爲跟被度的眾生或其他眾生有緣），但跟祂有緣的眾生就會投胎到 佛即將示現成佛的地方，那麼這個佛世界便成就了；所以，**攝受衆生就是攝受佛土**。假使菩薩悟了以後說：「**我不利樂眾生、我不要度人，我只要自己修行就可以成佛。**」那是不可能的，一定要攝受眾生才能成佛。因爲一個山河世界以及佛所度化世界的形成，不是 佛一個人能形成的，而是攝受了無量無邊的眾生，共同成就一個佛法上的共業，來成就那一個淨土。淨土成就了，佛在那邊即將示現時，眾生業力所感，就生到那邊去，然後那個佛土便成就了。

這樣說，也許你會覺得空泛，我們再講白一點。譬如說：極樂世界，它不是 阿彌陀佛一個人成就的，而是祂過去無量劫以來（因爲祂比釋迦牟尼佛更早十劫成佛）攝受眾生的緣故，然後有很多眾生聽到別的佛說法，說有這麼一個極樂世界：**你要相信、你要發願，然後你要念佛，就可以往生極樂世界**。好！當眾生有這個願，並且開始實行——在念佛法門上面開始實行了——發願求生極樂了，那麼極樂世界的七寶池就會又增大一分。增大一分要做什麼呢？就是爲你出生一朵蓮花；而那一朵蓮花的出生以及那個七寶池的擴大，並不是 阿彌陀佛個人成就，而是由祂以及那個發願要往生之眾生的如來藏來共同成就。所以一個人發願要往生極樂世界，心志不變，並且也在念佛了，那麼極樂世界的七寶池就擴大一分（那個人所需要的空間，它就擴大了），然後他專屬的一朵蓮花就在那邊出現了；所以說，**攝受眾生就是攝受佛國土**，**成就眾生就是成就佛國土**。所以，如果想要成佛，一定要有菩薩種性；沒有菩薩種性，不肯利益眾生，他就不可能成佛；因爲他不能攝受眾生，不能攝受眾生就不能成就佛土，道理就是這樣的。這樣簡單解答，好不好？好！那這樣就回答完了！還有，好！第二講堂的問題來了沒有？

曾老師：第二講堂的同修可以舉手！哦！哪個發問問題？請第二講堂的義工幫忙招呼一下！

平實導師：他們的問題，我們要等待送過來，還是怎麼……？如果有，就直接發問！

曾老師：好！那我們這裡還有一張問題。

平實導師：「入胎識如何來？其歷程？」我剛剛演講時已經跟諸位講過了，入胎識已經說過，是本來而有，無始劫前本來就有；這個入胎識，你找不到祂的前際，你也找不到祂的後際。找不到前際，是因爲你不斷地往前追尋時，假使你有佛地的大神通，你也是無法追尋到祂什麼時候出生過；因爲祂是本然如是，這叫作法爾如是。祂不是有生之法，所以不能問說祂什麼時候出生？我們剛剛也有講過，說：「**有生之法，一定是被生的。**」那麼既有被生的，就一定有另一個能生的；那如果這個入胎識是被生的，那應該還有另一個法來出生這個入胎識；那請問：你這個入胎識找到以後，還要再去找另一個出生入胎識的東西（那個東西，當然也要叫作識嘛！因爲一定是心嘛！如果不是心就不能生心）。好！那麼你找到那個出生入胎識的心以後，你還會再找啊：**那個能生入胎識的心又是哪個心生的？**那就無窮無盡而永遠不可能親證實相了！

可是 佛不是這樣說的。佛在說十因緣觀時說辟支佛是如此，說 佛陀自己也是如此。祂探討我們大家的死是從哪裡來？從生。生從哪裡來？從有。有從哪裡來？……這樣一直往上推，推到最後，噢！是因爲有名色。那名色又從哪裡來？他們大家都說是無明啊！可是爲什麼無明會出生名色？無明自己不能出生名色啊！因爲無明只是無知，是說明意識不知道事實相，只是一個現象上的名詞，附屬於意識而有，怎能出生包括意識在內的名色？那一定有另一個識出生名色嘛！那麼 佛陀說，從這個出生名色的識再往前推尋，可是這個識的前面什麼都沒有啊！任何一法都不能超過這個能出生名色的本識啊！推尋到此，只能退回來了，所以叫作「齊識而還」。「齊」就是到達，到達這裡爲止，劃一條界線；到達這一個識就要退回來，因爲前面沒有法：既沒有心也沒有識，什麼都沒有了！這已證明萬法的源頭就是這個入胎識，所以叫作「**齊識而還，不能過彼**」。所以你就不該問說：「入胎識是如何而來的？」因爲祂是本來就在的。

幸好因爲祂本來就在，否則你就會成爲斷滅了；否則，你對佛法就永遠沒辦法修證了，而辟支佛的因緣觀也無法證得了。因爲你證得這個入胎識以後，你還要去往前尋找啊！那，一個又一個不斷往前推尋，就無窮無盡！就無法確定應該滅盡哪些法才能出三界，就無法出三界了。所以祂是本來而有的，不是被生的，當然祂沒有出生過，不能說祂是什麼時候曾經出生的。而且推尋到這一個識爲止，前面就沒有任何法了，因爲三界一切法都從祂心中出生的，當然沒有一法在祂的前面。我們依循 佛的教導而找到這個入胎識以後，也是這樣子，繼續往前再去推尋，始終都推尋不到任何一個法，跟佛講的一模一樣——齊識而還，不能過彼。一切法都不能超過那個識，最多就是到那個識為止，所以沒有一個可以出生這個識的法。

既然沒有任何一個法可以出生這個本識，那就不可能有這個本識出生的過程啦！我就不必再回答您有關這個入胎識出生的過程啦！因為一切法都從祂所生，一切法就函蓋一切，這就表示說：沒有任何一個法可以出生祂。所以祂沒有出生的歷程，因為祂本來不生，不生所以不滅，不滅所以不生不滅，離兩邊、處中道，是名涅槃。好！還有沒有問題？最後一個問題，因為已經五點十八分了哦！謝謝！哇！最後一個問題是兩張哦！（大眾笑！）其中一張是三個問題！另外一張也是三個問題！好！不再接受問題預約了！因為我們還要搭飛機回台北噢！好！第一張的第一個問題：

問：什麼是第七識？與第六、八識的關係。

平實導師：第七識就是意根，我們人有眼、耳、鼻、舌、身、意六個識，而這六個識呢！都要依靠意根的存在，才能出生，所以意根就是第七識。這個第七識在大乘法中，又叫作末那識，那這個就是第七識。也許你今天來晚了一點，沒聽到前面的講解。我們有講到說，這個意根在你身中，你如何找到祂。諸位都找到了沒？啊？找到了嘛！所以，如果你有聽到，但還不清楚，就問問看有誰先來的，請他跟你講噢！我們時間不夠，不能重複回答你。那第七識與第六、八識的關係，這個說來話長，我們又不能像布袋戲這樣：鏘！鏘！鏘！（語音同）就解決了噢！但是我可以為你略說啦！第六識只能作分別，其他的什麼事都做不了。祂只有作分別，祂分別完成以後，也沒有辦法作決定。當第六識分析以後下了一個結論說：「**因為這樣，所以呢，我現在該回家了**。」可是呢，意根不接受！因為意根往昔被意識熏習的結果是說：現在法還沒有講完，還要再繼續聽！所以，意識下的結論說：「**肚子很餓了，應該回去了**。」意根卻不接受，決定要繼續留下來，於是你還是繼續坐在這裡，不離開！這就是意根！這樣至少也懂一部分了嘛！意根是作決定的，意識只能分別、判斷、分析、歸納、思惟；可是這兩個識的運作，都要靠如來藏在背後來推動。如來藏就像那個馬達，如來藏就像汽車的引擎，最多就只能跟你講到這些。因為再跟你講下去，整個密意就洩漏了，你就無法參究了，你就失去了自己參究的體驗，智慧就出不來了。最簡單地說，第八識是支持意識與意根的心，讓你可以生存在人間；並且供應意根與意識的功能差別，讓意根與意識可以在人間生存及運作。這就是簡單的第八識與意根、意識的關係！還有一個關係，就是從熏習上來講；意根與意識在人間造了種種業，所有的種子，由自己的第八識來收存，不會被別人收存。別人的如來藏也不會收存你的意根、意識所造的業，不管是善業或惡業都一樣哦！這也是祂們之間的關係。第一個問題簡單的答完。

問：第二，虛空粉碎的狀態，爲何會有虛空粉碎？

平實導師：虛空粉碎的狀態，是一個定境；當時你覺得虛空已經破滅了，已經不存在了，那叫作虛空粉碎。虛空粉碎之後還會伴隨著一句話，叫作大地落沈。大地落沈也是定境，你在眼前所看到的大地是沈下去了，可是，大地，眼睛的同時所見卻還是存在的，事實上沒有落沈下去，很奇特的體驗。那也是定境所顯現的，通常是在未到地定中，初禪中比較少，但偶然也會出現。但是這個都屬於意識的我所——意識所擁有的境界，是與定相應而產生的。那都跟證悟無關：與聲聞道的斷我見無關，也與佛菩提道的開悟無關。

問：第三個問題，證初禪後，會如何來看世上的功名、世間事業以及理想？

平實導師：證初禪以後，對於世上的功名完全沒有興趣。不只是證初禪以後，其實在證初禪前，證得未到地定時就對世上的功名沒有興趣了，否則你不會後來又發起初禪。一定是在捨棄了世間的財、色、名、食、睡一段時間以後，並且已經確實斷了這些欲求，才會發起初禪啦！所以，初禪人對世間的功名利祿不會有所貪著，不會再去求名、求利了，也不會再去求世間的職位。所以我們有一個親教師，他以前接觸到這個法的時候，就把學位拋棄了（已經快要拿到學位了，就拋棄了，不要了），因為得到了也對道業增上沒有幫助啊！證初禪以後也就好像這樣哦！

好！你談到世間事業。證初禪以後，事業無妨繼續存在，但是不會窮盡心力去求獲得更多的錢財；而只是說，藉著事業去獲得行菩薩道的資糧，去利樂眾生之用；只是這樣，不會是為了自己而繼續去擴展資源。如果還要再繼續擴展的話，那絕對只是為了布施的需要、為了修集福德的需要，不是為了自己想要擁有更多資源。那麼「**理想**」，那範圍太廣了，如果你的理想是說：「**我要證三果。**」因為證三果一定要有初禪啊！所以，像這樣想要證三果的理想，對於證初禪不妨礙的啊！當然還是會繼續去努力進行嘛！可是如果說：「**我證得初禪以後，接著可以來當世間國王啦！**」這叫作世間天，或者說：「**我再來選總統。**」我告訴你，證得初禪的人絕不可能再去競選什麼職位啦！就算不必競選，就有人推他當總統，他也不要當，這就是證初禪的人，因爲他離開人間的五欲。

好！關於「**人類數量的增加**」，以及「**轉生爲猩猩、或者轉生爲猴子，而成爲很有人性的猴子或猩猩**」，那就表示牠快要當人了。一個星球世界的眾生，就不可計算了；螞蟻有多少，你能算嗎？比螞蟻還細的眾生還很多，而且比螞蟻還更多，那麼牠們受的業報完了以後，漸漸往上提升，到最後人就愈來愈多。如果生爲寵物狗，很有人性，牠下輩子就有可能出生爲人，人愈來愈多就表示眾生的惡業愈來愈少。但是出生爲人以後，不懂得修行，造惡業就又回去惡道中。但一般情形，人在三界中大多是教訓愈學愈多，他會不斷地往上提升；重新下墮的人是少數，提升的人是多數；所以地球的人就會愈來愈多啊！這沒什麼奇怪的。

那假定說螞蟻只有五十萬，那你就可以確定說，全世界的狗大概不超過一萬條，那麼牠們將來能夠出生爲人，數目當然就很少了；那世界每年人口的增長，一定應該是不多。可是，其實不是這樣，一個星球的有情就無可計數了，你沒辦法計算的；因此，眾生其實沒有愈生愈多，而是轉變各自在五趣六道中的不同型態而已。譬如：你如果三歸依以後，有多少護法善神護持你，還記得嗎？對不對？三十六位。那你如果又加受五戒，每一戒有五個護法善神，又增加二十五位；你如果都持戒不破，那你想，鬼神還能找上你嗎？那麼一個三寶弟子受了三歸五戒，就有這麼多護法善神護持他；那你想想，在冥界總共有多少鬼道眾生？眞的不能計算欸！所以不能夠單以我們人類來觀占其餘的法界。人類法界有情愈來愈增加，一定有某一法界的眾生減少了，因爲他們的業報受完了嘛！所以生到人間來，所以人就愈生愈多嘛！但地球的有情總數其實沒有增減，從整個眾生數來講，沒有增減。

那麼你如果把它說廣一點、說寬一點，這裡的眾生發願往生極樂世界——阿彌陀佛世界，世尊也開示說：「極樂世界很好啊！趕快去啊！」可是阿彌陀佛不會奇怪說：「欸！我的極樂世界怎麼眾生愈來愈多？」祂不會！因爲，這只是一個現象上面的轉變、時空的轉變，由別的世界生到這裡來。可是緣熟了，他們的願達成了，又會回到原來的世界去，或者會發願到別的世界去利益眾生。所以三界—十方三界六道—的眾生總數不變，就只是顯現出來的形式上有轉變；於這個五趣之中輪轉不變，由這個世界到那個世界不斷輪迴。但是，我要加上一句話，你不斷輪迴於十方三世，其實都在你的如來藏中輪迴，從來都沒有離開過你的如來藏世間，這樣懂嗎？所以行普賢行，歷經十方三世一切世界而成佛，所有的普賢行都是在自己的如來藏中行。所以，善財童子五十三參都在如來藏中參，這才是眞正的普賢行。噢！原來是四個問題！下一個問題是：

問：「《金剛經》說：一切有爲法，皆是夢幻泡影，是指這世界是宇宙本心夢幻出來的嗎？不是實體嗎？」

平實導師：噢！不是這個意思啦！《金剛經》說「一切有爲法，如夢幻泡影」，它說的是：如來藏所生的一切法，從山河大地、三千大千世界、小到一個螞蟻、一個細菌的色身，都是有爲法。凡是所生的法，它就是有爲法。有爲法之所以被稱爲有爲法，是因爲這是在三界六塵中運作的，所以叫作有爲。無爲法是在我們五陰世間存在的當下，它就顯現出來的一個無作無爲的法性。當然這無爲法還可以細分爲六無爲、九無爲、十二無爲，但是，那都是依如來藏心而從不同的面向來表示無爲而已，主體還是如來藏。那麼，你說的這個，欸……問說：「**一切有爲法如夢幻泡影，是指這世界是由宇宙本心夢幻出來的嗎？**」事實上並沒有一個**宇宙本心**，如果你一定要說宇宙本心，那就是眾生各自都有的如來藏，祂才是宇宙的本心。因爲宙就是時間，三世連貫無窮無盡的時間；宇就是無窮無盡的空間。可是無窮無盡的空間是從哪裡來的？是因爲有這些星球、山河大地世界，依世界的邊際空虛之處，才說有無窮無盡的空間。虛空是「色邊色」，依色而施設虛空；依物質的邊際，物質以外的地方叫作虛空；所以虛空是不存在的，虛空是依物質的邊際施設出來的一種意象。

那麼，十方虛空中有什麼？十方虛空中所有的就是山河世界。山河世界從哪裡來的？是由眾生的如來藏共同變現的。所以你如果說世界是宇宙本心所變現的話，那這個宇宙本心也可以成立！但是得要定義清楚：祂是眾生的如來藏。但眾生的如來藏不是大家共有一個，而是每一個有情各有他自己的如來藏。所以虛空不是實體，虛空是附屬於色法而施設的色法，所以虛空仍然是屬於色法。依物、依色法的邊際，來施設虛空。所以，不但大乘法如此講，二乘法也如此說；所以說，阿羅漢們都說虛空是「色邊色」，是色的邊際的色法，附屬於色。所以虛空不存在，虛空是無法。但是依山河大地沒有佔據的地方無物之處，就叫它作虛空。

那麼，「一切有爲法如夢幻泡影」，它說的是：凡是如來藏所生的、凡是如來藏所變現的，不論是山河大地器世間或者五陰世間，都是有爲法。這些有爲法，包括意識心的自己，包括能處處作主、時時作主、剎那剎那作主的意根自己，也都是有爲法。這些有爲法都是夢幻泡影，都是從如來藏中出生的；已出生，看來似乎是確實存在的，卻是虛妄不實的，時有時滅，所以如夢幻泡影。

話說回來，並沒有一個眾生所共有的宇宙本心。如果像一神教說有一個眾生共有的宇宙本心，叫作上帝——那個耶和華的名。那個問題很多，隨便列出來都是一籮筐的問題；而每一個問題，他們都將無法解決。所以，不能夠說：「有一個眾生共有的宇宙本心。」而應該說：「**大家都有一個各自唯我獨尊的本心，叫作如來藏！**」所以，釋迦佛示現在人間的唯一大事因緣，就是祂剛出生時，行走七步，指天指地（膽子很大噢！）說：天上、天下，唯我獨尊！這就是啦！好！今天就講到這裡。（大眾鼓掌……）

余正文老師：好！阿彌陀佛！謝謝 平實導師的演講，那我們來作一個總迴向。在總迴向之前，我們先宣布一件事情：由於高雄講堂成立的因緣，我們 平實導師慈愍南部修學佛法的這一些佛弟子，特別從台北調派親教師來高雄講堂弘揚三乘菩提的眞實了義正法。這個因緣非常殊勝難得，那由於我們高雄講堂禪淨班即將開課，順便在這裡跟我們同修們報告一下；所以請南部有緣的佛弟子們，你們也可以幫忙轉達。如果他們到處去修學佛法，始終也沒辦法在佛法裡面有眞實的功德受用，不能夠眞實地感受到佛法的種種功德，不能夠眞實的遠離煩惱、離開人生的苦，那請他們應該來聽聞善知識所說的正知正見，來高雄的正覺講堂聽聞善知識所開演的三乘菩提眞實的了義正法。這個因緣，各位應該要把握！我們高雄講堂開課的時間，是每個禮拜六晚上共修，台南講堂也有新班開課。噢！噢！禮拜五，抱歉！我們高雄講堂是每個禮拜五晚上六點半到八點半，台南講堂也有開課：是每個禮拜六晚上七點到九點。另外台中、新竹、台北也有開課，可以就地到各講堂知客室洽詢一下。27

另外呢，我們 平實導師所開演的三乘菩提妙法是無量無邊，絕對沒有辦法在短短的半天時間內，就淋漓盡致地演說完畢；所以我們有很多的結緣書，擺在前面那個書櫃，那些都是要贈送給各位佛弟子的，請各位居士、大德，你不用客氣。你有緣來到講堂，應該把很多的法帶回去；所以那些結緣

27 正覺同修會的各地講堂，每半年都會有新班開課，歡迎參與共修。

書，請各位儘量帶，也可以送給你的親朋好友。以上報告到此！那我們就準備作迴向。請義工們多準備一些書。（2006/10/22 於高雄講堂演講至此，因當天時間有限，故大綱內涵未演講完畢，平實導師後於 2010/4/25 在高雄巨蛋舉辦大型演講「穿越時空——超意識」，接續講完這個議題，詳見此段文字後面的內容。）

余正文老師：

雖然今天的交通有點塞車，但是我們的演講不受影響，相信各位都非常期待這一場演講趕快開始，所以我們將準時開講。在演講的過程裡面，如果有來賓繼續進場，請已入座的各位來賓多多包涵。在演講之前，有幾件重要的事情報告，請各位能夠配合。請各位注意一下，我們現在這個場地非常的大！如果有緊急事故，我們疏散的方向：一樓的聽眾區就是由四周的門離開，二樓跟三樓看台區的地方，就由每一個出入口離開。你們離開的過程會有我們的服務人員來引導，你們就依照服務人員引導的方向順序離開。不要慌！不要急！五樓的部分也是有出入口，還有四樓的部分也是有四樓各別的出入口，就依著您最接近的出入口離開，依著我們指導人員指引的方向順序離開。這是有緊急狀況的時候，各位疏散離開的路線。剛剛各位應該也看了我們這個巨蛋的疏散路線圖，您就注意一下各自所坐的位子附近的一個疏散口，我們會有義工來引導各位疏散離開。

我們這一場演講，總共設置了三個醫療站，如果您有身體不適，可以就近找您附近的醫療站，請求我們醫療同仁來幫您服務。第一個醫療站是在我們一樓，第二個醫療站是在我們二樓二一五－二一六區的出口，第三個醫療站是在五樓；爲了服務五層樓的來賓，總共設立三個醫療站。我們醫療的服務人員，都是穿著醫療人員的制服，也就是穿著護理的服裝，您們只要認著護理人員的服裝，那就是專業的醫療人員。

我們這個場地總共有兩邊的地方設有飲水機，東邊有兩台飲水機，西邊也有兩台飲水機；至於五樓的地方沒有飲水機，所以要請五樓的來賓，麻煩您們移駕到四樓，四樓也有一台飲水機。一樓大廳的地方也有兩台飲水機，也就是說，與其他樓層一樣的；來賓如果您口渴的話，請從我們後面東北門的地方繞到外面，就是大廳那個地方去飲水！我們基本上，必須要遵守巨蛋這個場地的使用規定，不可以帶任何的飲料或礦泉水進到這個場地來。這一部分請各位務必能夠配合！

我們這個場地的洗手間，一樓的部分，在東北門的地方，那邊有洗手間；二樓、三樓看台區，每一個出入口的外面也都有洗手間；四樓、五樓出入口的地方，您出去的地方就會看到洗手間，標示非常清楚。各位如果需要的話，您就自行前往；因爲我們這個演講，時間非常長，您就隨時自行離席前往。

還有一點，當您離席的時候，請各位記得把您的票帶在身上，因爲我們這個是對號入座的一個場地；也就是說，當您離席以後，因爲這個場地非常大，有可能您會迷路，所以您帶著票，方便我們的引導人員，幫您引導回到原來的座位，拜託您們能夠把票帶在身上。

另外一點請各位務必要配合，要拜託各位，在這個演講的場合裡面，不要錄影、不要錄音、不要照相。除了我們專屬攝影組的工作人員以外，請各位不要錄影、不要錄音、不要照相。這個也是巨蛋場內的一個規約，請各位務必要配合。

我們演講的過程裡面，大概在五點的時候，各位可以發問問題；也就是說，在五點之前如果您有問題的話，請您舉手，我們的義工人員會把便條紙、原子筆遞給您。當您寫完以後再傳回給我們的服務人員。請您把它摺好，投遞到我們的發問箱裡面去。我們在每一區都會設有發問箱，五點開始公開解答的時候，我們就從這個發問箱，當場抽出問題來回答。

請各位注意，各位在手上拿的入場券有標明：離場以後有精美紀念品（編案：當天聽演講的來賓都贈送十項贈品：《我的菩提路二》、《遠惑趣道二》、《正覺電子報第 58 期》、《意識虛妄經教彙編》、《邁向正覺》一——三、《博愛——愛盡天下女人》口袋書、超意境ＣＤ、正覺發願文ＣＤ），那這個紀念品我們已經放在各位的座位上面了，請您檢查一下。因爲我們希望讓各位儘早能夠拿到這一份精美的紀念品，不需要等到離場的時候才拿到，一方面也爲避免離場的時候過於擁擠，所以我們昨天動員了很多的義工，把一萬多份的紀念品都放到座位上面去了。請您檢查一下！

我們現在演講就即將要開始了，今天的演講，我們邀請中正大學電機系教授葉經緯博士，來擔任我們這一場演講的主持以及引言、開場。葉經緯博士，他本身也是 平實導師的受業弟子，我們現在以熱烈的掌聲歡迎葉經緯博士爲我們主持！（大眾鼓掌……）

葉經緯博士：

各位來賓、大德！阿彌陀佛！（大眾：阿彌陀佛！）各位午安！歡迎大家來聆聽這一場非常殊勝的演講。這一場演講是由佛教正覺同修會 平實導師來宣講，平實導師創建了「佛教正覺同修會」、「佛教正覺講堂」以及「正覺教育基金會」；數十年來 平實導師一直以深厚的修證基礎，不斷地爲大眾宣講二乘的解脫之道以及大乘的成佛之道。平實導師至今爲止已經寫作了超過八十幾本的宣揚正法的書籍（編案：這是指演講當時的數量，平實導師至少每兩個月出版一本書籍，至今日連載時，已達九十多本，並且陸續出版中），包含《無相念佛》、《阿含正義》……等。平實導師本來無意於做公開的演講，因爲平實導師本人非常不喜歡世間的盛名；但是因爲中南部地區修學了義正法的人數逐漸增多，在長時間的殷切期盼之下，爲了要利益廣大的學人，所以才隨順這個因緣，在今天高雄巨蛋的場地舉辦了這一場演講。

我們今天值遇這個機會，可以說是非常、非常的難得。那麼今天的演講誠如各位所見，是以「**穿越時空——超意識**」作爲一個主題。爲什麼會以「**穿越時空——超意識**」作爲一個主題呢？我們看看，古往至今許多人都能體會到這一世生命的短促跟無常，所謂的「**夕陽無限好，只是近黃昏**」，描述的正是人們面對美好的事物不能長久保存的深切遺憾；因此，探索人活著的終極價值，跟追尋所謂的跨時空的永恆存在，就是古往今來人們前仆後繼的一個目標。

有人說上帝是永恆的，上帝決定了一切，眞的是這樣嗎？也有人說我們每一個人的內在，都有一個靈魂；儘管我們的色身在這一世裡面都會敗壞，可是這個靈魂卻是生生不變，生生世世不變永恆的存在，眞的是如此嗎？也有許多人，把平常許多不曾體驗過的身心經驗，當作是終極的存在。這一些的探索，可以說本質上都是想要超越我們在平常行住坐臥中，所能夠清楚感覺到自己自身的意識；也就是說，追求的就是所謂的超意識。可是我們要問的是：「以上的種種眞的有超越了我們的意識嗎？還是他們都只是我們的意識幻想跟變相呢？」我們也要問：「那麼這一些追求超意識的本身，有沒有實質的意義存在？」或許我們更眞的要問：「這宇宙間到底是不是眞的有跨越時空的永恆存在？如果眞的有的話，我們又該如何去體會祂？我們又該如何去證悟祂呢？」

那麼，關於這一些問題，其實老早就已經有答案了！並且這些答案並不是用思惟得來的哲學，也不是由迷信而來的玄學，更不是虛無飄渺的幻想。兩千五百年前降臨人世的 佛陀，早就已經把這些答案詳詳細細地告訴我們；並且也留下了珍貴的教法，讓我們依著這個教法可以親自參究、親自體會、親自證悟，來找尋出這宇宙間人人本有、各個獨立的超意識。這樣的超意識，祂成就了世間的森羅萬象，可是祂本身卻是寂靜自在、不落兩邊；祂也執藏了我們一切的業種，並且是輪迴六道的主體，可是祂自己本身從來沒有絲毫的怨苦。這樣子的一個超意識，才是眞正可以跨越時空，才是眞正可以回答一切自然界、生命界、有情界的一切疑惑。

那麼，我們既然知道 佛陀開示有這樣的一個超意識存在，我們應該如何啓程來尋找我們自己的超意識？如何爲我們自己的生命，在無常的時空中找到定位呢？現在就請大家跟隨我，以熱烈的掌聲來歡迎 平實導師，帶著我們展開今天這一場超越時空、超意識的心智之旅（大眾起立熱烈鼓掌！）歡迎 平實導師！

平實導師：請坐！請坐！大家請坐！謝謝！謝謝！

葉經緯老師：各位大眾請坐！

平實導師：

各位大德！各位來賓！很感謝大家前來共聚一堂。那麼！今天我們還有許多位老師，因爲他們還有一些職務在執行，所以他們沒辦法上台來這邊坐，我在這裡爲他們的辛苦要表示謝意！今天我要講的內容其實非常多，根據過去的經驗以及我個人的習慣，常常都是有很多東西要爲大家說明，希望儘量塞給大家，往往講得太細膩，所以都講不完。那麼，我今天會試著不要講太細膩，但是依舊讓大家可以聽懂；能夠把握時間，在五點可以準時說完我所要告訴大家的內涵。然後，我們六點鐘之前五點鐘之後的一小時，希望給大家可以現場提出所想要瞭解的那些問題，或者能爲大家解決一些探索時的困擾。那麼前面講的部分，可能有一些住在北部的人，他們路上塞車還沒有辦法準時到達，在這裡就先向大家說抱歉！也就是向他們還沒有到的人先說抱歉啦！因爲我們必須要準時開始。好！那麼在正式開講之前，我們要先把前提爲大家說明一下。

第一個前提說：如果沒有漏失掉今天所有的法義，那麼聽聞之後，你們也能夠如理作意的領納我所講的眞實道理，所以不抗拒今天所聽聞、所瞭解的法義，既能夠耐心聽聞，也能隨聞入觀，那麼您今天是有可能實證聲聞解脫道的初果（這是說有這個可能，但不是說每一個人都能）。並且在實證之後，是可以用《阿含經典》乃至南傳佛法的阿含，也就是《尼柯耶》，來作自我的印證。但是如果是初機學人，可能這是比較困難的！

第二點前提要說：當你想要親證以及理解能夠穿越時空的恆常心的時候，那麼您願不願意被人家誤導？這個是很重要的題目：**願意或者不願意被人家誤導而落入只能存在一世的意識中**？意識是每一世都有，但每一世的意識都只能存在一世，不是從前世來，也不能從這一世去到未來世；所以人無法記得過去世，原因就在這裡。那麼，請問諸位的是：**你願意被人家誤導嗎**？這一個能夠穿越時空的超意識、恆常心、金剛心的實證，固然非常困難；但是，如果有人指導，也並不難。那就要請大家捫心自問說：「**我是不是願意被人家誤導？**」如果不願意被人家誤導，您今天可以安心地聽講了！因爲今天這場演講絕對不會誤導諸位！

第三個前提要探討：能夠穿越時空，不被時空所羈束的心是什麼心？能夠超越意識境界而穿越時空，不受時間、空間限制的心，其實就是第七識意根與第八識如來藏；第七識意根是可滅的，在阿羅漢入涅槃的時候，也是要把祂滅除的；第八識如來藏則是不可滅的，乃至十方諸佛也無法滅壞祂，所以祂稱爲金剛心。

第四個前提要說明的是：想要理解能穿越時間、空間而不可壞滅的金剛心，我們應該要先具足理解意識的範圍，才能夠遠離意識的境界來實證超越時空的第八識心如來藏。所以我們這一場演講，要先爲大家說明意識的境界，然後才來說明第七識與第八識的境界。

第五個前提：要吩咐初學者或者今天才第一次接觸佛菩提的人，我今天說的法，對初學者而言是比較深一些，可能也是聞所未聞的；但是請大家能夠安忍下來！靜心的、理智的聞熏。那麼，聽完之後一定會有所利益。28

【演講大綱】 **爲何意識不能通三世？**（爲何必須修學宿命通或入定中才能了知往世事？因爲只能存在一世，不能來往三世：《阿含經》中所開示。）

講記內容：那麼，接著進入主題來說明，我們第一個主題要來探討說：意識是常住的嗎？那麼，既然要探討這個主題，當然要先說明什麼是意識？意識就是藉著意根與法塵作爲因緣而出生的心。也就是我們這個能思惟，能瞭解、分別、判斷、歸納、整理，能了知六塵各種事物的這個心，這個覺知心就稱爲意識。我們這個意識覺知心現起的時候，是同時有前五識（就是眼識、耳識、鼻識、舌識、身識）同時存在，這樣構成我們五陰中的識陰。這識陰總共有六個識，就是我們的覺知心。這一個覺知心，這一個意識，究竟是不是常住法？是不是金剛心？或者說祂是不是不可壞的心？

我們首先從聖教量上來作一個探討，說意識心（或者說前六識）我們的

28 編案：前五章已於 2006/10/22 於高雄講堂演講至此，因當天時間有限，故大綱內涵未演講完畢。接下去的內容是 平實導師於 2010/4/25 在高雄巨蛋舉辦大型演講《穿越時空——超意識》所說，從第六章接續講完這個議題。

眼識、耳識……乃至意識，為什麼不能通三世？我們說每一世的意識都只存在一世，這個說法在聖教中有什麼根據？那為什麼必須要修宿命通以後，或者說證得禪定而入定了以後，才能夠了知往世的事情呢？這就是說，意識是只存在一世的；如果意識是從前世轉生過來的，將會像我們今天晚上睡著了，明天早上起來又會記得昨天的事；那麼就是今天這一世結束了，明天下一世出生的時候，還會記得上一世的事，應該如此。然而，事實上不是這樣，所以意識只能存在一世。

這在《阿含經》裡面，也有聖教證明，就是很有名的茶帝比丘的故事。茶帝比丘不斷地主張說：意識是常住的。認為意識心是從往世來到此世，這個識不滅，未來還會往生到無量世去。因為他這樣的見解，諸比丘們不斷地勸告他：「不要這樣說！這樣說是在謗佛！因為佛陀從不曾這樣講過，你說這是佛講的，你就是謗佛囉！」這樣三度勸告都沒有用，後來呢，眾比丘就向 佛陀稟告；佛陀把茶帝比丘找來質問，茶帝比丘仍然堅持「此識」意識是可以來往三世的常住心，並且堅持說 佛陀就是這樣開示的；於是 佛陀請問比丘們：「我是這樣說的嗎？」諸比丘都說：「佛陀不是這樣說的。」這茶帝比丘重新再聽聞 佛陀為諸比丘解說因緣法而說明意識虛妄時，仍然不信，於是只能成爲聲聞法中的凡夫。

至於另一個有名的例子，則是焰摩迦比丘，他認爲死後無所有；後來眾比丘請舍利弗尊者去爲他說法，然後他斷除了我見與斷見，不再認這個意識覺知心作爲眞實常住的眞我，也不再認爲阿羅漢死時滅盡五陰是斷滅空，於是得到了法眼淨。然後他接著自己又努力觀行思惟整理，終於成爲阿羅漢。所以，能不能證得聲聞解脫果，他的關鍵就在於能不能斷我見；至於斷我見卻不是最大的障礙，只要有善知識能爲他細說入涅槃後不是斷滅空的道理就行了。然而意識是我見之中最重要的一個部分啊！這個都是在聖教中有說明，我們的意識，我們的覺知心是只能存在一世的，不是從前世過來，也不能去到後世。

第二節　五位斷滅的意識

【演講大綱】　五位斷滅的意識：眠熟位、悶絕位、正死位、滅盡定位、無想定位（含無想天中）。夜夜斷滅之法，不可能細分出意根、如來藏。而意識斷滅後，意根與如來藏都是現識，仍在繼續運作著，故意根等二心不是從意識心中細分出來的，不應名爲意識。

講記內容：那麼，接著我們再從現量和比量上來觀察，這意識是不是常住的？譬如說，以五位中必定會斷滅的意識來說明，在現量上大家都可以現前觀察，當我們每天晚上很累了、睡著了、眠熟了，意識就不在了，前五識也不在了，不再有覺有知了。在眠熟的時候，不論旁邊誰在說什麼話，我們都不知不覺，表示這意識已經斷滅而不存在。那麼接著說，像遇到意外而悶絕了，悶絕的時候也是不知不覺。或者說到了死亡的時候進入正死位，也就是金剛心捨棄果報身的時候了，金剛心如來藏離開了色身，意識也跟著斷滅了。這個意識會斷滅的事實，是從現量上就可以理解到的，由此就證明意識不是金剛心，不是常住法。

我們從比量上也可以推知，就是從無想定，包括無想天，或者從滅盡定來說明意識的必滅；無想定是外道修學解脫的人誤會了解脫，把定中（在四禪定中）息脈斷滅，呼吸以及脈搏都斷了以後的覺知心也給滅了，滅了以後他以爲那就是涅槃，其實他只是進入無想定中；而在無想定中意識並不存在，意識是中斷的。又譬如阿羅漢證得俱解脫境界的時候，他進入了滅盡定中，意識也是中斷的。由這個比量，以及剛才說的眠熟、悶絕以及正死位中，意識必定中斷的事實與現量，可以證實意識不是常住法。祂不是金剛心，祂不可能去到未來世；所以每一個人出生以後都要重新再學習，因爲每一世的意識都是全新的，都不是從前一世往生過來的舊心啊！因此意識不是金剛心，不是常住法哦！

意識斷滅以後，還有意根與如來藏存在，意根與如來藏都是現識，祂們都不是種子而是現識。「現識」就是說祂不斷地現行運作！所以，我們的前六識中斷了以後不會死亡，因爲我們還有意根第七識，還有如來藏第八識繼續存在著，這兩個識都是識，也就是無始劫以來不曾一剎那中斷。既然如此，這就證明意根與如來藏都不是從意識中細分出來的；因爲當眠熟之後，意識中斷了，可是第七識意根、第八識如來藏都仍然繼續存在，而且在繼續現行運作著，可由眞悟者在現量上加以證實；這表示祂們兩個心不可能是從第六識中細分出來的，所以不應該把意根與如來藏稱爲第七意識、第八意識。

第三節　外道五現見涅槃中的意識仍是生滅法，無色界意識仍是生滅法

【演講大綱】　外道五現見涅槃中的意識仍是生滅法，無色界意識仍是

生滅法，都應次第滅除而成爲俱解脫、滅盡定、無餘涅槃。故意識是生滅法。

講記內容：接著我們再來作一個判斷，外道五現見涅槃中全都是意識，都是生滅法。那麼，外道的五現見涅槃，他們自稱是涅槃，自稱是不生不滅的。然而究竟是眞的涅槃、眞的不生不滅嗎？其實不是，那我們稍後會作說明。由此來判斷意識是緣生法，是生滅法，不是金剛心；因爲那不是眞正的涅槃，那都是意識的生滅境界。

至於無色界的意識呢？祂仍然是生滅法。也就是說，住在色空（四空定）之中，那仍然是生滅法。因爲四空定的境界仍然是意識的境界；而意識的境界在入涅槃的時候也是會消失掉的。

接下來說，解脫道的修行者如果眞的想要證果，都應該要次第滅除三界中的意識境界，才能證得滅盡定、無餘涅槃，才能成爲俱解脫、出三界，所以意識並不是常住法，那我們稍後還會再作詳細的說明。解脫道的修行者，必須要現觀三界中一切境界的意識都是生滅的，並且斷除了欲界愛、色界愛、無色界愛，這樣才能夠成就慧解脫；由這一些聖教以及實證上的現觀來說，也都證明說：意識確實是生滅法，這是依據北傳的《阿含經》來作這樣的說明。

第四節 南傳的《尼柯耶》怎麼說意識？

【演講大綱】 南傳的《尼柯耶》怎麼說意識？1．意識會失去、會斷滅（悉達多太子苦行時）。2．意識是有生之法（二法因緣生）。3．意識所依之緣壞滅時意識隨滅。4．意識無常。5．不知意識無常者即是無明凡夫。6．應捨棄意識，方能入涅槃。7．五陰、意識滅盡即是滅苦。8．落在意識中者即是與魔相應。9．意識是生滅法，不是常住法，根、塵為緣生故，根塵俱虛妄故。

講記內容：那麼南傳的《阿含經》—《尼柯耶》—之中又是怎麼告訴我們的呢？今天會唸一些經文給諸位聽一下，那麼諸位就會瞭解，不但是北傳的《阿含經》如此說，南傳的《尼柯耶》也是如此說！

第一個說明的是意識，祂會失去、會斷滅。那我們就列舉出悉達多太子，也就是 釋迦世尊示現成佛前修苦行的時候的眞實典故來作證明，我唸這一段經文給諸位聽一下：

菩薩思為極端之苦行，日惟攝食一粒之胡麻與米，經過一日，或全部斷食；天人等欲由其毛孔注入滋養液，但被拒絕。因如是斷食，菩薩極度瘦細，金色之身，變爲黑色。三十二種大人之相好，亦隱而不現。某時觀斷息禪，大爲痛苦所惱，失去意識，倒臥於經行處之地。天人等中有謂：「沙門瞿曇已死！」有謂：「此爲阿羅漢之習性。」天人等其中謂菩薩已死者，往淨飯大王之處云：「汝之王子已死！」大王：「予之王子成佛而死耶？抑未成佛而死耶？」天人：「彼未成佛，彼倒臥於大精進場所而亡。」王聞此語，加以拒斥，王曰：「予未置信，予之王子未得菩提而死，斷無此事。」王何故不予置信？因王禮拜黑執天行者之日，不思議見閻浮樹下靜坐時之奇瑞故。當菩薩恢復意識後起立，天人等來王之處告知曰：「大王！汝之王子平安無事。」王曰：「予固知王子之不死也。」29

這就是 佛陀修苦行的時候，在最後身菩薩位，示現意識斷滅的現象。那麼，由南傳《尼柯耶》的這個經文證據已經證實，意識是會斷滅的。

那麼，第二點，南傳《尼柯耶》也說意識是有生之法，說祂是二法因緣生，這是在相應部經典裡面有這麼說：

---

29 《漢譯南傳大藏經》小部經典（六）／本生經一／因緣譚總序／二 不遠因緣譚（二七二），元亨寺出版。

〈佛住於〉舍衛城。於此處彼等……「諸比丘！一切是生之法。諸比丘！何等之一切是生之法耶？諸比丘！眼是生之法，色是生之法，眼識是生之法，眼觸是生之法，凡緣眼觸所生之受，或樂、或苦、或非樂非苦，此亦生之法。耳是……聲是……鼻是……香是……舌是……味是……身是……觸是……。意是生之法，法是生之法，**意識是生之法**，意觸是生之法，凡緣意觸所生之受，或樂、或苦、或非苦非樂，此亦生之法。」[30]

這已證明意識是有生之法，有生則必有滅，所以意識不是常住法，是必然會壞滅的。

那麼相應部經典裡面還有這麼樣一個開示：

「諸比丘！我爲汝等說一切取曉了之法，且諦聽。諸比丘！何者爲一切取曉了之法耶？緣眼與色生起眼識，三者會合爲眼觸，緣眼觸生受。諸比丘！如是知見，有聞聖弟子，於眼亦厭嫌、於色亦厭嫌、於眼識亦厭嫌、於眼觸亦厭嫌、於受亦厭嫌。厭嫌則離欲，因離欲得解脱，由解脱證知『我曉了於取。』緣耳與聲，生起耳識……緣鼻與香，生起鼻識……緣舌與味，生起舌

30《漢譯南傳大藏經》相應部經典四：〈是稱一切品〉第四〈生法品〉（三三）第一〈生〉。

識……：緣身與觸，生起身識……：。**緣意與法，生起意識**，三者會合為意觸，緣意觸生受。諸比丘！如是知見，有聞聖弟子，於意亦厭嫌、於法亦厭嫌、**於意識亦厭嫌**、於意觸亦厭嫌、於受亦厭嫌。由厭嫌則離欲，由離欲得解脫，由解脫證知『我曉了於取。』諸比丘！此為一切取曉了之法。」[31]

由南傳《尼柯耶》這一段經文，詳細為我們說明：識陰中的眼識乃至識陰中的意識，全部都是藉六根與六塵相觸才能夠出生的法，有生則必有滅，所以說意識是生滅法。

第三點，南傳《尼柯耶》也說意識所依的緣壞滅的時候，意識就會跟著壞滅。這個在相應部經典〈闡陀品〉中有這麼說：

「**以意與法為緣而生意識**。意是無常、變壞、異變之質，色亦是無常、變壞、異變之質。如是此等二法是動變、消散、無常、變壞、異變之質。意識亦為無常、變壞、異變之質。凡於意識之生起為因為緣，其因與緣亦為無常、變壞、異變之質。諸比丘！依無常之緣所起之意識，如何是常住耶？諸比丘！凡此等三法之合會、集結、和合，諸比丘！稱此為意觸。意觸亦是無

31《漢譯南傳大藏經》相應部經典（四）／六處篇／第一 六處相應／第二 五十【經】品／第一 無明品（六〇）第八〈曉了〉二。

常、變壞、異變之質，凡於意觸之生起爲因爲緣，其因與緣亦爲無常、變壞、異變之質。而諸比丘！依無常之緣所起之意觸如何爲常住耶？諸比丘！觸而感受，觸而思考，觸而識知，如是此等之法亦動轉、消散、無常、變壞、異變之質。**諸比丘！如是緣二法而生識。**」[32]

那麼，由這裡來證明說意識是依於意根與法塵爲因緣才能夠生起及存在的，然而意根是在阿羅漢入涅槃的時候也會被滅除的，而法塵呢？在眠熟、正死位、悶絕等五位中也是會消失的，那麼緣於生滅的意根與法塵等二法而出生的意識，怎麼可能是常住不壞心呢？所以，意識是有生之法。當意識所依附的、所攀緣的藉緣（也就是意根與法塵等二法）消失的時候，意識也就會跟著消失。好！那麼這個也是由南傳的《尼柯耶》來證明這個意識是生滅法。

第四點，南傳《尼柯耶》說意識是無常。怎麼說意識是無常呢？在南傳的相應部經典裡面有這麼說：

「凡物之無常，此是苦耶？抑爲樂耶？」「大德！此是苦。」「凡物是無常、苦而變壞之法，以『此是我所、此是我、此是我之我。』如是認識耶？」

32《漢譯南傳大藏經》相應部經典 四／六處篇／第一 六處相應／第二 五十【經】品／第四〈闡陀品〉。

「不也，大德！此非是。」「耳是……鼻是……舌是……身是……；意……法……意識……意觸是常耶？抑是無常耶？」「大德！此是無常。」33

這也證明意根與意識都是無常之法，不可能常住不壞，當然不能執持一切善惡業及無記業的種子，由此證明意識不可能來往三世，只能存在一世，當然不是常住不壞心。

那麼，在相應部其他的經典也如是說：

「友！以眼與諸色爲緣，生眼識否？」「友！唯然。」「凡眼識生起之因緣者，其因其緣，一切之一切全無所餘滅盡者，眼識猶可存在耶？」「不然，友！其不存在。」「友！世尊以此方便，說明此身，此身無我。如是說示，亦同此言識說告、顯示、分別、明瞭而謂識是無我，得作如是言。友！耳與諸聲爲緣……鼻與香爲緣……舌與味爲緣……身與諸觸爲緣……意與諸法爲緣生意識否？」「友！唯然。」「凡意識生起之因、之緣者，其因、其緣一切之一切全無所餘滅盡者，則意識應存在否？」「不然，友！不存在。」34

33《漢譯南傳大藏經》相應部經典四／六處篇／第一　六處相應／第一　根本五十【經】品／第三　一切品（三二）　第十　有驗（二）。

34《漢譯南傳大藏經》相應部經典　四／六處篇／第一　六處相應／第四　五十【經】品／第

這個就是說意識是無常法，這是南傳《尼柯耶》這麼說，而不是單單北傳的四阿含諸經中有這麼說。

好！接著第五點呢，南傳《尼柯耶》又說：不知意識無常的人，就是具足無明的人，他就是凡夫。這在《尼柯耶》的相應部經典裡面〈無明品〉有這麼說：

爾時，有一比丘來詣世尊處。詣已，禮拜世尊，坐於一面。坐於一面之彼比丘白世尊曰：「大德！如何知、如何見者，得消滅無明而生起明耶？」「比丘！知、見眼是無常者，則消滅其無明而生起明。知、見色是無常者，則消滅其無明而生起明。眼識……眼觸……凡緣此眼觸所生之受，或樂、或苦、或非苦非樂，亦知、見是無常者，則消滅其無明而生起明。耳……聲……鼻……香……舌……味……身……觸……。知、見意是無常者，則消滅其無明而生起明；知、見法是無常者，則消滅其無明而生起明。意識……眼觸……凡緣此眼觸所生之受，或樂、或苦、或非苦非樂，知、見彼亦是無常者，則消滅無明而生起明。諸比丘！如是知、如是見者，則消滅其無明而生起明。」 35

那麼這是南傳《尼柯耶》的聖教中說明：不知道意根、法塵、意識生滅

三 海品（一九七）第七 優陀夷。

35 相應部經典四／第二、五十〈經品〉第一〈無明品〉舍衛城（五三）第一 無明。

無常的人，他就是住在無明中，他就是凡夫。

接著第六點，南傳阿含《尼柯耶》裡面說應該捨棄意識，才能夠入涅槃。這也證明意識是可滅的，在南傳《尼柯耶》中，也是相應部經典有這麼說：

「味……於身……於觸……於意知解、曉了、離欲、捨棄者，則善能盡苦；於法……於意識……於意觸……（知解、曉了、離欲、捨棄者，則能善盡苦）。凡緣此意觸所生之受，或樂、或苦、或非苦非樂，亦知解、曉了、離欲、捨棄者，則善能盡苦。諸比丘！於此一切知解、曉了、離欲、捨棄者，則謂善能盡苦。」[36]

這是說：於身、於觸、於意知解、曉了，離欲、捨棄者，則善能盡苦，於法、於意識、於意觸知解、曉了，離欲、捨棄者，則能善盡苦。凡緣此意觸所生之受，或樂或苦或非苦非樂，亦知解、曉了、離欲、捨棄者，則善能盡苦。諸比丘於此一切知解、曉了、離欲、捨棄者，則謂善能盡苦。這就是說，要能夠捨棄意識以及意識相應的諸法，才是稱爲善盡輪迴之苦的人。這

36 相應部經典四／六處篇／第一　六處相應／第一　根本五十【經】品／第三　一切品（二七）第五　曉了（二）。

也證明意識確實是生滅法。

至於相應部經典呢，還有一大段也是這麼講，但是時間寶貴，我就不唸它了。（編案：演講當時，因時間不夠，故平實導師略過而沒有唸之經文如下）：

「諸比丘！於一切不知解、不曉了、不離欲、不捨棄者，則不能善盡苦。諸比丘！云何於一切，不知解、不曉了、不離欲、不捨棄者，則不能善盡苦耶？凡眼、凡色、凡眼識、凡依眼識所識知之法，凡耳、凡聲……凡鼻……凡香……凡舌……凡味……凡身……凡觸……凡意、凡法、凡意識、凡依意識所識知之法。諸比丘！於此一切不知解、不曉了、不離欲、不捨棄者，謂之不能善盡苦。諸比丘！於此一切知解、曉了、離欲、捨棄者，則爲善能盡苦。諸比丘！云何於一切，爲知解、曉了、離欲、捨棄者，堪善能盡苦耶？諸比丘！凡於眼、凡於色、凡於眼識，凡依眼識所識知之法，凡耳、凡聲……凡鼻、凡香……凡舌、凡味……凡身、凡觸……凡意、凡法、凡意識、凡依意識所識知之法，諸比丘！於此一切知解、曉了、離欲、捨棄者，謂之善能盡苦。」37

接著第七點，南傳《尼柯耶》說：五陰、意識滅盡也就是滅苦。這也有

37 相應部經典（四）／六處篇／第一　六處相應／第一　根本五十【經】品／第三　一切品（二七）第五　曉了（二）。

相應部的經典來作證明：

「諸比丘！我說苦之生起與滅沒，且諦聽。諸比丘！何爲苦之生起耶？以眼與色爲緣生眼識，三者之和合爲觸，緣觸生受，緣受生愛，此苦之生起。以耳與聲……以鼻與香……以舌與味……以身與觸……以意與法爲緣生意識，三者之和合爲觸，緣觸生受，緣受生愛。諸比丘！此乃苦之生起。諸比丘！何爲苦之滅沒耶？以眼與色爲緣生眼識，三者和合爲觸，依觸之緣生受，依受之緣生愛；依其愛之無餘離卻滅盡，則取之滅盡；由取之滅盡，則有之滅盡；依有之滅盡，則生之滅盡；依生之滅盡，則老死、憂悲苦惱絕望滅盡。如是而此一切苦蘊滅盡，此乃苦之滅沒。以耳與聲爲緣生耳識……以鼻與香爲緣生鼻識……以舌與味爲緣生舌識……以身與觸爲緣生身識……以意與法爲緣生意識，三者和合爲觸，依觸之緣生受，依受之緣生愛；依其愛之無餘離卻滅盡，則取之滅盡；依取之滅盡，則有之滅盡；依有之滅盡，則生之滅盡；依生之滅盡，則老死、憂悲苦惱絕望滅盡。如是而此一切苦蘊滅盡。諸比丘！此乃苦之滅沒。」38

38 相應部經典（四）／六處篇／第一 六處相應／第三 五十【經】品／第一 安穩者品（一〇六）第三〈苦〉。

這就是說，五陰要全部滅盡了，才能夠證滅——證得滅苦的涅槃。那麼五陰全部滅盡，當然是要滅盡意識的。因爲意識正是識陰所攝，是識陰中的六識之一。

第八點，南傳的《尼柯耶》還說落在意識中的人就是與魔相應。《尼柯耶》中這麼說明，或者說這樣開示，其實這是一個很重大的指控；也就是說，凡是自認爲證得聲聞果，自認爲證得阿羅漢果的人，而他卻是住在意識的境界中，不曾否定意識，不曾斷了我見；那麼這個人如果自說他是證果的人，他就是與魔相應啦！這個指控很嚴重，但卻是解脫道中的事實。這在相應部經典呢，還有這麼說：

爾時，世尊住王舍城竹林迦蘭陀園。時，尊者三彌離提來詣世尊之處……白世尊言：「大德！魔羅、所稱魔羅，如何爲魔羅、或魔羅之名義耶！」「三彌離提！凡有眼、有色、有眼識，以眼識所識知之法，則有魔羅、或爲魔羅之名義。有耳……有鼻……有舌……有身……**有意，有法，有意識，有以意識所識知之法，則有魔羅，或為魔羅之名義**。三彌離提！凡無眼，無色，無眼識所識知之法，則無魔羅，或魔羅之名義。無耳……無鼻……無舌……無身……無意，無法，無意識，無意識所識知之法，則無魔羅，或無魔羅之名義。」[39]

在《尼柯耶》裡面，這樣指控說：「比丘們！如果修學解脫道的時候落入六識之中，或者落入六識的境界之中，那麼就是與魔相應。」這個雖然是很嚴重的指控，可是這個指控呢，卻是完全屬於事實；因爲魔不是不修習世間善事的人，只是他落入意識相應的種種快樂境界中不能脫離，再三教導眾生修習種種世間善事而求生天上享樂；並且阻止別人把所修的善事果報迴向解脫或迴向佛菩提道的實證，處處障礙眾生修道，所以才被 佛陀稱爲魔。

那麼最後由於這一些聖教以及現量、比量，我們再加上南傳阿含（就是《尼柯耶》）中的聖教，和北傳阿含一樣，都是教導大眾要認知意識的生滅。最主要是認識六識全部的生滅性，這樣才能夠斷我見。因爲五陰我見之中最難斷的就是識陰，而識陰中最難斷的我見就是意識。這是我們在聖教和現量、比量上面來說明：「意識究竟是不是常住法？」來說明：意識並不是金剛心，並不是我們修學佛菩提的時候，想要穿越時空，不受時間、空間限制的實證金剛心。在這之中最需要注意的一個事項，也就是「千萬不要落入意

---

39 相應部經典（四）／六處篇／第一 六處相應／第二 五十【經】品／第二 鹿網品（六五）第三 三彌離提（一）。

識的層面之中」；我們要證得穿越時空的心，一定要超越意識境界才有可能證得。

第七章　第六意識能含攝第七與第八識嗎？

講記內容：接下來的單元呢，要跟大家說明的是：我們要來探討第六意識能不能含攝第七與第八識？

我們要來探討這個單元之前，有個前提：如果想要知道超越時空的心，那就必須要先確定：人類總共有幾個識？如果不能確定人類總共有幾個識，那麼，想要超意識就不可能了。能夠超越時間與空間的心，祂就是宇宙的起源！很多科學家、哲學家想要探討宇宙的起源，乃至天文學家、物理學家也想要探討宇宙的起源，但是往往都在物質上去探討而忽略了心；只有超越時空的心才是宇宙的起源，要在這上面努力，才能探究出來宇宙的起源；否則都會落入物理與天文等事相上的迷思之中，無法探究到宇宙的起源。我們後面將會對這部分再作說明。因爲這個心是萬法的根源，是世界的起源，所以我們才說祂是金剛心。只有這樣的萬法的根源，才能夠超越時間與空間，成爲永恆的存在，於是一切世界才能夠不斷地成住壞空而無窮無盡。

在《華嚴經》裡面這麼說：「若人欲了知，三世一切佛，應觀法界性，一切唯心造。」[40] 法界的體性是什麼?法界就是泛指:無始以來,以及未來無盡的宇宙當中的一切法存在的當下,每一個有情的身心功能;也泛指宇宙中一切世界的各種世間法的功能。這就是我們必須要探討的一個內容的大前提。

首先要來確立兩個問題,第一個問題是:人類總共有幾個識?也許諸位都想:「應該有八個識吧!因爲大乘經典都這麼說。」但是我現在要從小乘法《阿含經》來證明:人類有八個識。我先不從大家所熟悉的大乘經典來說。在北傳《阿含經》等小乘解脫道經典裡面,說有一個識可以入胎,入胎以後住在母胎中與受精卵相會,執取了受精卵,然後在母體中,藉著母親的血液攝取了地水火風,來製造了我們這個色身,因此就有了「名色」;而名就是受想行識,所以名裡面就有六個識。名中的這六個識呢,還得要依意根才能生起,這表示說「名」中已有六識,加上「名」出生時必須先已存在的意根作爲藉緣,加上這個意根時就有七個識;而這「名」中的前六識都是由入胎識進入母胎之後,藉意根爲緣來爲我們出生的。所以這個入胎識是在我們的

40《大方廣佛華嚴經》卷十九(《大正藏》冊十,頁102,上29-中1)。

前六識還沒有出生，而只有意根存在的情況下，幫我們製造了五色根——幫我們製造了這個身體，所以我們才能夠有這個具足圓滿的十八界，成爲我們的五陰來讓我們所用，作爲我們在世間輪迴的一個主體，或者作爲我們在世間追求眞理的工具。由這個識入胎出生了我們覺知心六個識，以及入胎時隨同這個識在運作的意根第七識，來證明四阿含諸經中早就說明我們人類總共有八個識了。

接下來呢，四阿含諸經中有一句 世尊的聖教非常有名，這一句聖教是說「非我、不異我、不相在」。世尊開示弟子的時候常常這麼說：「色陰非我、不異我、不相在。……受想行陰彼一切悉皆非我、不異我、不相在。」最後說：「識陰非我、不異我、不相在。」那麼，識陰就是我們清清楚楚明明白白的覺知心嘛！當我這裡正在說法，諸位在下面聽法的時候，都是不打妄想的，專心在聽，可是聞法以前心中先有個念頭：這法到底有什麼勝妙處？値得勞師動眾在這裡辦這麼一場大型的萬人演講？所以大家都專心在聽的時候，是不打妄想的，專心在理解我在上面說了什麼。那麼這時候你心中是清清楚楚明明白白的，這個就是你的識陰——眼識、耳識、鼻識、舌識、身識、意識，就是識陰；這個識陰，世尊說識陰非我，也就是說這一個識陰——我們這個清楚明白的心，並不是眞我，是假我。因爲是虛假的、生滅的，所以說無我，因此這個識陰六識就稱爲「非我」。然而，世尊接著又說這識陰六識「**不異我**」，這表示識陰六識與眞我是同時存在的，但是卻依附於眞我、附屬於眞我，本是眞我之中的一部分。這就顯示有一個常住不滅的眞我，是跟識陰六識同時存在的，所以才把識陰叫作「**非我、不異我**」。

「**非我**」而又「**不異我**」，就表示我們覺知心清清楚楚、明明白白的時候，其實背後還有一個眞我存在。那麼識陰覺知心六個識，加上與眞我一起同時存在著的意根，這就證明這個眞我是第八識。因爲識陰就已經有六個識啊！而意根是識陰六個識存在時的俱有依，識陰六識是要藉意根作爲所緣才能生起的，那麼顯然是先有意根存在的，意根當然就是第七識了；所以這樣看來，這個「**我**」就是第八識囉！這就是四阿含諸經中 佛陀的聖教告訴我們：人類有八個識。然後又說識陰六識與眞我「**不相在**」而「**非我、不異我**」。「**非我、不異我、不相在**」，表示是同時在一起，但不是混合而永遠不可分離的；所以這個眞我在五陰壞滅的時候是可以分開的，可以再去投胎，然後再出生下一世的五陰，再出生下一世的覺知心六個識。由這個「**非我、不異我、不相在**」的聖教，就已經證明說人類有八個識。所以，四阿含諸經都不是六識論的法，而是八識論的法。那麼南傳《尼柯耶》，我們剛才所舉出來的，其實也已經說明了這個道理。這樣去瞭解了人總共有八個識以後，才有可能再來探討這個能超越時空的第八識究竟是哪一個。因此我們必須先確立這個大前提。

第一節 第七識、第八識不許名爲意識

【演講大綱】 如果說第七識與第八識都是意識，其體性是否應攝歸第六意識？爲何還要區分爲第七、第八意識？（同一邏輯，應有無量識：眼等五識亦應可以細分故）故說七、八等二識不許名爲意識。

講記內容：但是，我們在這裡探討「第七識、第八識不許名爲意識」的另一個前提呢，也就是說，另一個我們想要探討「第六識能不能含攝第七、第八識」的原因，是因爲這幾年來，有些人自稱他們也是八識論者，因爲經過我們極力強調八識論以後，這幾年來八識論已經成爲修學佛法者的一個潮流了；以前大家都在六識之中用心，但是這幾年八識論已經成爲一個潮流：想要探討如何能夠證得能穿越時空的這個金剛心？那就必須要先認定八識

論爲三乘佛法的基石。因此接著就有六識論者自稱他們也是八識論者，想要藉由這樣的宣示，來吸引修學大乘法的人們繼續追隨他們；可是他們的本質仍然是六識論者，因爲他們所謂的第七識、第八識，仍然是第六意識。

如果他們的本質仍然是六識論，那就絕對無法斷我見！無法證得解脫果！因爲他們落入六識論中，既然落入意識中，就永遠無法脫離識陰的範圍；而這樣表面上自稱是八識論者，實際上還是六識論者。因爲他們會想辦法混淆想要修學正法的學佛人，就對外宣稱他們也是八識論者，所以我們必須要把這個原因先說明清楚。那麼瞭解了有一些號稱是八識論的道場，其實仍是六識論本質的說法以後，你才能眞的離開六識論，你才有辦法在未來證得超越時間空間的第八識的超意識境界。

第二節　意識細分出來的矛盾與過失

【演講大綱】第七、八識若不是從第六識中出生的，而是從意識的多種體性中細分出來，而說是第七意識與第八意識，應體性相同無異或雷同，又何須細分出第七、八識？如是，識陰亦不需說爲六識，只說是意識即可，

因爲前五識也將依此理而說爲意識細分出來的，便應該說是第一意識乃至第六意識；彼理既如是，此理亦當如是。

講記內容：那麼講完探討這個題目的兩個前提以後，回到主題來說：第六識能夠含攝第七與第八識嗎？如果說第七識與第八識也是意識，所以稱爲第七意識、第八意識，那麼這個第七識、第八識的體性，是否應該攝歸於第六意識中呢？既然應該攝歸意識而與意識相同，那爲何還要區分爲第七意識與第八意識呢？假使那樣區分的道理可以講得通，依照同樣的一個邏輯，那麼每一個人應該都可以有無量識囉！譬如說眼識，也可以把祂細分，區分能了別紅色的眼識是第一眼識，區分能了別黃色的眼識是第二眼識；乃至依於青黃赤白等等，可以再把祂作區分，這樣區分出來以後眼識也可以有很多識，可是這樣的區分並沒有意義！同樣的道理，耳識、鼻識、舌識的道理都是相同的。乃至於身識，實際上我們不需要把身識分成：這是領受苦觸的身識，是第一身識，第二個是領受樂觸的身識，第三個是領受不苦不樂觸的身識；並不需要這樣區分，因爲總而言之，就是領受觸覺的身識。

同樣的道理，意識功能就是分別、就是了知，能夠思惟、觀察、判斷、歸納、分析、統計，這個覺知心就是意識。這個意識不論怎麼細分，體性都是相同的，都同樣是意識的這類體性；既然相同就不需要把祂區分出來，而說祂有第七意識、有第八意識。那如果細分出來的體性是不一樣的，完全跟意識不同，那就不屬於意識裡的體性，根本不可能從意識心中細分出來；若是這樣與意識完全不同而不可能從意識心細分出來的兩個心，就不需要去把祂們說爲第七意識、第八意識了！那就應依照聖教以及現證者的現觀來說，那就直接叫作第七識意根、第八識如來藏就行了，就不必再去把意識割裂而區分爲第七意識、第八意識，來取代原有的第七識意根及第八識如來藏。而且事實上也不可能互相取代，因爲大乘經中所說以及實證者所說的，第七識意根與第八識如來藏的體性都與意識完全不同，所以第六意識不應該含攝第七識與第八識。由於這個緣故，六識論者所說的第七識、第八識，如果說不是從第六意識心中出生的，而辯稱是從意識的各種體性之中去細分出來，而要稱爲第七意識、第八意識，那麼這七、八識的體性其實還是意識的體性，那就應該與意識完全相同，或者與意識雷同，那就不需要再從意識中細分出第七意識、第八意識來了。

接著，他們如果主張說：第七意識、第八意識的體性與第六意識不同，但仍然是意識，是從意識中細分的。那這樣一來，應該說識陰六個識也不需要區分爲眼等六識。因爲，同樣的道理，只要說識陰六個識同樣都是意識心就可以啦！因爲前五識也都可以依照同樣的邏輯而說是從意識中細分出來的。那麼識陰六個識便不該叫作眼識，耳、鼻、舌、身、意識囉！就應該說是第一意識乃至第六意識囉！由此緣故，把第七識、第八識解說，或者是扭曲爲意識的細分，這個道理是講不通的。所以，六識論者以意識來含攝第七識意根、第八識如來藏，在邏輯上是說不通的，當然不能把第七識意根稱爲第七意識，也不能把第八識如來藏稱爲第八意識。

第三節　體性別異

【演講大綱】　體性別異：第八識如來藏恆而不審，第七識意根恆、審、思量，第六意識審而不恆；三識體性全然不同，能說都是意識嗎？

講記內容：接著說，第六意識和第七識意根、第八識如來藏的體性並不相同，互相有異，三識的差異很明顯，所以不應該由意識來含攝第七、第八識。譬如說第八識如來藏，在唯識學中都說祂「恆而不審」；也就是說，祂是恆時存在，不可壞滅的，但祂不了別六塵，所以不審知六塵（「審」就是審察而瞭解），祂是「恆而不審」。

第七識意根說為「恆審思量」，也就是說第七識意根從無始劫以來，也如同第八識如來藏一樣是恆而不斷的，沒有一剎那中斷過，一直都現行而在運作中；乃至人們悶絕了、眠熟了、正死位中，這意根都依舊繼續在運作；因為祂恆時常在而不曾中斷過，所以說祂「恆」；「審」是因為祂時時刻刻在攀緣一切法，但因為攀緣很廣，所以祂的了別性就很差。因此，當你意識覺知心不在的時候（譬如眠熟、入無想定中），你還是有很少分的覺知性，那就是意根在覺知啦！但是別人說話時你已經聽不見，不瞭解了，可是還有遍緣很粗糙的了別性存在，這就是意根的了別，所以說祂「恆」而又「審」；因為祂不曾一剎那中斷過，不曾一剎那停止祂在攀緣、執著和很粗很差的了別。

可是又說祂是「思量」，也就是說，凡是法塵有重大變化的時候，第七識意根會作主、會決斷。祂會決定說我要不要醒過來？如果意根認為需要醒過來，就會把你喚醒，那麼你意識等覺知心就生起了，識陰六識就全部現行了，才能分別應該如何回應；所以第七識意根是能思量的，思量就是作主——時時刻刻作主。祂剎那剎那作主，沒有一剎那中斷過，這就是第七識意根。

那麼，第六識就跟第八識顛倒過來：「審而不恆」。第八識「恆而不審」

與第六識「審而不恆」完全顚倒，而第七識意根的體性就介於第六識與第八識中間。這三個識的不同體性配合眞的是太妙了，因爲這樣體性不同而互相配合，所以人才有辨法生存於人間。這個等諸位證得第七識和第八識的時候，你就會瞭解：八識法界中的互相結構實在太妙了！

現在把這三個識的不同體性綜合來觀察：第八識如來藏「恆而不審」，第七識意根「恆審思量」，第六識意識「審而不恆」，這三個識的體性很明顯是互相差異的，特別是第八識與第六識的體性正好完全相反，怎能說第八識如來藏是由第六意識細分出來而含攝於第六意識中？而且，衆所週知：能審的第六意識不可能細分出不審的第八識，因爲體性截然不同。能審的第六意識不論如何細分，所分出來的心永遠都是意識心，也永遠都是能審知諸法的心，不可能細分出體性完全不同而成爲不能審知諸法的第八識如來藏，因此不該說第八識如來藏是第八意識。

第四節　不恆的意識心不可以含攝恆而不曾間斷的第七、八識

【演講大綱】　結論：意識審而不恆、夜夜間斷，五位中必定間斷；第

七識意根與第八識自無始劫以來恆在而不間斷，不恆的意識心可以含攝恆而不曾間斷的第七、八識嗎？如是，第七、八識不許名爲意識。

講記內容：那第六識爲什麼說「審而不恆」？因爲第六識這個意識，綜合了前五識對色聲香味觸的了知，然後在這裡面作種種的細分別。前五識所能瞭解的、所能了別的五塵都只是粗相，可是意識能夠在這五塵裡面了別細相。可是，意識常常會中斷，如果一天忙完了，很累！那麼上床休息而睡著了，意識就中斷了，再也不能了知、分別、思惟、統計、歸納、判斷，全都沒辦法囉！因爲不恆所以會中斷，悶絕了當然更是如此，所以意識「審而不恆」。審而不恆的心，會中斷的心，當然不可能穿越時間與空間，一定被時間與空間所限制而會生滅。

所以人類意識的所依就是我們的色身，如果色身壞了的時候，意識就不能存在了。那麼，意識到下一世生起的時候，是依下一世的身體五色根作爲所依才能重新生起，所以意識是生滅法；因爲下一世的意識不是依這一世的五色根身體而生起的，是依另一個身體而生起的，所以那個意識已經跟這一世意識不一樣了，因此我們每一個人的意識覺知心都不是從上一世來的，都是這一世新出生而沒有學習過世間法的全新意識；因此緣故，人類出生的時候一無所知，都要從頭學起，原因就在這裡。好！那麼說第六意識、第七末那識意根、第八如來藏識，這三個識的體性是完全不一樣，那當然不可能歸類爲同一種意識嘛！所以第七識、第八識不可能是從意識中細分出來的，因此就不應該說是第七意識、第八意識。

接著再從另一個方面說明，第八識如來藏，祂能出生第七識意根，也能出生我們內相分的六塵——也就是我們每一個人十八界中的六塵，也能出生我們的第六意識。而這個第六意識是第八識如來藏入胎後才出生的，是由第八識所生的，所以不應該以被第八識所生的第六意識，來含攝能生的第八識如來藏。因此呢，不應該說：第七意識、第八意識。

因爲第七識是意根，不是意識，第七識意根是意識出生時的所緣，也是出生後的所依；意根如果不在了，意識就不能出生，所以意根先有，意識後有，當然第七識意根不應該被含攝在意識心中而說是第七意識。那麼第八識是出生意根，也是出生意識的心，主從關係非常清楚分明；既然如此，被生的心當然不能含攝能生的心，所以第八識更不應該稱爲第八意識，不能被第六意識所含攝，反而是含攝第六意識的心。眾所週知：生滅法不可能細分出不生滅法。也就是說，常常中斷而不恆的心，不可能細分出恆存不斷的心；

這種體性上的根本差異，不可能由人爲的施設建立來改變。所以當人們眠熟時意識中斷了，第八識還是繼續存在來執持意識的種子，怎能反過來說：已經不存在的生滅心意識可以含攝永恆存在而不生滅的第八識如來藏？所以第八識如來藏絕對不是從夜夜間斷的第六意識中細分出來的，當然不該稱爲第八意識，因爲二者「恆」與「不恆」的體性完全不同的緣故。

好！講了這四種理由，我們來作個結論，說意識「審而不恆」，夜夜間斷。在眠熟、悶絕、正死位、無想定、滅盡定等五個狀況中，都是會間斷的。第七識意根與第八識，卻是自從無始劫以來，就「恆」而從來不曾間斷；那麼不恆而夜夜間斷的意識心，當然不可能含攝恆而不曾間斷的第七、第八識。而且，第六意識又是被第八識如來藏所生，有主與從的關係，被生的意識心，當然不能含攝能生的第八識心。所以第七識意根、第八識如來藏，當然不許被稱爲意識！假使有人稱呼第七識意根與第八識如來藏爲第七意識、第八意識，那就是完全不懂佛法八識心王的愚人；他們縱然宣稱爲八識論者，但他們的第七識、第八識仍然是第六意識，他們的本質還是六識論者，不該以這種不誠實的手段籠罩學佛人。

第八章　佛門中的自性見外道

講記內容：接著我們要來爲大家說明，不能夠穿越時間空間限制的人有哪些？這一些人，有在佛門中的，也有在佛門外的，比比皆是，那麼我們會把它分爲幾個大類來說明。但是要講解這個單元之前，要先提出一個前提：如果你想要求證這個穿越時空的心，而不想跟著邪見走錯了路頭，你就應該要先判別邪見，才能夠找到可以穿越時空的第八識心，否則將會被錯誤的說法所誘導而走錯了路頭，永遠都不可能去證得能超越時空的心。那麼這裡面不免會談到外道和隱身於佛門中的外道，可是「外道」並不是一個罵人的名詞，「外道」這個名稱是在《四阿含》中　佛陀早就講過的名稱。「外道」的意思是說他們心外求法，也就是在眞心以外追求實相法，因爲心外求法就稱爲「外道」。那麼佛門中當然也有「外道」，因爲這是自古以來的常態，並不是末法時候的現在才如此！那麼大家已經瞭解說，「外道」不是罵人的名詞，只是在敘述一個心外求法的事實，那我們接著這個前提先來談一談外道：

第一節　自性見外道與菩薩所證如來藏的區別

【演講大綱】自性見外道與菩薩所證如來藏的區別：

1、自性見外道的定義。

2、六識自性其實只是六識的心所法，又名內我所。

3、自性見外道以六識自性遠離惡法時自稱爲常住法。

4、佛門自性見外道以六識自性不與惡法相應時，誤會爲清淨的佛性。

講記內容：第一種是自性見的外道，我把它區分爲四種來說明。我們剛出來弘揚了義正法的時候，常常被人罵是自性見外道，然而我們知道自己不是自性見外道，因爲我們的法是自性見外道無法實證的；而且這個第八識如來藏也是佛的所證，諸佛也是依這個第八識才能成佛；所以，證得第八識如來藏者不是自性見外道。那麼，自性見外道，佛法中爲什麼說他們是自性見外道？因爲他們落入自性見中。自性見的意思，是落入六識的自性中，然後認爲這六識的自性是常住不壞法，所以成就了自性見。因爲這樣是外於眞實心而求眞實法，我們就說他是心外求法者，就有外道的意涵；而這個心外求法者落入自性之中，不曾斷於自性見，所以我們說他叫作自性見外道。

第二種自性見外道呢？他們比較特殊，落入內我所之中。因爲一般的自性見外道是以六識的自性能夠去攀緣外法，說覺知心有這樣的自性，在攀緣外法之中，成爲自性見外道。可是有的自性見外道，是把識陰六識的自性當作佛法中所證的佛性，說我們眼識能見之性就是佛性；耳識能聞之性就是佛性；鼻、舌、身識，能嗅、能嚐、能觸之性就是佛性；或是說，把意識能知能覺之性叫作佛性。這些自性其實都是六識的內我所，也就是六識的心所有法。佛門中的這些人落入六識的心所法中，就是成就了自性見。其實六識的自性只是六識的心所法，也就是六識的五個遍行心所法「觸、作意、受、想、思」，加上五個別境心所法「欲、勝解、念、定、慧」。這十個心所法合起來，使六個識正常的運作，這六識有這樣的功能在正常運作的時候，不牽涉善惡等法而繼續運作著，就是六識的自性，但其實就是六識的心所法。

第三種外道落入六識自性之中，誤以爲六識自性遠離貪愛、瞋恚、昏眠等惡法時，就是常住不壞的自我，認定這時的六識自性就是常住的眞我。這其實是落入六識的心所法中，這就是眾生的內我所。外我所是指我的家、我的眷屬、我的名聲、我的財產……等，那是外我所；但是六識自性就是內我所，這也是自性見的一種。那麼，自性見外道是跟佛門中的自性見外道有一點不同的，因為他們是以六識的自性，來遠離世間惡法，也就是：不要殺人、不要放火、不要欺詐、不要欺負眾生……等，說這樣善良而不造惡業的六識自性就是常住法，這也是自性見的一種。那麼，佛門中的自性見外道就有些不一樣，他們認為六識的自性，離開思惟、離開分別的時候，不落在各種煩惱之中的時候，就是清淨的佛性，這就是佛門中的自性見外道。

第四種自性見的落處，是佛門中的自性見外道；這種自性見與菩薩所證的如來藏，有什麼區別？當然有區別！因為這六識的自性是六識的心所有法，這六識的心所有法是附屬於六識心的；而六識心又是所生法，因此六識及六識自性都是所生法。所生法不是能夠穿越時空的心，只能存在一世；那既然只能存在一世，當然不是穿越時空的心囉！這當然不是我們所想要實證的能穿越時空的金剛法嘛！如來藏卻不一樣，如來藏是能夠出生我們的五陰，出生我們的色身，出生我們的覺知心識陰六識以及六識自性的；這個心能夠貫通三世，從過去無量世來到今世，今世之後還會去到未來的無量世，不斷地出生我們每個人一世又一世的五陰；所以這個如來藏跟自性見外道所墮的六識自性，是完全不同的，因此不應該說親證如來藏的人是自性見外道。

以上所說的佛門內或佛門外的自性見外道的所墮，都不可能穿越時空，都不是超意識境界；因爲全部都在意識的境界之中，不曾脫離意識的層次。既然都已落入意識之中，當然從來不曾脫離過六塵的境界。凡是自性見外道的所墮，所住的境界都在六塵中，從來不曾脫離六塵；然而如來藏是不會落入六塵中的，始終是出生我們各人十八界中的六塵，但是不在六塵中加以了別，所以永遠不落入六塵中。而自性見的六識自性是一定住在六塵中，不可能脫離六塵而存在的，當然不可能穿越時空，因爲只能存在一世。

第二節　外道的五現見涅槃

【演講大綱】　外道的五現見涅槃：

1、以識陰六識的自性作爲常住法，是外道五現見涅槃中的第一種（藏傳佛教是阿含所說的第一種外道現見涅槃）。

2、第二至第五種外道現見涅槃與意識自性的關係。

講記內容：好！那麼接著來說五現見涅槃的外道。當然我要插一段話說：今天的這一些法，有一些是比較深的，對一般初學佛的人來講，或者剛開始要探討生命實相的人來講，是比較深的。但是為了讓大家瞭解眞正的超時空境界，我們必須要提出一些說明讓大家瞭解：這第八識能夠穿越時空的心，與一般所說的錯誤講法有什麼差別？當我們把這個差別舉例來作比對以後，那麼諸位就能夠詳細瞭解。當諸位比較容易瞭解時，那麼將來你要實證這個能夠穿越時空的心，將會比較容易；所以我必須要提出來，作一個說明！當然如果你是第一次聽我說法，明白指出別人的錯誤，那麼也許你心裡面起了煩惱，是可以隨時離場的；我會當作沒看見，我會尊重你，所以隨時可以離場而不必有牽掛。我相信在座諸位也都不會給你奇怪的眼光，我們要尊重每一個人。

好！那麼我們接著繼續來說：五現見涅槃的外道，他們所證的心為什麼不能穿越時空？講這個題目之前，當然要先說明：什麼叫作五現見涅槃？或者什麼叫作現見涅槃？「五」是說有五種的意思啦！

第一種外道的現見涅槃，是落在五欲中的識陰六識自性，他們把五欲中的六識自性當作是常住法，這就是外道五種現見涅槃中的第一種。譬如阿含中說有外道在五欲中自恣，也就是說他覺得自己在五欲中得自在，能自在地控制五欲中的自己隨意享樂而不敗壞所享受的五欲境界；認為能於五欲中自在的這個覺知心，就是涅槃心！那麼《阿含經》結集完成了，過了很長一段時間，有一種外道法滲入佛門之中，教導人家修習男女雙身法，說在雙身法中樂空雙運時的覺知心就是涅槃心，於是他們提出「輪涅不二」的主張，說輪迴中領受五欲樂的覺知心與不生不滅的涅槃心是同一個心。

他們主張樂空不二，說他們正在男女交媾樂空雙運的時候，既有快樂，而這個領受快樂的覺知心又是空無形像的，所以這覺知心就是空性；這樣樂空雙運不斷時就是涅槃中的快樂境界，說這樣住在樂空雙運境界中就是「輪涅不二」，就是現前證得涅槃。所以他們也說這個淫樂與涅槃不二，生死與涅槃不二，這正是外道的現見涅槃之一。好！這個爲什麼是外道的現見涅槃？因爲阿含已經很詳細說明，凡是「**於五欲中自恣以爲涅槃**」，就是外道現見涅槃中的第一種。並不是大乘法中才這麼破斥，而是在四阿含諸經所說的聲聞解脫道裡面就這麼破斥了，在南傳阿含的《尼柯耶》裡面也是如此破斥的。這就是錯誤地認爲五欲中的覺知心常住，把六識心的生滅境界當作是現前看見的涅槃。

第二種外道的現見涅槃，就是以初禪境界中的覺知心作爲涅槃心，作爲能夠穿越時空的心，這就是第二種的外道現見涅槃。因爲他現前看見自己住於初禪的境界中，享受身心之樂，以爲這就是涅槃的境界。他想要在捨報的時候以這一種初禪中的境界永遠安住下去，稱爲現前看見涅槃；這也是外道的現見涅槃，這是第二種。那爲什麼他不能穿越時空呢？因爲這也是意識的境界。意識的境界只有一世住——只能存在一世，所以不可能穿越時空，那麼他所證的境界當然不是宇宙的實相。

第三種外道的現見涅槃，是二禪中的意識，這種外道把住於二禪境界中的覺知心，認定是能夠穿越時空的涅槃心，然後以爲他已經現前看見涅槃了。那麼這仍然不是能夠穿越時空的超意識境界，因爲這仍然是意識所住的境界，還是生滅境界，所以不能穿越時空。

第四種外道的現見涅槃，是住於三禪境界中，認爲住於三禪中的覺知心是涅槃心，以爲三禪的境界就是涅槃境界。第一種外道現見涅槃是欲界中的覺知心，住在欲界六塵中享受五欲；或是欲界中的覺知心，但他不享受五欲，清清楚楚明明白白；那，第二種外道現見涅槃是住在初禪中。第三種外道現見涅槃是住於二禪中，第四種外道現見涅槃則是住於三禪中。這二禪與三禪中，不論等持、等至位，其實都還是意識境界；雖然有一心喜樂的功德了，但仍然是意識的境界，不是超意識境界。而意識只有一世住，那當然不是超意識的境界，那就不能穿越時空啦！

第五種外道的現見涅槃，是住於第四禪境界中，以爲第四禪中的那個覺知心，呼吸斷了、心跳也斷了而完全沒有念頭生起了，他認爲這樣子捨棄了一切法的清淨心就是涅槃境界。但這仍然是意識境界，因爲第四禪依舊是意識的所住境界；既然是意識的所住境界，那他當然不可能超越意識，也就不可能穿越時空嘛！必定被一世的時間與空間所限制！

這是說，這五種的外道現見涅槃境界，都是不可能穿越時空的。那麼如果你想要證得宇宙萬法的根源，想要超越意識的境界而證得可以穿越時空的眞實心，那你當然不應該落在這裡面嘛！這個就是說，外道的五種現見涅槃，是跟菩薩現前看見涅槃不一樣的。二乘聖者是無法現前看見涅槃的，但菩薩可以現前看見涅槃。然而菩薩現前看見了涅槃，與外道的五種現見涅槃有什麼差別？這就是說，菩薩現前看見的涅槃是第八識如來藏心，這個心確實能夠穿越時空，不受三世時空的限制；祂在過去無始劫以前本然而有，未來仍將永遠存在而無法壞滅，所以祂不受時間與空間的限制。既然不受時間、空間的限制，我們就說祂是能夠穿越時空的眞心；因爲祂不是意識的境界，那才是超意識的境界！

那菩薩怎麼現見涅槃呢？因爲菩薩現前看見了自己的如來藏所在，認定祂才是眞實的自己，而反照五蘊十八界的自己全部虛妄不實，如實轉依第八識如來藏；也現前看見了自己的如來藏不生又不滅，同時看見自己的五蘊及一切法都從如來藏中出生，而沒有任何一法可以把如來藏壞滅。自古以來乃至今天，再窮推到未來的無量際之後，仍然如此；不可能有誰能把這個第八識壞滅，所以這個第八識如來藏不生不滅。因爲祂本然就有，法爾如是，所以不生；不是有生之法就不會有滅，不生不滅，那祂就是不生不死；如來藏不生不滅、不生不死，那當然就是涅槃啦！因爲涅者不生，槃者不死，處於中道，所以涅槃就是中道。

而菩薩證得自己的如來藏了，也就能夠看見別人的如來藏，就能看見別人的如來藏跟自己的如來藏都是同一種體性，都是不生不死、不來不去、不增不減、不垢不淨，永遠不生不滅。而這個如來藏與自己的五陰不一不異，這樣成就中道義，就現前看見了自己的如來藏不生也不死，永遠是離生又離死；那麼既然離生又離死，那就是涅槃啦！不在生死中就是涅槃。因此菩薩現前看見自己的如來藏心是不生不死的，就是這樣現前看見了涅槃。那麼外道所說的現前看見涅槃，其實並沒有看見涅槃，因爲都是意識所住的境界；

而意識所住的境界是會毀壞的，是有生與有滅的，都是有生而必死的境界，因此，那不是涅槃。所以外道所稱的現見涅槃不是眞實涅槃，都不是眞的現前看見涅槃，只能叫作假名涅槃，當然不能把菩薩現前眞實看見的涅槃，與外道的五種現見涅槃相提並論。

那麼，接著要來說明，二乘聖者爲何不能現見涅槃？因爲菩薩現見涅槃，是五蘊十八界存在的當下，就現前看見了自己的如來藏不生不死，這樣現見涅槃。而阿羅漢是不必證第八識如來藏的，所以阿羅漢斷盡了我見、我執以後，入了無餘涅槃時，是把五蘊十八界自我全部滅盡。那麼當阿羅漢滅盡了五蘊十八界自我的時候，他們確實入了涅槃；可是阿羅漢入涅槃的時候，五蘊十八界的自己不存在了，當然不可能還有五蘊自我來看見涅槃嘛！所以阿羅漢沒有現見涅槃，因爲他們證涅槃、入涅槃後，是滅盡五蘊十八界的；所以阿羅漢也不能穿越時空，因爲他們生時不見涅槃裡的眞實境界，死後已滅盡五蘊，同樣不可能現前看見涅槃中的眞實境界。

由這個說明，可以看得出來，外道與二乘人都不可能穿越時空；因爲外道落入意識境界中，而二乘聖者死後是滅盡意識與意根，能夠穿越時空的如來藏已經不在十方三界時空中來來去去，所以他們的如來藏也不穿越時空啦！因此說二乘聖者所證的二乘菩提，是不能使他們穿越時空的；能穿越時空的聖者只有菩薩，而菩薩是追隨諸佛在三界時空中來來去去的。所以菩薩藉這個如來藏，一世又一世轉生在人間，不斷地教導眾生如何去親證這個能夠穿越時空的第八識心。不斷地教導眾生能夠親證這個如來藏心，而能夠現前觀察自己的五蘊十八界，乃至一切法，都從自己的如來藏中出生，這樣教導眾生生起了法界實相的智慧；於是這些被教導的眾生，就可以跟著菩薩一步一步邁向佛的境界，最後可以成就佛果，這就是眞正的穿越時空的妙法。

第三節 佛門自性見外道

【演講大綱】 中台山、徐恆志、元音上師，都是標準的自性見外道法

（聽眾可以隨時離場）。

講記內容：接著說，六識論者都是常見外道，或者自性見外道。那麼如何辨別他們是六識論者？這個方法也很簡單，只要他不承認，或者從來都不弘揚第八識如來藏妙法，他就一定會落入這一世的意識中，當然不可能穿越時空，那他就一定會落入我見，落入外道法，或者落入自性見中。所以，凡

是六識論者都不可能斷我見，因爲他斷我見以後會變成斷滅空；但他們不想落入斷滅空中，一定會回頭落入細意識、極細意識中，不離識陰境界，成爲不能斷除我見的凡夫，所以六識論者都不可能斷我見。六識論者也會落入自性見中，因爲想要斷我見時就必須否定識陰六識全部；然而否定了六識以後，又沒有任何一法可以稱作常住法，那他就會落入斷滅的恐懼中，於是他必須把六識的自性建立爲常住法；這麼一建立，他就成爲自性見外道啦！

好！那麼我們接著就來作一個舉例，但這些舉例聽起來會比較麻辣一些，那你如果能夠聽得進去，今天就有可能斷我見、證初果。如果覺得太麻、太辣，受不了，聽不下去了，必須離場，我也尊重；但後面的妙法你可能就聽不見了，那你斷我見、證初果的機會也就消失了。

關於自性見外道舉例的第一個部分，我們要說外道——就是佛教以外的所有宗教，都沒有離開識陰六識的境界。譬如有人說造物主，這個造物主呢，不管他說的是上帝、大梵天、冥性，或者極微，或者甚至於老母娘，都一樣，都稱爲造物主，因爲這些被人推崇的對象都被聲稱是創造宇宙及人類的造物者；可是這些說法都是外於眞心如來藏而求涅槃法、而想要穿越時空，但是這一些都是落入意識境界中。不管什麼樣的造物主——不論是有五陰的造物主或者沒有五陰的造物主，譬如說上帝、大梵天，這一種造物主都是有五陰的；有五陰就落入生滅法中，那他們自己就不可能穿越時空了；凡是不能穿越時空的都是生滅法，就不可能是造物主。那麼沒有五陰的造物主，譬如說四大極微以及所謂的冥性，那也是意識想像的境界，附屬於人類的意識思惟才能存在，當然也都不能穿越時空，事實上都不可能是眞正的造物主。那如果是老母娘，她根本就是人類的建立，只是人類的施設，因爲實際上沒有誰能跟老母娘溝通；縱使能藉沙盤而與鬼神宣稱的老母娘溝通，所以她就算是存在，也只不過是欲界中的天神，並且是母性的天神，顯然只是欲界天中的天神，她的境界還到不了色界，那也還是有五陰的；而五陰是會壞滅的，會壞滅的就不可能穿越時空，不能穿越時空的母性天神當然不可能是造物主。

那麼接著來說佛門中的自性見外道，佛門中的自性見外道往往是非常有名氣的。譬如說中台山，這是十年來很有名氣的山頭，那他落入什麼境界呢？落入識陰中，也落入六識自性中。譬如惟覺法師說：**師父在上面說法的一念心，諸位在下面聽法的一念心，就是眞如佛性**。那諸位想想看，諸位可以現前觀察一下，我在說法的一念心，是不是有見聞覺知？是不是六識的自性？那諸位在下面聽法的一念心，是不是具足了六識的見聞知覺性？是！你我兩邊都是六識具足的，也具足六識的見聞知覺性嘛！那麼，這顯然就落入識陰與識陰的自性中。那這樣的話，就不可能穿越時空，因爲一定會落入識陰裡面，不能離開六塵；凡是不能離開六塵的，祂就一定落在識陰中；落在識陰中，那就是一世住的生滅法，不可能穿越時空。

那麼，又譬如大陸很有名的八大修行人，譬如其中的徐恆志，又譬如元音老人，號稱大陸的八大修行人之二；但是他們都落入六識中，未斷我見；以及落入六識的自性之中，同於自性見外道，所以也都是不可能超越意識境界的。既不能超越意識境界，當然不能穿越時空；因爲能穿越時空的只有一個心，就是金剛心如來藏。而意根就跟著祂，所以能夠穿越時空；但意根卻是可滅的，所以意根仍然不是眞正的金剛心。而這一些人，都認同有生有滅的識陰，把識陰六識當作常住法，也把識陰的六識自性當作是恆住不壞的佛性，所以成爲佛門中的自性見外道。然而佛法中說的佛性卻不是指識陰六識見聞覺知的自性，而是指第八識如來藏在六塵外的本覺自性。

我們這個講座，將會一直延續到六點鐘，所以諸位如果需要洗手的話，隨時可以離場，但是我會撐到最後，一定會陪每一個人到最後（大眾熱烈鼓掌……）好！謝謝大家支持喔！

第四節　佛門常見外道、無因論外道、斷見外道

【演講大綱】　法鼓山、佛光山、慈濟，是常見外道法；與印順、昭慧同樣是無因論的常見外道。但印順、昭慧同時具有斷見與常見。

講記內容：那麼接著要說的法義還是蠻麻辣的，今天有一點像在開麻辣品嚐會哦！譬如說法鼓山、佛光山跟慈濟，這些佛教道場也都是六識論者，因爲這三個大山頭，都不承認有第七識意根，也不承認有第八識如來藏；那他們否定了第七識與第八識的存在，當然就一定會落入六識之中囉！既然落入六識之中，就必然不能斷我見；不斷我見，就會跟常見外道一樣，所以一定會主張：意識覺知心是常住不壞法。這是六識論者永遠都不可能避免的結果，也是不能脫離的宿命：六識論者一定會落在我見中，一定會落在意識中。

那麼這三大山頭和印順法師、昭慧法師一樣哦！都屬於無因論的常見外道。因爲他們有時說有如來藏，卻又說如來藏就是細意識，是從意識中細分出來的細心，本質依舊是六識論者，本質仍然是主張意識常住的常見外道法；而他們有時說有如來藏時，目的只是想要使人誤以爲他們眞的在弘揚佛

教的了義正法。既然他們主張意識的粗心、細心、極細心是常住，事實上意識卻只是一世住，不可能入胎、住胎來出生他們的五陰，那麼他們的五陰顯然是無因而生的，不需要有一個眞實心就能夠出生五陰，是只要有眾緣就可以出生五陰的；那麼一切有情只要有父母及四大等藉緣就可以出生，那這樣就是沒有因而只有緣囉！換句話說，這就是無因唯緣論啦！純粹靠著眾緣、種種助緣來出生，而不必有一個根本因如來藏持種，所以這就是無因論的外道囉！這正是佛門中的常見外道。而這種落入常見外道見中的佛門外道，本質一定會成爲斷見，因爲他們這樣主張最後會成爲每一個人都只有一世，沒有前世與後世；因爲全都是藉父母四大等外緣就可以成就，沒有一個常住心持種往來三世。所以當他們不能在本質上承認如來藏確實存在時，一定會落入意識中，這是不可避免的宿命，不論誰都無法推翻這一點！

第五節　諸外道之結論

【演講大綱】　結論：台灣四大山頭都是常見外道、自性見外道。印順是無因論的緣起性空者，雙墮斷常二見中，是誤導三大山頭的邪見者。中台山是由於自身的不如理作意所致，非被印順所誤。

講記內容：那麼，這些人當然都不可能穿越時空，因爲落入意識境界而不能超意識。只有實證超意識的人，才可以穿越時空而不落入意識境界中，這才是眞正能超越時空的人。

那麼這一個單元我們要作一個結論說：台灣佛教的四大山頭都落入識陰，或者落入識陰的六種自性中！這是屬於佛門中的常見外道，屬於佛門中的自性見外道。那麼印順與昭慧則是無因論的緣起性空者，這跟 佛陀在阿含中所說「有因有緣集世間，有因有緣世間集」不一樣，也跟 佛陀所說「有因有緣滅世間，有因有緣世間滅」是不一樣的。佛陀說的因與緣，是說這五陰世間的生與滅都是要因與緣具足的，獨因或獨緣，都不能集五陰世間，不能使五陰世間集；獨因或獨緣也不能滅五陰世間，也不能使五陰世間滅。必須有因也有緣，才能集世間、世間集，才能滅世間、世間滅；而他們都是無因唯緣論者，這跟佛陀有因有緣的說法完全不同。所以他們都是無因論的緣起性空者，無因論的緣起性空一定會落入斷見與常見之中，這是誤導眾生的人。

但這三個大山頭會被印順法師所誤導，是因爲他們自己對正法熏習所得的正知見還不夠，而印順是個誤導者。可是另一個大山頭—中台山—目前全球寺院建築最高的這個大山頭，並不是被別人誤導，而是由於自己的不如理作意所致，所以中台山惟覺法師兼具了自性見與常見。這是從他自己一開始自以爲悟時知見就錯了，因爲他同樣是以六識論的法理來修學、來弘揚，就會落入意識中，就會錯把六識自性當作佛性，不能超越意識境界，當然無法超越時空。

第九章　唯有持種者才能出生萬法並執持業種

講記內容：那麼下一個單元呢，我們將來說明，能穿越時空的心是什麼？祂就是第八識金剛心。這個金剛心的特性，我們會在這個單元中爲大家作一個概略性的說明。這就是說，只有能夠執持各類種子的心，才能夠出生萬法；也只有這樣的心，才能夠執持各類業種，來實現因果律而不漏失。能夠執持業種而實現因果的心，當然必須能夠來往過去、現在、未來等三世，否則就無法實現因果了！所以只有能夠執持各類種子的心，才能夠穿越時空而不受時間、空間的限制，這才是探究宇宙眞相、探究法界實相的人，所應該親證的心。

第一節　持種子者才是常住法

【演講大綱】　持種子者才是常住法：阿賴耶識心體，又名如來藏。阿含說爲入胎識、如來藏、阿賴耶識。

講記內容：那麼先從第一個部分來說，說能夠執持種子的「本住法」，才是能穿越時空的心，才是常住法。本住法的意思，是說這個法是本來就存在而常住的，不是曾經被出生的心。那「種子」是什麼？種子又名功能差別，又名界；譬如十八界，就是十八種功能差別，所以種子就是功能差別的意思。

功能差別，我們把它大略分為這幾種：無記業種、有記業種、無漏有為法種、有漏有為法種。當然這裡有時間限制，不能很詳細說明，只能夠作很粗略的說明。無記業種，譬如學習如何在世間生活。譬如開個麵包店，要學習如何做麵包，學習成功了就有會做麵包的種子——功能差別；這個做麵包的業種無關善、惡性，是無記性的，不會導致未來世受生果報的上升或下墮，所以它非關善惡業，它是無記業種。這個學麵包的技術學起來以後，存在你心中，所以明天醒來還是同樣會做；未來世因為上一世有學過，所以學做麵包時就很快，因為有這個種子在，那這個就是無記業種。可是學會麵包以後，不賣隔天的麵包，當晚結束營業就把剩下的麵包送去孤兒院、養老院，布施作善事，那這個作善事的本身，就是一個善業種，會使他未來世升欲界天享福，這就是有記業種囉！或者說，這個麵包寧可把它踩壞弄壞而不送給人家，別人來要的時候還罵人，那他便成就了惡業，這個惡業種子會使他未來世有不好的果報，這也叫作有記業種。這是兩種：一個是無記業種，一個是有記業種。

可是如果這個麵包師傅，將來有一天學習佛菩提，證得了這個能夠穿越時空的金剛心了，他有智慧可以現前觀察：這個金剛心在自己身中，如何幫助自己成就種種的有爲法；而這個時候他卻完全沒有任何的執著，只是做麵包來利益眾生，因此他所做的麵包是爲了利益眾生而不爲自己，賣麵包時是以智慧來利樂有情，是方便接引有緣人進入佛門修學超越時空的境界；那麼這個時候，他在做麵包時的一切有爲法，就是無漏的有爲法囉！

可是他有時候想：「欸！我還是得要賺點錢，不然辛辛苦苦做什麼？」這時候他又想：「欸！也許我賺的錢留一半起來，自己享受享受！一半去利益眾生。」那這時候，他做麵包這個有爲法呢，又同時成爲有漏有爲法了。但是，不管怎麼樣，這四種種子全部都由他自己的第八識如來藏執藏，存在如來藏中，因此他所作的一切業永遠功不唐捐；不論是造惡業或者造善業，全都功不唐捐！

那麼這個就是無記業種、有記業種、無漏有爲法種、有漏有爲法種。這些種子，也就是這些功能差別，都由我們大家各自都有的第八識如來藏收藏的；這些種子是不會遺失的，所以如果這一世做麵包做得非常成功，保有這些種子，當他下一輩子出生不久，孩童時代就很容易學會做麵包了，因爲這個種子還存在；而能夠執持這樣種子的心，才是能夠穿越時空的心！這就是第八識金剛心，又名如來藏、阿賴耶識。

這八識心王中，也就是說我們每一個人都有八個識：眼識，耳識，鼻、舌、身、意識，以及意根末那識，和第八識如來藏——又名阿賴耶識。這八個識裡面，前七識都沒有辦法受持種子，只有第八識阿賴耶識（又名如來藏）才能夠執持種子；執持種子的心才是金剛心，才是能夠穿越時空的心。

接著說，這阿賴耶識心體，又名爲如來藏，在大乘法中說祂叫作阿賴耶識、眞如心、異熟識、所知依、阿陀那識、無垢識；在禪宗裡面，把這個能夠穿越時空的心，說是眞如、本地風光、本來面目，有時候稱爲莫邪劍、金剛王寶劍；在《阿含經》中說這個識叫作識——入胎識、如來藏、阿賴耶識、涅槃本際。那麼這個第八識心是出生名色的心，不但在北傳的《四阿含》中如是說，南傳的《尼柯耶》裡面亦如是說，在大乘經中當然更是如是說！既然能出生名色，就表示祂受持了一切功能差別，才可能在上一世入胎後意識斷滅而不存在的無知無覺情況下，繼續住在母胎中出生我們的五陰十八界，也讓我們五陰十八界有種種的功能差別可以現前運作，所以說祂是持種者；只有持種的心才能夠永恆不滅而出生未來世的五陰身心，來實現一切的善惡業種果報。

那麼，爲什麼說這個能持種的心是可以穿越時空的呢？因爲祂會受持著種子，去到未來世感生業果。譬如《大寶積經》有一首偈很有名：「**假使經百劫，所作業不亡，因緣會遇時，果報還自受。**」百千劫是很長的時間，一劫就等於一個銀河系的成住壞空的過程，這是要幾百億年，或者一、二千億年的時間，才算是一劫；而我們人的生命目前大約不超過百歲，那麼百千劫前當然是很長久而無法想像的久遠以前的事；可是如果造了業，不論善業或者惡業，造了業以後，這個種子收藏在第八識如來藏中，經過百千劫的過程；在這個過程中，如果這個業還沒有受報而消失，那麼即使經過百千劫後，因緣際會而緣熟了，這個果報—善的果報或者惡的果報—終究還是會由自己來承受。那麼由此聖教也證明說：這個能執持業種的金剛心如來藏，祂是可以穿越時空的，不受五陰生死限制的。

那麼從另一方面來說，必須是不生不滅的無餘涅槃中的本際，才是可能穿越時空的。那麼很多人對於涅槃存有猜測與臆想，以前也有著作等身的大法師說：涅槃是不可知也不可證的。可是，實際上涅槃是可知也可證的，因爲 佛陀證了，諸阿羅漢也證了，然後諸菩薩也證了，乃至到今天都還有人能證涅槃；因爲證得如來藏的人就可以現前觀察：涅槃是依如來藏而施設的。因爲：涅槃就是離生死，不住於生死的不生不滅境界；而阿羅漢斷了我見我執，捨報離開生死，卻只是剩下他的第八識如來藏單獨存在，所以涅槃的本質仍然是第八識獨存的境界。

但是涅槃不是斷滅空：如果以六識論來修學佛法，以六識論來親證菩提，那個菩提一定是錯誤的菩提，那樣的菩提不能稱爲覺悟。因爲覺悟是正面而不是負面的，如果是負面的，那就是錯誤的覺悟囉！錯誤的覺悟怎能叫作覺悟呢？所以眞正的覺悟（二乘菩提的覺悟）並不是斷滅空。如果以六識論來修證二乘菩提，來修學解脫道，那麼依據聖教的闡釋，佛陀的開示是，要入涅槃時得要滅盡五陰十八界，是六識心全部要滅盡的；那麼如果他主張有情只有六個識，當他滅盡六識入涅槃的時候，將會成爲斷滅空。然而 佛開示說阿羅漢證得涅槃是眞實而不虛妄，是清涼，是寂滅，也是常住不變；既然說涅槃是常住，是不變異的，那就表示涅槃境界不是斷滅空囉！那麼滅掉識陰六識以後，意根也跟著滅了，卻不是斷滅空，那究竟是什麼？那當然是出生阿羅漢五陰的那一個入胎識自己獨住而永恆存在；而阿羅漢五蘊已經滅了、不存在了，不再有生與死了，這時候叫作無餘涅槃。

那這樣的無餘涅槃既然不是斷滅空，所以佛說涅槃之中有本際，這個本際是常住不滅的。只有不受五陰限制，在滅掉五陰以後，祂仍然永恆存在而常住不變，這樣的心才可能穿越時空啦！這樣的心不在意識的境界中，而且祂是出生意識的常住心，所以這個心就是能穿越時空的金剛心啦！那麼，涅槃依第八識而施設，在般若經中也有說明；也就是說，涅槃其實是個施設法，涅槃的本際就是第八識如來藏獨存的境界。所以假使有人說：「涅槃是如何勝妙，但是涅槃畢竟只是一個名稱，來指稱第八識獨存的境界，所以般若經裡面才會說『設復有法過於涅槃，我亦說如幻如夢。』[41] 也就是說，涅槃是最眞實的，但是如果還有什麼法是超過涅槃，那也是如幻如夢；而涅槃是依第八識如來藏而施設，所以只有這如來藏心才能夠穿越時空，因爲祂超意識！」那麼我就說那個人一定是大善知識。這意思就是說，只有能受持種子的常住法，只有能夠常住不變的無餘涅槃中的本際，才能夠穿越時空，才能

41 《小品般若波羅蜜經》卷一〈釋提桓因品第二〉（《大正藏》冊八，頁 540，下 16-18）

夠不受生死的限制。這個執持種子的心——無餘涅槃中的本際，祂就是第八識如來藏，又名阿賴耶識。

第二節　意識意根不能持種

【演講大綱】　意識不能持種、意根也不能持種。

講記內容：那或許有人會質疑說：「你說第八識如來藏受持種子，難道意識不能受持種子嗎？意根也不能受持種子嗎？」確實！這第六意識及第七識意根等兩個心，都不能受持種子。因爲意識是生滅法，晚上睡著就中斷啦！就斷滅了！那，如果意識可以受持種子的話，晚上睡著時意識中斷了，種子就散失不存了；那麼，行善就沒有善果，造惡也沒有惡報，顯然違反法界中可以證實存在的因果律。而且，修學佛法或者修學世間法，也將會永遠學不成功；因爲今天才剛學過，晚上睡前還記得所學的內容，到了晚上睡覺以後意識斷滅了就不可能執持所熏習的諸法內容，那麼明天起床時種子已經不在了。晚上眠熟以後意識就不存在了，不存在的法怎麼能執持種子呢？一定是睡著以後還在，然後明天早上祂也在，才能把我們的種子收藏著；所以夜夜都會斷滅的意識，不能執持種子。

那麼意根也是可斷滅法，譬如阿羅漢入無餘涅槃是要滅掉意根的；那意根滅了，表示也是可滅法；既然是可滅法，當然不可能是受持種子的心嘛！那，從另一方面來說，意根是會作主的，會取捨的。那麼如果意根依據意識的判斷說：「這個種子不好，會使我未來世受惡報，我應該丟掉它！」這時候意根當然會作決定，就把惡業的種子丟掉囉！好！當意根會有把惡業種子丟掉的現象——只要有一個人曾經出現過這樣的現象，顯然所有眾生也都會如此。那如果眾生都能夠把惡業種子丟掉，我們今天就不應該看見有畜生，不應該看見有昆蟲等等低等而沒有福報的動物，也不應該還有鬼道眾生、地獄道眾生。可是明明這些眾生還存在，這表示眾生是沒有辦法自行決定說「我要把什麼種子留著、什麼種子滅掉」的。只要造了業，那個業種就會存在；而意根無法把惡業種子丟掉，顯然不是由意根與意識來受持種子。那，既然不是意根、意識受持種子，而善惡業的種子可以去到百千劫以後，仍然會現行來受報，這表示必定有一個金剛心，因為祂常住不壞性如金剛，所以祂才能持種。能持種的心，才是可以穿越時空流注善惡業種而受果報，因此說能持種心才是能夠穿越時空的心！

那麼，這裡想要跟大家講一件有趣的事，至少我個人覺得有趣。我聽說，有人告訴我說：「老師！有喇嘛在網站上罵你是阿賴耶外道！」我說：「哦！原來證得阿賴耶識的人是外道哦！」那我就覺得很可笑，這表示那個喇嘛完全不懂佛法啦！因爲菩薩之所以成爲摩訶薩，是因爲他有實相般若，也就是具有法界眞相的智慧。然而這個法界眞相的智慧，其實是因爲證得第八識如來藏而出生的；這個第八識如來藏，祂就叫作阿賴耶識。那麼繼續進修，修到七地滿心，進入第八地了，就捨掉阿賴耶識這個名稱，那時候就只稱爲異熟識，其實還是阿賴耶識這個第八識心；再進修到達成佛的時候，又捨掉異熟識這個名稱，改名叫作無垢識，還是阿賴耶識這個心，只改其名不改其體。由此可見，佛陀就是在因地時證得第八阿賴耶識這個心，才能成爲聖位菩薩，然後繼續修行才能成佛的；最後成佛的時候，還是依第八識阿賴耶識這個心，改名叫作無垢識才能成佛。

如果證得阿賴耶識的人叫作阿賴耶外道，那麼顯然 釋迦牟尼佛也被他罵成外道了！這還眞是一個笑話啦！這叫作冷笑話，因爲這個笑話並不好笑，令人啼笑皆非。所以我聽了心中覺得可笑，卻還是沒有辦法笑出聲音來，因此我說它叫作冷笑話。那麼，這意思就是說，阿賴耶識有很多的名稱，修行到了佛地，改名叫作無垢識，正是佛地眞如。是由這個無垢識來顯示出佛地的眞如佛性，顯示出佛地的清淨法界；所以這個心是亙古亙今、穿越三世一切時空的，是永遠不會被時間、空間所限制的，這個才是能穿越時空的心，因此這叫作金剛心。話說回來，那個斥罵說：「證得阿賴耶識的蕭平實是阿賴耶識外道。」很顯然的，那個喇嘛是完全不懂佛菩提的外道，而且是無根毀謗 佛陀的大外道；因爲 佛陀是親證阿賴耶識而漸修成佛的，也在三乘菩提諸經中如是唱說：證得第八阿賴耶識的人才是開悟的菩薩。

第三節　有藏傳佛教密宗上師堅持說阿賴耶識是生滅法，離念靈知是常住法

【演講大綱】　有密宗上師堅持說阿賴耶識是生滅法，離念靈知是常住法。

辨正：但阿賴耶識名爲如來藏，在四阿含中，佛說是出生名色者，故意識及五色根都由如來藏出生，名爲入胎識、住胎識，故是常住法，彼師謬說。顯、密大師又將生滅法的意識主張爲常住眞如，將意識自性主張爲常住的佛性，其心具足二種顚倒；大眾今日聞法，應都已遠離其顚倒邪見。但根鈍者

仍待日後努力觀行方證初果，根利者此時應已證初果（但必須一再深入的自我檢查確定）。

講記內容：那麼這個第八識心既然如此的勝妙，當然有一些藏傳佛教密宗喇嘛們，他們心想：「**我如果宣稱我也有證得這個心，那我就是賢聖了，應該會有很多人想要跟隨我學法！**」果然他們也說他們有證得阿賴耶識——如來藏。可是聽到藏傳佛教中的喇嘛們講出這個名稱時，你可要先小心簡擇一下，因爲喇嘛們說的如來藏，通常不是 佛陀說的如來藏哦！他們說的阿賴耶識也不一定是 佛陀說的阿賴耶識哦！因爲他們的阿賴耶識或者如來藏，是經由觀想（從頂輪到達海底輪）出一個中脈，在這個微細的中脈裡面（觀想猶如中空的麥管一般），觀想出中脈裡面有一顆小小的光亮的明點（男生要觀想自己中脈裡面的明點是白色的，很明亮；女生要觀想這個明點是紅色的，很明亮），那他們說觀想出來的這個明點就叫作阿賴耶識，有時也叫作如來藏。

但問題來了，這個明點能出生五陰十八界嗎？顯然不行。因爲先要有五陰十八界，然後出生了覺知心意識，再由覺知心意識來觀想出中脈明點；所以明點是意識觀想出來的，意識卻是五陰十八界所攝的，五陰十八界卻是由如來藏所出生的；因此明點是最後出現的想像法，所以這個明點不可能出生五陰十八界，那當然不可能叫作如來藏，不能稱爲阿賴耶識，因爲佛說的阿賴耶識是可以出生五陰十八界的。所以藏傳佛教密宗喇嘛們所說的阿賴耶識或者如來藏，都是在欺騙修學佛法的人。

接著來說，有許多顯教、密教的大師，他們把生滅法的意識心，主張說那就是常住的眞如；又將意識的自性，也就是意識能知能覺的自性，主張說是常住的佛性；這兩種人都叫作無常計常。爲什麼我要提出來說呢？因爲諸位來到這裡就是想要瞭解能夠超越時空的心究竟是什麼？那麼我當然先要爲諸位把錯誤的東西鋪陳出來，讓諸位都先瞭解什麼是錯誤的，然後你想要找出這一個能夠穿越時空的心，就不會走錯路頭了，所以這個要特別先提出來講。

凡是把意識覺知心離念靈知認作眞如，或者把意識的自性認作是常住的佛性，這個叫作「無常計常」；這是「四倒」中的一種，這是顚倒見。而這一些人又否定能夠出生意識的第八識如來藏，佛卻說如來藏阿賴耶識是常住法、本住法，是不可壞滅的金剛心；那麼他們把常住法否定了，又落入「常計無常」之中，又成就顚倒見中的另外一倒。「常計無常、無常計常」，都是顚倒見。那麼無常的法，不可能是眞實我，不是眞實我而指稱祂是常住的眞我，這叫作「**非我計我**」，這又是另一個顛倒見，一樣不離四倒。

這個意識或意識自性是無常的法，當然是不清淨的心，因為一定在六塵中，不可能住於六塵外；既然在六塵中有時候清淨，有時候就會不清淨，但他們卻把祂當作是清淨心。可是意識覺知心卻是上座的時候清淨，下了座打妄想，又不清淨了！這就是「**不淨計淨**」啦！這也是顛倒，又是四倒之一。那，既然是不淨，又不是真我，是無常法，以這個無常法作為真實的自己，那當然不是究竟的安樂；既不是究竟的安樂，將來死的時候根本作不了主，才知道自己悟錯了，心裡就會懊惱：「**我這一世竟然這麼糊塗，落在這裡面。**」那他就不可能是證得安樂的人，他就是「**非樂計樂**」。把苦法計以為樂，又是一倒，那麼這樣就具足了四倒。

所以，只要落入意識心中就不免四倒。既不離四倒，想要證聲聞果是不可能的，想要斷我見一定是不可能的；那麼想要能夠證得穿越時空的金剛心，當然就更不可能啦！所以，不論是誰，想要證得能夠穿越時空的金剛心，必須要先把意識的境界弄清楚；必須要先超越意識的境界，你才有辦法去證得金剛心；證得金剛心以後，才能夠現前觀察：自己的如來藏確實可以穿越時空來往無礙！

那麼聽到這裡，大家已經瞭解識陰六識都是生滅無常，因爲剛才舉出了南傳《尼柯耶》聖教，也很詳細地說明眼根觸色塵生了眼識，耳根觸聲塵生了耳識，乃至鼻、舌、身、意識，說意根觸了法塵出生了意識。那麼由這樣來看，顯然眼識乃至意識這六個識，都是要由根與塵相觸才能出生的，都是有生法；有生之法則必有滅，有生有滅那當然就是落在無常法中。可是，如果不瞭解的時候，把這一些無常的法當作是常，那麼他就會產生一個見解而說「**眼識常乃至意識常**」，這就是識陰範圍中的我見。

努力在學佛的人，不會把色陰當作是眞實我，所以色陰我見大約不會存在。那麼受、想、行的我見，大約也不會存在，因爲都能瞭解是虛妄的，可是識陰的我見就很難斷除。那麼諸位聽到這裡，應該就可以瞭解：原來自己這個覺知心意識，是由意根觸法塵才能生起的。如果離開了意根，離開了法塵，就不可能存在。這是現前可以證驗的，譬如說，這個覺知心打坐到離開妄想雜念的時候，有沒有辦法離開法塵？你自己可以觀察呀！如果還沒有進入二禪等至位中，那也是離不開五塵的，這都是可以現前觀察的。如果這個意識覺知心或者說離念靈知，是可以離開五塵、離開法塵的，那才能穿越時空。然而沒有一個人可以把自己的意識離念靈知離開六塵而仍然存在，所以從這裡就可以證明：**一定要有法塵或者六塵存在，我們的意識才能夠出生**。諸位瞭解到這一點的時候，應該可以自己很明確地認知：自己的意識不是常住法，不是金剛心，是會壞滅的。那麼識陰我見就不存在了，這就是斷我見。

但我這樣說，並不代表每一位在這裡聽聞的人都能斷我見，因爲這是比較利根的人才可能斷。而利根的人聽到這裡，應該不可能在心中仍有我見，因爲五陰都被你推翻了，那麼疑見、戒禁取見就會跟著斷除喔！可是我這裡要說的是：**這個部分，諸位仍然要在回家以後詳細地加以思惟、整理、檢查，然後才能夠確定自己是不是眞的斷了我見**。因爲斷我見是指證得聲聞初果，在還沒有實證以前，如果說自己已經證了，這個是會有後果的，而且這後果很嚴重喔！所以在這裡還是要叮嚀大家，一定要先自我檢查一下才下判斷。那麼至於說，斷我見、斷三縛結，這證初果的內涵，我們稍後會再加以解說。

第四節　阿含教證與大乘理證、教證，證實如來藏是持種者，是常住法

【演講大綱】　阿含教證與大乘理證、教證，都已證實如來藏是持種者；所以如來藏才是常住法。意識是所生法，是有間等法，故不能持種，當然不

是常住法。現觀此識的生滅性已，亦能現觀色、受、想、行四陰的無常性，即是斷我見、斷三結的初果人。

講記內容：接著我要說明：從《阿含》聖教的證明，以及初果實證上的現觀，再從大乘這個聖教上的證明，以及大乘實際親證的理證上面來說，都可以證實第八識如來藏眞正是執持種子的金剛心。所以說只有如來藏才是常住法，才能將這個種子執持往未來的無量世，讓諸位可以成佛；而這個如來藏心，佛陀說就是阿賴耶識心；只有不曾實證的藏傳佛教外道喇嘛，才會把阿賴耶識心體如來藏罵成外道法。唯有常住的第八識如來藏具有持種的功德，也才能夠使諸位在這一世實證之後，不會在未來世遺失了這一些種子；那麼你未來世重新再受學正法以後，就能很快的又開悟，然後很快就延續上一世的道業，繼續住在能穿越時空的如來藏境界中邁向佛地。

所以只有第八識如來藏持種心才是常住法，才能夠不受五蘊的限制而穿越時空啦！意識既然是所生法，是有間等的法，當然不可能持種，當然不可能是常住法，那一定是不可能穿越時空的。如果能夠現觀意識的生滅性，那你接著就能夠現觀色、受、想、行、識五陰的無常性，必然就是個斷我見的人。斷我見以後，就能斷疑見、戒禁取見，成爲斷三結的初果人。所以，對意識的虛妄的瞭解，是非常重要的；即使你不想修學菩薩法，還不想修證大乘菩提，只想修學聲聞解脫道，只想要證得聲聞初果乃至證阿羅漢果，這個部分也都是同樣的重要。不但是菩薩如此，修學聲聞法的人亦復如此。

第五節　「如來常住」是外道法嗎？

【演講大綱】　「如來常住」是外道法嗎？（果眞如是，則阿羅漢與涅槃應同屬外道法。）佛法中名相與外道共用者，不一定即是外道法——應依所證法之本質定義之。

講記內容：那麼接著要解釋一個觀念：「如來常住」是外道法嗎？一直都有人主張說：「大乘佛教說如來常住，那是外道法。」因爲有佛門法師不承認如來跟阿羅漢不一樣，他們認爲：如來本是外道所說，所以如來常住的說法是外道法，是佛教跟外道混同梵化以後，而從外道法中引入的，所以如來常住是外道法。他們如此主張，但是這個主張正確嗎？我們必須要作一個說明。

譬如說，在佛教出現於人間之前，阿羅漢這個名稱與果位也是外道們所主張的；當時幾乎所有外道，他們都自稱證得涅槃，都自稱是阿羅漢。最有名的譬如迦葉三兄弟，佛陀度了五比丘以後，接著就是度迦葉三兄弟。那麼佛陀度迦葉三兄弟以前，他們都自稱是阿羅漢，自稱已得涅槃；由此證明，這個阿羅漢的果位與名銜，顯然本是外道所說的。可是 佛陀度了他們三兄弟以後，他們才知道被度以後才眞的成爲阿羅漢，見到 佛陀之前自稱的阿羅漢都只是假名而沒有實質。所以，阿羅漢這個果位與名稱，顯然本來也是外道所說的；但不因爲是外道所說，就可以指稱佛教中所說的阿羅漢是外道法。因爲外道雖然也說已證阿羅漢果，而法界中確實是有阿羅漢這個法可以實證，只是外道們誤會了阿羅漢的證境而已。

同樣的道理，「如來常住」本來也是外道所說的法義，在 釋迦如來降生來到人間之前，很多外道們也都這麼說；可是呢，他們也把常住的如來誤會了；一直到 如來出現在人間，告訴大眾「什麼叫作如來？爲什麼如來常住？」所以 釋迦牟尼佛示現爲眞實如來，幫助大眾能夠跟著親證，這時人間才有眞正的佛教；這時佛教所說的「如來常住」的內涵才是正確的，顯示如來確實是常住而不磨滅的。因此，「如來常住」這個名詞與境界，固然外道曾經說過，但不代表眞正的「如來常住」就是外道法，只有外道誤會的「如來常住法」才是外道法；否則的話，依照同樣的邏輯，佛教中的阿羅漢法也將會成爲外道法囉！

那麼，這意思就是說「假必依實」。在哲學上有一個共識，是每一派都共同承認的大原則，就是「假必依實」。也就是說，有生有滅的虛假的法，它們的生與滅必定要依止於一個眞實法才能出生，才能存在，才能壞滅，這就是哲學上一個很重要的主張：「假必依實」。「假必依實」的道理是正確的，哲學界這個主張是正確的，問題是哲學家不能實證這個道理；而事實上是由佛陀實證了這個道理，來爲大家解說；但不能因爲這個道理是哲學家所主張的，然後就說佛法中所說「假必依實」的道理是虛妄的、是外道法，不能如此說。所以這個「假必依實」的道理，在沒有實證的部分，它是共外道的。外道只是在實證上面弄錯，把這個「假必依實」裡面的眞實法誤會了，推斷錯誤了，然後把它推給上帝、造物主、大梵天，或者推給冥性、四大極微。但其實原來建立的「假必依實」那個理論是不錯的，只是他們實證、實驗或推理的結果弄錯了，所以沒有辦法穿越時空而繼續留住在意識的境界中。

第十章　總結——第七、八識不可稱為意識

講記內容：那麼接著要說明，能夠穿越時空不受時空限制的第七識與第八識，祂們是不可以稱爲意識的。也就是說，我們要把今天的演說作一個總結（但是我這個總結蠻長的，請大家有耐心一點哦！）爲什麼要講這麼長的總結？是因爲這些道理都很重要。如果你眞的想要能夠找到一個可以穿越時空的金剛心，那麼這些總結您就得要耐心一點來聽。

這個總結是說：**第七識、第八識不可稱爲意識**。所以，如果有人傳授佛法時說「第七意識、第八意識」，那個說法是不正確的。因爲這第八識是能夠穿越時空的，不是從只有一世的不能穿越時空的意識心中細分出來的，當然祂不能稱爲意識。所以您可以稱祂爲第七識、第八識，不能稱祂爲「**第七**意識、第八意識」。那麼總結的理由，我們就接著來爲大家說明。

第一節　從俱有依及自生、他生、無因生、共生，證「第七識與第八識，都不可說是意識」

【演講大綱】　第七識與第八識，都不可說是意識，理由總結如下：

1、意根為意識的種子？意根為意識的俱有依，必須意根同時同處存在，意識才能生起及存在，故非從意識中細分出來，不應名為第七意識。

2、六、七識都從第八識出生，亦以第八識為俱有依，故第八識非意識。

3、第七意識、第八意識是由第六意識出生的嗎？意識不可能出生意識：所有意識皆意法因緣生，不能由意識自己生；若由意識自己生，則意根與法塵應置於何處？亦屬龍樹菩薩所破之「自生」，成為外道見。

講記內容：意根第七識並不是意識的種子。有人因為否定了第七識意根，於是他們的十八界就變成只有十七界，違背 佛陀的聖教；他們為了彌補這個過失，避免人家說他們的說法違背了 佛陀的說法，所以他們曲解說：

「我們也說有意根，我們說的佛法還是十八界具足，而這個意根是意識的種子！」他們這麼說。但意根並不是意識的種子，因爲意根是意識的俱有依，必須意根同時同處存在，而且每一剎那都在支援著意識，意識才能夠生起以及存在，否則意識根本就不可能存在，何況還能運作？這表示說意根是與意識同時存在，是二個識同時都在配合運作的，所以意根顯然不是意識的種子。而且阿含聖教中處處都說「**意、法因緣生意識**」，那麼這也表示，意根是在意識出生之前就已經存在的，所以祂顯然不是意識的種子，當然更不是從意識中細分出來的，所以第七識意根不應該稱爲第七意識。第六意識尚且是生滅法，而第六意識所依的意根一樣是生滅法，那麼意識當然也是生滅法，意識自然不可能穿越時空。

接著說第六意識以及第七識意根都同樣被含攝在「名色」的「名」之中，也都是從第八識中出生的；而意識與意根都各有自己的種子，也就是各有自己的功能差別，所以當然不能夠說意根是意識的種子；那自然也不該說第七識意根是從第六識意識中細分出來的，所以不該說爲第七意識。又說：當意識現行運作的時候，意根也是同時現行在運作的，這是兩個識同時現行而同時在運作著，當然已證明意根不是意識的種子，不該說意根是第七意識。譬如阿羅漢入無餘涅槃時，是意根與意識同時存在而一起滅除的；假使意根只是意識的種子，不是現行識，那麼阿羅漢入涅槃時，當他滅了意識以後，被滅的意識將會成爲意識種子而名爲意根，無法滅除意根；那麼他所說的無餘涅槃顯然是還有意根存在的，就不是 佛陀所說的滅盡十八界了，而是繼續有「意識的種子意根」存在，仍然還有一界存在，不是滅盡十八界，依舊是違背了 佛陀的聖教；所以，他們主張意根是意識種子的說法，是講不通的。

這樣講也許說服力還不夠，那麼在這裡就要跟諸位說明一下意根是什麼？意根是恆審思量的心，即使悶絕了，或者即使眠熟了，睡到不省人事了，意根還是存在的。那意根究竟是哪一個心呢？意根就是當你睡久了，身體的下邊被壓得難過了，這時候意根就了知了，但祂不曉得這個難過到底是什麼，於是就把覺知心意識叫起來，於是你就醒了一點點，覺知心醒了一點點就知道：「哎呀！原來身體不舒服。」這都不必語言文字哦！好！這時候你有少分意識醒過來了，覺得接觸床鋪的身體下方會痛、會痲，於是就翻個身又繼續睡，意識又不見了。這時是誰來決定翻身呢？是意根！這個作主的就是意根！這意根決定翻過了身，意識感覺身體不痛了，舒服了，該繼續睡覺了，於是意根就讓意識又斷滅了，因此眠熟時還是你自己在作主。是作主的你在睡覺，意識不睡覺；因爲眠熟時，意識是斷滅而不存在的。如果意識不是睡覺而中斷了，就不叫作睡覺；因爲如果眠熟時意識不存在了，就不可能還會答話啦！所以人家問你說：「你睡著了沒有？」你說：「我睡著了！」人家就罵你：「胡說！」因爲睡著了就表示意識不在啦！若意識還在，這不是睡著。所以睡覺的是誰？是意根！意識不會睡覺。睡覺的時候，意識是中斷的，怎能說是意識在睡覺？所以那作主翻身的心，就是那個意根！42

又如天亮了，是誰決定該醒來？睡覺的感覺很不錯，有很多人喜歡睡懶

42 註：有人對於 平實導師此處開示的深妙法產生誤會，因此主張「當你醒過來的時候，意根睡覺了；當你在睡覺的時候，意根醒過來。」可是這樣的主張是錯誤的，實際上，睡覺的是意根，因爲意識已經滅了，不可能在睡覺；但這意思很難懂，也不可以因此就說「醒來的時候意根睡著了」；原因是：意根於睡覺時仍然存在，住在意識斷滅的睡覺狀態中，當然可以方便說爲意根在睡覺，但意根不是像意識一樣斷滅而被稱爲睡覺，所以睡覺時的心還是意根，自然可以說是意根在睡覺，只是無智者會誤認爲 平實導師是說：意根在眠熟位好像意識一樣斷滅了。而 平實導師所說的並不是這個意思。眠熟位的意根雖然是睡覺者，在眠熟位中卻是繼續保持其對於法塵變動的了知，所以睡覺的還是意根（但不是意識睡覺時中斷的意思）。若睡眠位無意根繼續存在，即成斷滅而死亡，即非睡覺，所以睡覺的當然是意根，不是意識，因爲意識已滅。

覺，因為睡覺的味道很好！可是為什麼又決定要起床、決定要醒來？這都是意根的作用。可是白天呢？譬如說學佛以後，明明知道說不該再吃眾生肉了；可是剛剛學佛時眞的沒辦法，受不了誘惑，路上走著走著，想起好吃的眾生肉來；譬如南部不是都有人推著腳踏車，後面載一個架子，上面裝一個大碗公，裡面放著三個骰子，有沒有？欸！大家就玩起來：「十八啦！」（編案：丟三顆骰子賭輸贏）有沒有？唉！然後就有香腸可吃了嘛！當他看見了，非得要去玩一玩不行，因為嘴饞。可是明明知道自己學佛了，不該再吃眾生肉，應該要長養慈悲心，因此意識雖然說：「不可以！不可以！」但腳步還是繼續走過去，終究還是伸出手去就「十八啦！」玩了起來，然後又把贏來的香腸大口大口地吃了！這是為什麼呢？都是因為意根在作主！當意識決定說：「不應該吃。」判斷說：「吃了眾生肉是不對的！」可是意根卻決定說：「我要吃！」雖然這掙扎過程中都沒有語言文字，結果還是吃了！吃了以後回家看見家裡佛堂供奉著佛像，又說：「哎呀！不好意思（平實導師以雙手合十，做禮拜姿勢）啦！明天不吃了。」

可是明天看見賣香腸的小販，又吃了！只是比昨天少吃一點而已，結果還是吃了！為什麼呢？因為是由意根作主的。意識說：「不應該吃！」可是意根不管你這一套的，這就是意根！意根會作主，實際上也在作主而違背理智的意識，所以這個意根是時時刻刻都存在的。也因爲這個緣故，所以《楞伽經》中 佛陀說意根是現識，是無論何時都在作主的現行心，這都表示意根不是意識的種子。這個作主的心跟意識心是同時並存的，而且意識心到了晚上會斷滅了，可是作主的意根還在繼續不斷地運作著，不曾中斷一剎那，當然不能說意根是種子；那顯然不能夠說能作主的意根這個心是從會滅的意識心中細分出來的嘛！那平常醒著的時候意識與意根是並行的，既然是並行運作的心，當然意識與意根這時都是現行識，就不能夠說意根這時是意識的種子嘛！醒著時如此，睡著時意識中斷了，意根卻還是繼續運作而不中斷，更不該說意根是意識的種子；所以不應該說第七識叫作第七意識，而應該說第七識是意根，或者依大乘經典說意根是末那識，不該再說意根是第七意識。

那麼當意識現行的時候，其實是與意根一樣，都要有第八識作爲俱有依。這就是說，意識固然要依意根才能生起及存在，但是意識所依的意根，一樣要依另一個常住心才能生起、存在及運作，也就是說意根也有俱有依。同時，意識的功能差別也是從第八識金剛心中生出來的，所以意識的種子仍然是由第八識收藏著的，當然意識與意根都不可能離開第八識嘛！這表示說，當你證悟之後，你會發覺：**假使沒有意根作主的心，意識不可能醒過來的。假使沒有第八識金剛心執持意識與意根的種子，意根就不可能存在，意識更不可能生起。假使沒有第八識的配合運作，那麼意根與意識也都無法運作。**這不但在聖教中是如此說，而且在實證者的現觀中也是如此說的，因爲一切現證第八識的人都可以這樣證實。那麼這就表示說「主從有別」嘛！一是主，一是從；第八識才是眞實的主，雖然祂從來不作主，但祂才是眞實的主。因爲會作主的意根以及會分別、判斷、思惟的意識，都是依這個不作主的第八識才能生起及存在；所以第六意識與第七識意根，本質上都是附屬於第八識如來藏，當然應該說第八識是主。這樣看來，第八識既是第七識意根的所依，也是第六意識的所依；那這樣的第八識，當然不可能是從第六意識中細分出來的，那就絕對不是意識嘛！所以不應該把第八識如來藏稱爲第八意識。

那麼，六識論者所稱的第七意識、第八意識，是不是由第六意識出生的？探究到這裡已經確定了，但我們還要從另一個方面再來探討，也就是要來探討說：**這意識是不是本住法？意識又是如何出生的？**這能使諸位加深印象，當你對意識有了正確而深入的認知，一定能把意識常住的邪見斷了，那麼要證初果就如同探囊取物一般地簡單了。意識是不是本住法？是如何出生的？我們可以從不同的面向來探究，因此在這裡還要從龍樹菩薩的《中論》來說「**諸法不自生、不共生、不他生、不無因生**」。龍樹菩薩說「**諸法不自生**」，這諸法當然不包含宇宙的本源——金剛心如來藏，因爲祂是生一切法的主體，所以不含攝在一切法中。可是除了這個心以外，所生的一切法就叫作諸法；不管它是世間法、出世間法，或者大乘菩提所說的世出世間法，都稱爲諸法。這些諸法都不自生，那我們就把諸法縮小到意識來說。意識爲什麼不自生？也就是說：**只有本住法才能生諸法，被生的意識不可能自生，必須藉他法才能出生。**

那麼意識並非本住法，而是被生之法。我們前面舉證過聖教量，也從現量上來幫大家作過討論，也從比量上幫大家探討過意識是生滅法。既然意識是生滅法，祂也是諸法所攝；意識既然是被生的法，是諸法所攝，那祂顯然不可能自生。如果諸法能自生，將會有很大的問題，叫作「**無因生**」。若諸法可以無因生，那麼只要有緣就能生，問題就來了：既然諸法可以是無因生，那麼應該所有的爸爸們，明天早上醒來，身邊將會突然多了一個兒子，因爲無因生，不必什麼原因就可以出生了。而所有媽媽們也可能明天早上醒來，身邊又多了個女兒，眞的叫作多福多孫啦！那到底好不好？不好欸！因爲你家會人滿爲患，這就是無因生，這有很多、很多的過失。

如果諸法可以無因生，這無因生的兒子、女兒，你一定不珍惜，因爲他突然間就蹦出來，也不曉得他是什麼東西，那乾脆不要也罷！一定是有因有緣才能生的，不是無因而能自生的；諸法都是如此，所以諸法不自生。那被生的意識當然不可能自己出生自己，因爲所有意識都是意法因緣生，所以有生的意識都不可能自己出生自己。那如果眞的能夠由意識自己出生自己呢，那麼意識出生的時候，所必須依憑的意根與法塵，你要把它們放在什麼地位呢？如果意識可以明天早上自己出生，不必有意根與法塵作爲藉緣，那麼請問：佛陀所說的意根要放在哪裡？這就違背了 佛陀的聖教囉！一旦違背了佛陀聖教的時候，想要實證穿越時空的眞心就變成不可能了！因爲能穿越時空的心只有 佛陀知道，菩薩們都跟著 佛陀學，才能證得穿越時空的心。所以諸法不自生，凡是生滅法，都不可能自生。因此，意識既不是本住法，那麼如果否定了第七識、第八識的眞實存在，否定了七、八二識的功能差別，那就變成意識每天清晨都可以自己出生自己，當然每一世也都可以由意識自己出生自己，那就有「自生」之過。

再從諸法「**不共生**」來探討。我在這裡提出的宗旨是：**有生有滅的一切法，都由第八識如來藏來出生**。有生之法都不是被因緣法所共生的哦！譬如說意識是有生之法，意識的出生不是單憑意根與法塵就能出生哦！意根與法塵只是如來藏出生意識時的藉緣而已。但是說明之前，要先對意識的有生體性作出正確的定義。佛陀在《阿含》中說：「什麼叫作識陰呢？」佛陀對識陰的定義是很明確的，就是「**二法因緣生**」；凡是藉二法作爲因緣而出生的心，都是識陰所含攝的生滅心。二法就是根與塵。譬如說眼識，我們能看一切影像色塵的這個心，這叫眼識。這個眼識是要有眼根來接觸色塵影像才能出生的，所以是藉根與塵二法的因緣才能出生的。那既然是藉根、塵二法爲藉緣而出生的，就是識陰所攝的生滅心；那麼耳、鼻、舌、身識，乃至最後意識也是一樣，是由意根與法塵作爲因緣才能夠出生的。

那麼這樣看來，識陰六個識好像都是「共生」的囉！也就是單憑意根與法塵作爲因緣就能出生意識，那就不必有第八識如來藏來出生意識囉！可是其實不然，這只是從識陰六個識的生滅本質來說的，是從這個面向來說：二**法因緣生，定義爲識陰**。然而 佛陀在四阿含諸經中，又有許多地方從另一個方面來說，說這識陰是屬於名色的「名」所含攝；而名色的「名」函蓋了受想行識，所以識陰是「名」所含攝；但是「名」以及色蘊這個「色」，卻是由另一個識進入母胎中執取了受精卵而製造出來的。換句話說，佛陀講這個入胎識住胎出生名色的時候，祂的意思就是說：根與塵只是這一個本識出生名色時所假藉的因緣，只是這個本識出生識陰六識的因緣而已。這表示說，識陰六個識並不是單憑根與塵二法就能共同出生的，也就是「不共生」的意思。

既然說「名色」是由入胎識所生，而「名色」已經函蓋根與塵在內，也就是說根與塵都是由第八識如來藏這個入胎識所生；然後又說識陰六個識是二法因緣生，這就表示說，沒有根與塵這兩個法作為因緣，入胎識不可能直接出生眼識乃至意識。這些正理在四阿含諸經中都已清楚解說過了，如果有智慧把它貫通起來，這道理是非常清楚分明的，是不會有爭議的。所以**諸法不共生**！眼識……乃至意識並不是單由根與塵二法就能共生的，而是由**入胎識**藉著根與塵二法來出生的。那既然如此，顯然六根所攝的意根第七識，祂並不是從意識中細分出來的，這是很明確的聖教說明。當你實證聲聞果以後，你也可以從現觀中，來證實這個事實。所以，諸法不共生是法界中的定義（決定義），而且是不可推翻的定義（決定義）。

（由於時間不夠而被省略未說的部分，在《正覺電子報》連載前，由平實導師補充以下文字，使法義得以完整呈現給讀者：）「**諸法不他生**」，是說每一個人五陰身中的一切法，並不是可以由自己以外的物或心來出生；譬如一神教說人類是由上帝所創造的，說人類的覺知心是由上帝分靈賜與的，這就是「他生」的邪說。因爲一切有情的覺知心，都是要由自己的第八識阿賴耶識出生的，否則就不可能實現法界確實存在熏習的結果，也不可能互相聯結而實現三世因果了；因爲只能存在一世的意識是不可能持種的，而上帝的心也不可能執持人類所造的善惡業種子，因爲上帝的心並沒有與人類的識陰互相聯結在一起，那麼熏習的道理就不可能成就，因果律也將不可能繼續存在。可是現見熏習的事實繼續存在著，而因果律也同時存在著，可見一切有情的識陰覺知心，都不可能是他生的。而且，上帝的阿賴耶識如來藏，也沒有這個功能來出生我們有情的覺知心識陰；從每一位證悟如來藏者的現觀上面來說，都可以證明一件事實：各人的識陰六識覺知心，全都是由各人自己的入胎識如來藏來出生的，從來就不是由他人的覺知心或如來藏來出生的。

再從「物是否能生心？」來說，別的有情（譬如上帝的）覺知心既不能出生我們的覺知心，那麼是否由物質就能出生我們有情的覺知心識陰？答案是否定的。因為物不可能生心，無情若是能生心，那麼各處地上的無情也應該都有心，都有喜怒哀樂與記憶，因為只有心才能生心，能生有情覺知心的無情必然已經是心了；也應該時時刻刻都會有無情出生了心，使得人間的無情變成有情，地球就會在突然之間人滿為患，或者畜滿為患、鳥滿為患、魚滿為患。然而事實上並沒有這些荒唐的事情發生過，龍樹菩薩由於親證第八識如來藏而具有這個法界實相的現觀，因此提出了「**諸法不他生**」的主張。

既然提出了諸法「**不自生、不共生、不他生**」的主張，當然更不會提出「**諸法無因生**」的主張，因此龍樹菩薩又提出「**諸法不無因生**」的主張。諸法無因生的主張，比起諸法自生、共生、他生的主張，還會有更多的過失；也就是說，山河大地及一切有情都可以無因無緣而突然出生、突然滅亡，聖者證得的智慧及涅槃解脫也應該是突然證得，並且也應該是隨時隨地都會突然消失不見了，於是又無因成為凡夫了。講到這裡，諸位就知道「**諸法無因生**」的主張是更荒唐的，我也就不必再詳加解釋了。（以上是連載前由平實導師補充的文字。）

然而，若不是有第八識如來藏，先出生了山河大地，先出生了六根與六塵，識陰六識都是不可能在人間出生的。這意思就是說：並不是只有如來藏爲因就夠，而且不是外於如來藏，只藉著各種助緣就能出生諸法、就能出生意識的。而是以第八識如來藏爲因，藉著如來藏所生的各種助緣而出生意識時，意識還是要從如來藏中出生的；因爲有生有滅的一切法，都是從第八識如來藏中出生的，不是被因緣法共生的，所以龍樹菩薩提出諸法不自生、不共生、不無因生的主張。龍樹菩薩如是說，四阿含諸經中如是說，大乘的經典中也如是說，密教部的《楞嚴經》中更如是說。所以這裡就已經證明說：**意識並不是由意根與法塵所共生的，而是由第八識如來藏藉著意根與法塵，以及其他種種的因緣而出生的。**所以說三界中沒有一法是由諸法來共生的，都是由如來藏藉諸法爲緣而出生的。

第二節　第七識、第八識，都是先於意識而存在著

【演講大綱】　由原始佛法阿含教典所說的第七識、第八識，都是先於意識而存在著，證明第七、八識並非由意識中細分出來的，故都不可說爲意識。細、極細意識（諸所有意識）都是意法因緣生，故第七識不應名爲意識；第七識又依第八識而生，故第八識更不得名意識。

講記內容：再從另一個層面來說，由原始佛法阿含教典所說的第七識意根、第八識入胎識，都是先於意識而存在著，來證明第七、第八識並不是由意識中細分出來的。所以，第七識與第八識都不應該說為意識；假使有人還在繼續高唱說「第七意識、第八意識」，當然都是愚癡無智的人。

這就是說，意根觸法塵作為藉緣而有意識出生，眼根觸色塵作為藉緣而有眼識出生。然而，這都只是藉緣，背後得要有那個第八識入胎識。因為意根與法塵還是名色所攝，而名色卻是入胎識如來藏所生的，這已經很清楚告訴我們說，意識不可能細分出第七識意根，更不可能細分出第八識如來藏——入胎識。而且在四阿含諸經中 佛陀很明確地定義了意識的生滅性，佛陀說：「諸所有意識，彼一切皆意、法因緣生。」也就是說，不論是什麼樣種類的意識，所有意識，不論粗、細、極細、極極細，只要是意識，全都是意、法因緣生。因為 佛陀特地用「諸」，也用「所有」，還說「一切」，這樣短短二句話中就三次強調說：凡是意識都是因緣生，都是生滅法。我再唸一遍給大家聽：「**諸所有意識，彼一切皆意、法因緣生**」，「諸」是指各個種類的意識，「所有」是函蓋全部種類的意識，「一切」則是攝盡一切種類的意識，全都是「意法因緣生」。那諸位可以想想看：粗意識、細意識、極細意識、極極細意識，是否都是意、法因緣生呢？顯然都是意、法因緣生。因爲既然都是意識，就不能外於意、法因緣生的範疇嘛！這就表示「第七意識」、「第八意識」仍然是意識，意識既是生滅法，就不應該說祂是不生滅的。那麼他們所說的第七意識、第八意識顯然不是第七識意根，也不是第八識如來藏入胎識，而是他們自己從第六意識中細分出來的意識，仍然是意法因緣生的意識，仍然是生滅法。

那麼既然意識是被生的，被生的心既不能自生，也不能共生，更不是無因生的，當然不可能出生別的法，自然不能出生名色，也就不可能執持無記業種、有記業種，因爲是生滅法。而且，單單只有意根、法塵時，也不能夠使意識出生及存在，因爲意根與法塵還得要以第八識如來藏爲俱有依，才能夠存在及運作，依舊是被生之法，怎能出生意識呢？那麼意識既然不能夠自生，也不能夠單由他法共生了意識，那這個意識顯然不能出生其他的法呀！意識既然不能出生任何一法，怎麼可能再細分出第七識意根、細分出第八識如來藏呢？這樣說明，大家應該心中可以決定了，可以說：第七識意根、第八識如來藏，都不能稱爲意識囉！所以，意識是藉著第七識意根爲因緣而從第八識中出生，並且意識出生時所依的第七識也是從第八識中出生的，當然意識不可能細分出第八識來嘛！因此，更不應該稱呼第八識如來藏爲第八意識！

第三節　六識論是密宗自續派中觀與應成派中觀邪見發明的產物

【演講大綱】六識論是密宗自續派中觀與應成派中觀邪見發明的產物，本屬聲聞法分裂出來的部派佛教未證果的凡夫論師們留下的遺毒。

講記內容：再從另一個方面來說，只有六識論者才會主張「第七意識、第八意識」的名稱啦！可是六識論的起源是什麼？六識論這個名稱其實是我們所說現代佛門中的六識論哦！古時候不說六識論這個名稱。六識論的邪說，其實是從古天竺密宗的自續派中觀以及應成派中觀發明出來的邪見產物。可是古天竺密宗這兩個自續派中觀、應成派中觀六識論的邪見，也不是他們自己發明的，本來是從聲聞法的上座部中分裂出來的部派佛教裡面，由部派佛教的那一些聲聞法的凡夫論師們所創造出來的；然後這個邪見之毒被天竺密宗所採用，因爲六識論者主張意識常住，使他們的譚崔雙身法享受淫樂的意識境界取得生存的理由，因此被天竺密宗支持、弘揚而一直留下來，直到今天還在毒害想要證得能穿越時空的金剛心的眞正學佛人。所以，不論是顯教中人或是密教中人，只要是應成派中觀或者自續派中觀的弘揚者，他們都是六識論者，都不肯承認第七識意根與第八識如來藏確實存在；又怕落入斷滅空中，只能認定意識常住不壞，因此永遠都不能外於意識生滅法，不能自外於意識境界，當然不可能超越意識嘛！那麼這就證明應成派中觀與自續派中觀都落入生滅法中，當然不是不生不滅的眞正中觀了。

第四節　真學聲聞解脫道者，亦不應信受六識論

【演講大綱】　已證聲聞果者，不論果位高低，都不會否定七、八識。眞學聲聞解脫道者，亦不應信受六識論，否則亦永無斷我見的可能，永遠不能見道而入初果中（於內有恐怖，於外有恐怖）。

講記內容：再從另一方面來說，一切已經證得聲聞果的人，不論他的果位高低：或者是阿羅漢果，或者是阿那含、斯陀含、須陀洹；不論果位高低，他們都不會否定七、八識；這個在《四阿含》教典中，已經很清楚的證明了，

而我也很清楚把這個道理與根據都寫在《阿含正義》七輯之中了。

所以眞正想要修學聲聞解脫道的人，都不應該信受六識論；否則當他信受六識論以後，從聖教中理解到 佛陀的開示是「證有餘涅槃要否定六識全部，入無餘涅槃要滅掉六識全部」，那麼他們心中都會有恐懼說：「人總共只有六個識，而我要否定六個識，我要把六個識都滅掉才能脫離三界生死輪迴，那豈不是變成斷滅嗎？」他心中一定會有恐懼。那麼，有恐懼，他就會害怕五陰斷滅，害怕意識心斷滅，不能接受「滅盡五陰十八界才能入無餘涅槃」的聖教；這就是《阿含經》中說的凡夫「於外有恐懼」，對外法五陰十八界的斷滅有恐懼，有恐懼就無法斷除我見。那麼，接著他信受了六識論以後，他想：「佛陀說我們的五陰內有一個入胎識，能夠出生我們的意根，出生我們的意識，出生我們的色身，那這個入胎識到底是不是眞的存在？佛陀是否只是方便說？縱使佛陀是眞實說，可是我仍不能證得，那我怎麼能證實眞的有這個識呢？那我如果依照佛陀的說法，入涅槃的時候，我把自己五蘊十八界全都滅盡了，萬一沒有這個入胎識存在，那我不是變斷滅空了嗎？」於是，因爲對這個內法入胎識不能證得，成爲《阿含經》中說的「於內有恐懼」的凡夫。於內有恐懼的緣故，他也不能斷我見！因爲他一定會把意識抱得緊緊地，不肯否定意識，只會繼續認定意識是常住不壞心；又不能公然否定 佛陀的聖教，只好創立細意識常住說，繼續堅固自己的我見與三縛結。

第五節 真學大乘佛法者，不應信受六識論

【演講大綱】 眞學大乘佛法者，不應信受六識論，否則永無見道明心的可能。

講記內容：那麼這意思是什麼呢？是說，不論你是修學大乘法，或者你是修學二乘法，都不應該信受六識論，而應該依照四阿含諸經或者南傳的《尼柯耶》所說的八識論爲前提來修學。不論南北傳的《阿含經》所說的，都確實說有第七識意根，也確實有第八識入胎識的存在。當你知道南、北傳的《阿含經》都是八識論的主張，這樣，才有可能斷我見，乃至斷我執而成爲阿羅漢。也要這樣信受才有可能在禪宗的法中開悟明心，才有可能親證法界實相的智慧，才有可能現觀宇宙原來是從這個金剛心如來藏而來的，也才有可能發起中道實相的智慧，才能說是親證實相般若的菩薩；所以明心以後有中道實相的智慧，可以現觀諸法的本源就是這個第八識如來藏心。那時也可以從

這個現觀而作出比量的推斷：山河大地、宇宙的存在，其實就是從這個宇宙萬法的本源所出生的，是由共業眾生的如來藏來出生了宇宙，才能有眾生在宇宙中流轉生死。所以不論你學大乘菩提或者二乘菩提，都不應該信受六識論！遠離了六識論，那麼修學二乘菩提或者大乘菩提時，你修學的方向就正確了；方向正確了，你將來就會有實證的一天！

第六節　三縛結之斷除

【演講大綱】三縛結之斷除。五陰虛妄之略說：色陰（欲界色十法、色界色六法或二法）已斷知，識陰（六識及六識自性、欲界六識、色界四識或一識、無色界一識）已斷知，受陰（苦、樂、憂、喜、捨受）已斷知，想陰（語言之想、了知之想）已斷知，行陰（身行、口行、意行）已斷知。利根人聞此一席話，應已斷三結；鈍根人需再聞熏及觀行。五陰我見斷盡，名初果人，三結斷：身見、疑見、戒禁取見，已斷知。

講記內容：已經講過前面的法義以後，諸位假使有確實的理解了，就可以幫助大家取證聲聞初果了！所以再接下來，就是剛才還沒有跟諸位詳細說明的證初果、斷三縛結的內容。那麼在這裡要跟大家說明證初果、斷三縛結到底是什麼內容？諸位要詳細聽聞，然後隨聞入觀！一面聽聞，一面從自己身心中去作觀察；如果你有眞的聽懂，如果也有如理作意的觀察，那麼可能你今天在座位上就可以得法眼淨——生起解脫道的見地，也就是證得聲聞的初果，初果見道的智慧就會生起。

假使演說佛法時說了一大堆，聽聞者都不能實證，那不是眞的佛法。諸位從四阿含諸經中，以及從大乘經典中，都可以看見這一類事實：當 佛陀說法完了，這個人證初果，那個人證三果，那個人證四果；當 佛陀演說大乘法說法完畢，這個人開悟證得大乘無生忍，那個人開悟證無生法忍。必須是這樣的說法，才是眞實的三乘佛法。所以我現在接下來要幫諸位用心於三縛結的斷除，希望諸位都能夠如理作意來聽聞，並且希望都能夠很詳細地不要漏掉任何一句，把它聽清楚。

斷三縛結，所斷第一個結就是我見的結，又名身見結；第二個結是疑見，第三是戒禁取見。那麼先來講我見：我見又分成五陰的部分來說，五陰的第一個部分是色陰，爲什麼稱爲陰呢？因爲它會遮蓋眾生的解脫智慧，使眾生被無明籠罩，所以叫作陰。那色陰就是使眾生誤以爲這個色身就是自己，而這個色陰的範圍比較廣泛；但一般都指說是色身五根，也就是指眼根，耳根，鼻、舌、身根這個身體。那麼眼耳鼻舌身這五根各有浮塵根與勝義根，浮塵根是說表面上看得見的，浮在身體的表面上，譬如說：眼如葡萄、耳如荷葉、鼻如懸膽、舌如偃月、身如肉桶，那麼這都是從身體的表面上可以看得見的，稱爲浮塵根。這五色根是面對五塵色、聲、香、味、觸加以了別的心之所依，而這些器官就叫作浮塵根；而這五個浮塵根只能接觸外面的五塵，可是不能了別。

然後，外面的五塵也是色法，我們的識陰六識卻是心，心不能接觸色法，當然不可能了別外面這五塵啊！所以得要我們的金剛心如來藏，在我們的勝義根中，藉著浮塵根所攝受的五塵，而在勝義根裡面變現出另外一套內五塵，這樣我們的覺知心才能接觸；因爲這個由金剛心如來藏變現出來的內五塵是自心所變現，而我們的識陰六識也是自心所變現，那才能接觸和了別嘛！這就是說五塵有外相分與內相分的差別，內五塵也是由色陰所含攝。

我這個說法有沒有根據呢？有！四阿含諸經中　佛陀說有內六入，有外六入；這就證明是有內相分的五塵，也有外相分五塵。那麼如來藏出生了我們這個五色根去接觸外五塵，外五塵上有種種變動，那就成爲法塵，這個法塵仍然與內相分五塵一樣屬於色陰所攝。譬如說色塵上的種種細相，就稱為法處所攝色；這個法處所攝色，仍然歸色塵所攝，所以還是色陰。色陰總共有十一個法——五色根、五塵以及法處所攝色。

好！那麼聲塵呢？聲塵，聲音也是一種物質，它是微細的物質；而這個聲塵上面也有法塵存在，這個附屬於聲塵中的法塵，就叫作法處所攝聲，那仍然是色法，一樣歸屬於法處所攝色，所以是色陰所攝啊！因為仍然是屬於色塵。譬如說：一個聲音突然出現，耳識馬上聽到了，但耳識不能辨別那是什麼聲音；因為不能從聲音的那個法裡面去辨別，那得要由意識來辨別；意識才剛一聽就立即知道：「哎呀！這是老爸在叫我。」當你知道那個是老爸的聲音時，那已經是法處所攝聲了。這個法是附屬於聲塵而存在，所以它仍然屬於色陰所攝，因為聲塵也是色法。

法處所攝的色法都屬於色陰，所以五色根——眼根、耳鼻舌身根，都是色陰；五塵——色聲香味觸，也是色陰，而這五塵上所顯的法塵也是色陰。這色陰全都不真實，是因為如來藏藉著所生的浮塵根去攝取外五塵，五塵上的法塵隨附進來，然後就有內相分的內六塵，所以就有了內六入（這都是《阿含經》講的而不是我創造的）。那麼，有了內六入，覺知心才能夠跟外境聯結，才能夠在人間生存。那麼這六塵以及五色根都屬於色陰所攝，那由這樣的出生過程，諸位當然都知道色陰是虛妄的嘛！知道色陰虛妄，那麼你就不再認為色陰的這個假我是眞實，那你就是色陰我見斷了，這是證聲聞初果的第一部分。

所以 佛陀都會問：「粗色是眞我嗎？細色是眞我嗎？」譬如說人間是粗色，到了色界天那就是細色！色界天人的天身很廣大，為什麼能廣大？因為物質很微細，才能很廣大，那叫作細色。佛陀問：「細色是我嗎？」弟子們都答覆說：「不是！因為是虛假的。」「那麼遠色是我嗎？近色是我嗎？現前的色是我嗎？」結果都不是！因為不論是過去久遠劫以來自己的色陰，或是剛過去幾劫以來自己的色陰，或是現前仍然存在的自己的色陰，我們全都知道是生滅法；知道是生滅法以後，這個以色身、以色陰為我的我見就斷了嘛！這是第一個我見斷。

然後，有了色陰之後就會有識陰被如來藏出生，識陰六個識—眼識、耳識、鼻識、舌識、身識、意識—就出生了；藉著色陰作為因緣，所以入胎識如來藏出生了識陰。好！有了識陰，識陰顯然是生滅法；因為要藉根塵相觸，這個入胎識才能出生識陰等六識。那，識陰出生了以後，既是生滅法，當然不是眞我。所以 佛陀也會問：「識是眞實我嗎？」聖弟子一定答覆：「不是！」「那麼過去很遠，很多世以前，很久遠的識，是不是眞我呢？」聖弟子又會答覆：「不是！」「那麼近識呢？比如說上一世比較近的識，是眞我嗎？」聖弟子們也答覆：「不是！」因爲都是生滅法，都是意法因緣生。那麼如果諸位現在心中確定自己的能見、能聞、能嗅、能嚐、能觸、能覺能知的這個覺知心是假的，你確認了，你接受了，那就是識陰我見斷，這就是第二個我見被自己斷除了。如果你能夠細心地一句都不遺漏，聽到這裡，你的我見想要不斷除，也是很困難啦！

好！那麼識陰我見斷了，接著來看受陰的我見。因爲有色陰、有識陰，才能夠有受的出現：**苦受**、**樂受**、**不苦不樂受**。或者說，在這三受出現之前直接接觸六塵的受；譬如說剛剛被人無緣無故罵了一句：「渾蛋！」心裡面還沒有生氣起來，剛開始了知聲音的那個受，那叫作境界受，那也是受陰。然後瞭解那個聲音是在罵自己而生氣起來，那已經是了別完成，知道他在羞辱我，所以生氣，那也是受陰，那已是後面的受陰了。又譬如說，不小心踢到了樓梯，腳好痛！那時覺知心還沒有痛苦起來，那只是境界受，那也是受陰。可是接著，心情、心裡面好痛苦：「哇！痛死了！痛死了！」那個痛已經變成覺知心也跟著痛；剛才只是腳痛，現在心也跟著痛，這也是受陰。可是不論哪一種受陰，都是先要因爲有色陰也有識陰之後，配合運作，受陰才能出現嘛！所以受陰是三法因緣生，當然也是生滅法而不眞實！

所以，有時候 佛陀問：「現在受眞實不眞實？」聖弟子都說：「不眞實、非我。」「那麼過去受、遠受、近受是眞實嗎？」結果都是「不眞實」，那佛陀又從受來說：「苦受眞實嗎？」聖弟子都回答說：「不眞實！」因爲苦受會過去。當你正在苦的時候 佛陀來了，褒獎一句說：「你眞能忍苦，你證果有望。」那麼心裡面就高興起來，又有樂受來了，苦受暫時不見了，所以苦受無常、生滅。可是 佛陀離開了，那麼你在那邊觀行時，始終是智慧不開，所以很煩惱，苦受又出現了，所以樂受又不見了，因此樂受也無常。那麼樂受無常，那就應該漸漸久了又變成捨受了，成爲不苦不樂受了。那麼住在不苦不樂受中，渾渾噩噩過日子，突然間上座長老來了，就責備他：「你一天到晚只會睡覺，只會休息，都不懂得精進辦道！」於是心中又生起苦受，那這個不苦不樂受又消失了，因此也是無常。那這樣看來，三種受陰還眞的無常！好了，既然受陰無常，請問：「你還會不會認爲受陰是眞實我呢？」當然不會！一定不再認定受陰是眞實我，那就是受陰我見斷除了。

至於想陰呢！想陰有二種想，第一種想，是大家所熟知的心中有語言文字在思想某些事情，這是第一種想陰；這個想陰若是沒有色陰、識陰、受陰，就不會出現；如果把這三陰都滅除了，想陰就不可能出現了，所以能想、所想、想的過程顯現出想陰來；然而想陰卻是由色陰、識陰、受陰的存在與運作，才能夠出現的，所以第一種想陰是生滅不實的；你不再認定以語言文字思惟的想陰是眞實的自我，那麼第一種想陰的我見就斷除了。

接著再看第二種想，這是大家所不知的想陰，也就是了知。佛陀在《阿含經》中說「**想亦是知**」，意思是說：「**了知也是想陰。**」這就是說，當參禪人斷除了語言文字妄想時，心中常常保持在離念靈知的狀態中，對境了了常知而不昏沈，警覺明了而清楚明白，也就是面對六塵境界時清清楚楚明明白白時，其實就是另一種想陰的境界。然而當你現前仔細觀察這個想陰—這個清楚明白的了知—的時候，發覺這個了知是不可能離開色陰、識陰、受陰而存在的，是依這三陰才能存在的，當然是生滅不實的假我，所以這個了知也是假我，是虛妄法；於是第二種想陰我見也跟著斷除了，這樣就是斷除第四種我見了，也就是斷除想陰我見。

好！想陰我見斷了以後，你就觀察身口意行的存在是怎麼來的？身口意行的存在，就是因為有色陰、識陰、受陰、想陰的存在與運作，才產生了色陰與識陰在時間與空間裡的過程轉換，才會有行陰出現嘛！那這行陰顯然是最後才出生的，是依前面四陰才有的，那當然你不會認這個行陰是眞實的自我。不論是色陰的行陰、識陰的行陰，乃至受想陰的行陰，全都是藉前面先出生的諸陰而有的，當然各種行陰都不是眞實的自我，那這樣就是行陰我見斷了！

這樣，五陰的我見都斷了以後，你心中一定會恐懼：「**那我斷了我見以後，一定要進修而斷除我執，未來入無餘涅槃時是要把五陰我全部滅盡，會不會變斷滅？**」我告訴諸位：**不會斷滅**。因為這一個出生五陰的入胎識眞實存在，我們正覺教團的老師們都在教導同修們如何實證祂，而我們很多人也都實證了，這是從現量上證實入胎識如來藏眞實存在；聖教量中也說祂確實存在，並且我在這場演講中也從理證上以及比量上，再三證實祂的存在與常住不滅，所以諸位可以放心的把五陰的我見給斷了。

當你把五陰我見眞的斷除了，你就是聲聞初果人。你只要確認有第八識眞實不滅，相信這一點，相信聖教所說，也相信這一個下午我整體的說明，並且已經確實理解我所的內容了，那麼諸位相信這個第八識能穿越時空的如來藏眞實存在，那你就知道自己還有一個法是可以存在不滅的；所以你對將來入涅槃時五陰的壞滅就沒有恐懼，你在以後進修解脫道的日子裡，就可以眞的把我執斷盡：「**我今天把我見斷了以後，未來的日子裡要繼續盡斷我執，努力去斷我執。**」將來把我執斷盡的時候，你就是慧解脫阿羅漢，那麼你對於外法五陰的斷滅就沒有恐懼，這叫作於外無恐懼。於外無恐懼了，你將來就可以證四果；如果心中還有一絲絲懷疑說：「**那第八識如來藏眞的存在嗎？**」那你今天的證初果只會是表相，不可能是眞正的證初果，這一點諸位一定要先瞭解。

好！我見斷了，那麼心中的懷疑就跟著斷了。我這裡說的懷疑是指什麼呢？是懷疑說：「**聲聞初果眞的能證嗎？佛陀是不是講一些話來安慰我們而已？**」當你現在眞斷我見而不懷疑，你現在很清楚知道我見眞的可以斷：「**因爲我在這一些法裡面，已經法眼清淨，我知道自己不會再落入五陰我見中，不會再錯把五陰認定是眞實的自我。**」這樣的懷疑斷除了，這就是疑見斷了。那麼疑見的斷除，還有一個解釋，就是在大乘法的《楞伽經》中有說：**於諸方大師不疑**。也就是說，當你悟了聲聞菩提以後，諸方大師之中，誰有斷我見、誰沒有斷我見；或者當你在大乘法開悟以後，諸方大師之中，誰有開悟、誰沒有開悟，你都可以看得清楚，這也是疑見斷。所以今天這一席法聽下來，你如果能夠一面聽聞，一面隨聞入觀而把我見眞的斷了，你在聲聞解脫道中初果人所斷的疑見也就斷除了，那你就有能力可以判斷說：諸方大師那一些人，到底誰有斷我見，誰沒斷我見，你就可以判斷，這時你對諸方大師就沒有疑惑了：**我知道他有斷我見，他至少是個聲聞初果；我知道另一位大法師沒有斷我見，他根本是個凡夫**。你對諸方大師的斷、證，心中都不生疑，這也是疑見斷。這樣，斷我見、斷疑見，是斷了三縛結中的兩個結了；繫縛您輪迴在欲界中、在三界中的三個結裡面，你已經斷了兩個。

接著就是第三個結啦！叫作戒禁取見。這第三個結，意思就是說外道們施設很多奇奇怪怪的戒，說弟子們如果違背那些戒律就會下墮地獄，遵守那些戒律就能得解脫。那他們怎麼施設呢？譬如說有外道施設「食自落果戒」，規定說：**「你出家修行，只能吃自落果，在樹上的都不許吃，必須是自己掉下來的你才能吃。你只要一生奉行不渝，那你死後就可以得解脫。」**還有外道說：**「你每天要泡水三個鐘頭，像魚那樣泡，你才能得解脫。」**乃至規定要以五灰塗身、五熱炙身等種種苦行，說如果能夠確實遵守這些戒條，死後就可以得解脫。

然而這一些外道施設的戒，它是不是跟解脫有關？你在斷我見、疑見以後就可以自己判斷。你已經知道說，解脫、證初果就是要先斷我見，斷我見之後想要證二果、三果、四果，就是要去修斷我執、我所執。這時你已經知道說，佛陀施設說你不該貪著什麼，又不該貪著其他的什麼，你也不該認定五陰爲眞實我，依照這些正理而施設戒法讓弟子們遵守，才能使人得解脫。而你知道外道施設的那些食自落果戒、塗灰外道戒、泡水戒，或者說五熱炙身、常立不坐、常坐不臥的苦行外道等等，那一些施設的戒法根本不能使人得解脫。相對的，既然不是使人解脫的戒法，那麼違背那個戒的時候，當然就不會下地獄，因爲那個戒是無效的施設。這時你對於諸方大師所施設的戒法能不能幫助人家解脫，已經有很清楚的認知，也能夠很正確的判斷，這表示你的戒禁取見已經斷除了。那麼這個能使人輪迴於三界中的第三個結，你也斷除了！

可是我說你斷了這三個結，並不是現在聽聞了就算數；你回家以後，還要依照阿含部的所有經典詳細加以比對，自己再作思惟觀察，來確定自己這三結是不是眞的斷了。那麼如果已經如實確定這三結眞的斷了，今天眞的不枉來這一趟！因爲這一趟很辛苦欸！在這裡要坐五個鐘頭！但是這五個鐘頭的辛苦是有代價的，因爲根本不能使你斷三結的法，百年來到處在流傳著，也已經讓你熏習了十年、二十年；有的人則是已經學了三十幾年了，還是不能斷三結。或者說以前自以爲斷三結了，今天聽完了才知道原來以前是誤會了！而今天終於眞的斷三縛結了，那麼這一場辛苦可就有了代價！這就是我們正覺同修會來高雄巨蛋作這一場演講的目的。

我們來高雄辦這一場法會，不是爲了要跟諸位勸募，所以我們不設功德箱，我們只是要把法免費送給諸位！（大眾鼓掌……）那我們……（大眾仍繼續在鼓掌……）謝謝！謝謝！那我們給諸位的贈品也非常豐富，請諸位一定要記得帶走；因爲那裡面有很多的法寶，希望諸位可以獲得受用，回家以後可以慢慢受用。

好！那麼三結已斷已知，這是自知自作證哦！阿羅漢對自己是不是已經證得阿羅漢果，都是自知自作證的哦！所以，阿羅漢們都是自己證得阿羅漢果以後，才去向　佛陀稟報說：「**我梵行已立，所作已辦，不受後有，知如眞。**」然後　佛陀再作勘驗以後就證明說：「**你眞的不受後有，知如眞。**」便記說他是阿羅漢。證初果的人也是一樣，所以證初果的人也可以去向　佛陀說：「**我今已經法眼清淨。**」記說自己得初果，然後　佛陀會問：「**你如何說你是得初果呢？」初果人就要把他斷三縛結的內容說明出來，然後 佛陀會為他授第四記說：「你眞的已得法眼淨。」聲聞法中的法眼清淨就是證得初果，這是自知自作證的。

第七節 六識論之必然演變及結果

【演講大綱】 六識論之必然演變及結果：

1、始從否定本體論而強力主張緣起性空（外於涅槃本際而說緣起性空），自謂為究竟佛法。

2、譬如釋印順發覺已成為斷見，使自論之緣起性空論成為戲論（難免「於外有恐怖」），不得不回歸本體論，建立滅相眞如以救斷滅本質；但因滅相眞如與因果律、實性眞如、三自性完全無關，使其「佛法」依舊不離割裂後的支離破碎狀態，再次成為戲論。

3、因仍無法自圓其說，不得不另行建立細意識常住說，因此返墮常見中（難免「於內有恐怖」）。千餘年來的六識論佛法，始終如此反覆演變，不出這三種演變範疇，週而復始不斷演變。以此緣故，三縛結永不能斷，更不能實證佛菩提，精勤久修一世，浪費生命、錢財、精力，唐捐其功。故應認定有本住法入胎識如來藏常住不變，才能於內、於外俱無恐怖，才能眞的斷我見乃至我執（於內、外俱無恐怖之經文及詳細內容，請逕閱《阿含正義》第四輯）。

敬祝諸位大德都能由此一席演講的多聞熏習，以及回家後自住於閑靜處觀行，實斷我見，並能自我檢查我見確實已斷而證初果。

講記內容：好！那麼最後只剩下二十分鐘，嗯……我希望能夠把它講完，要很趕了，因爲剛才必須花很多時間跟諸位講斷三結，是希望今天諸位沒有白來一趟。來這一趟若是眞的可以斷三縛結，這才是最重要的。那後面如果講不完的部分，我就會選一些比較不重要的內容跳過去而繼續說。

接著我要說的是：六識論者的必然演變的結果。台灣有很多六識論者，大陸亦然。但是這一些人，他們會先從否定本體論開始，也就是否定第八識金剛心的常住，強力主張緣起性空、一切法空。但他們的「**緣起性空說、一切法空說**」跟 佛所講的不一樣，佛所講的是依涅槃本際，是依入胎識的常住不壞，來說一切法緣起性空，而他們是否定了這個涅槃本際來說緣起性空。他們自己認爲「自己說的是究竟的佛法」，但卻是屬於意識思惟，而且是錯誤理解的境界，落入斷滅空裡面啦！因爲他們的法義中沒有常住的眞心，沒有常住不壞的如來藏心可以穿越時空；而意識只有一世住而已，於是在主張一切法全都緣起性空而滅盡五陰十八界以後，他們所說的無餘涅槃就成爲斷滅空了。

那麼爲了避免斷滅空的大問題，接著怎麼演變呢？他們後來一定會回歸本體論。他們首先否定本體論，因爲要否定人家所說的很難實證的如來藏；這是因爲他們都無法實證金剛心如來藏，當然要否定。然後接著再來回歸本體論，爲什麼要回歸呢？譬如說，他們會發覺：把第七識、第八識否定以後，依聖教以及實際上的現觀，都會使自己的緣起性空觀成爲戲論，所以於外有恐怖。因此，不得不回歸本體論，但又不願回歸無餘涅槃中的本際如來藏心，所以他們就建立一個「**滅相眞如**」，說蘊處界諸法滅掉以後，那個滅相不滅，不滅就叫作眞如，這叫作滅相眞如。但那其實是斷滅空，他們希望以這樣的建立來救護自己落入應成派中觀的斷滅本質。但是，有個問題是：**他們所建立的滅相眞如卻跟因果律無關，跟業異熟果無關，跟無記業的三世流轉無關；跟二乘解脫道、大乘實相眞如以及三自性，也都完全無關**，因此使他們所建立的佛法，依舊成爲割裂而支離破碎的狀態，必然成爲無法實證的假佛法，再次成爲戲論。而他們所說的滅相眞如其實並不存在，因爲那只是一個意識心的想像、戲論而不可實證；滅相眞如的本質就是斷滅空，所以他們依舊不能夠超越時空。

因此他們最後必須要回歸到本體論來，可是回歸到自己施設的本體論滅相眞如的建立，是不可能成立的，所以他們又另外建立說有一個意識細心（細意識）是常住的，說這個細意識能執持各類種子。他們這個說法跟宗喀巴的《菩提道次第廣論》是一樣的，都以生滅的一世住的意識作爲輪迴的主體，作爲能生名色的眞實心。然而意識是生滅法，每一世的意識都只能存在一世，不能來往三世；而且是所生法，意識不能自生也不能共生，當然不能執持種子，就不能出生我們的名色、五陰。所以他們建立了細意識常住說，是不能斷我見的，因此他們又反墮於我見之中。那麼既不能超意識，當然就不能穿越時空囉！這就是應成派中觀師釋印順的法義不斷轉變的內涵。

那麼接著說，千餘年來，源自於聲聞部派佛教的六識論的相似佛法，就始終是這樣重複的演變著：先否定本體論，然後下一代又回歸本體論；但是回歸本體論以後，又必須建立細意識常住，又落入常見中；然後下一代覺得不對，再來否定這個細意識，又落入斷見中；然後下一代又重新再建立細意識常住的理論，又落入常見中。就這樣不斷地重複演變，演變來、演變去，都不能出離這三個階段的反覆演變，這就是古今一切六識論者的宿命，也是盡未來際一切六識論者的宿命。

那麼他們就因爲這個緣故，永遠不離意識境界，所以三縛結永遠都不可能斷除。三縛結不能斷除，就使他們對二乘菩提不能親證；連粗淺的二乘菩提都不能親證，那麼大乘菩提那個勝妙法——甚深般若，當然就不可能實證。所以他們六識論者精勤地久修一世以後，只是浪費生命、錢財、精力，一生所修唐捐其功，永遠都無法證得諸佛菩薩能夠穿越時空的超意識境界。

所以眞想修證解脫道，眞想修學佛菩提道的人，都應該認定有個本住法－入胎識、如來藏－是常住不變的，這個第八識是具有金剛性，無一法可以壞滅祂。這樣由這個心來使涅槃常住、眞實，能夠受持一切種子而使因果律昭昭不爽，這樣正確的修行就必定會獲得解脫以及法界實相智慧的果報。能夠這樣的人，才能夠於內無恐怖，於外也無恐怖；這樣才能夠眞的斷我見、證初果，或者進而斷盡我執成爲阿羅漢，乃至迴心佛菩提以後可以證悟明心而成爲三賢位的菩薩摩訶薩，甚至繼續進修而成爲十地裡的菩薩摩訶薩。那麼，關於於內、於外都無恐怖的經文與詳細內容，今天是沒有時間爲大家說明的，請諸位直接去請閱《阿含正義》第四輯，裡面有詳細的說明。

那麼在這裡，敬祝諸位大德都能夠經由這一席演講的多聞熏習，以及回家之後自己安住在閑靜處，如理作意地觀行，可以確實印證自己已經斷了我見；並且能夠自我檢查，確實已經斷除了三結、證得初果，成爲法眼清淨的聲聞初果人。至於想要證悟這個穿越時空的第八識如來藏，那就不是這麼簡單的囉！這就無法在這裡跟大家公開說，因爲 佛陀告誡不許公開說！我若是在這裡爲大家明講了，就是嚴重違犯了法毗奈耶。那麼就請諸位如果有因緣的話，來正覺同修會共修；我們有施設禪淨班，從最基礎的，把你當作一張白紙這樣從頭開始教，教到你將來可以證悟這個第八識如來藏，然後你就可以穿越時空，可以超越意識境界了。

第八節　台灣六識論者近年來的演變

【演講大綱】　台灣六識論者近年來的演變：

1、已經開始否認自己是六識論者——自稱爲八識論者，但仍屬六識論者；因其所謂之第七、八識都是由意識細分而有者（說第七識意根是意識的種子，或說第八識如來藏是細意識），仍屬第六意識，故仍是六識論者，必定無法斷我見。

2、正法永遠不會有演變，會有演變的都不是實相法，故非正法。

3、第七意識、第八意識仍屬意識，仍是第六識，唯一世住，不能超越時空。第七識意根雖非第六意識，仍屬可滅法，仍非究竟超越時空者；依第六意識而住時能了知時空，住於時空中，非超越時空者。第八識如來藏永無滅時，無法可以滅祂，方屬超越時空者；第八識自身從來不了知時空，故不住於時空中，方屬超越時空者—眞正超意識境界—實相法界境界。

講記內容：接著要來說明台灣的六識論者近年來的演變，把這個講題作一個結束。台灣的六識論者這幾年來，大多宣稱說自己不是六識論者，改稱自己也是八識論者。但是他們的本質仍然是六識論，因爲他們所謂的第七識與第八識，都是由意識細分而出的，所以他們稱爲「第七意識、第八意識」，那當然還是意識，不曾脫離六識論！那麼，他們那些人中，有些人說：「意根是意識的種子啦！」有的人說：「如來藏就是細意識啦！所以意根這個意識種子就是第七意識，那細意識如來藏就是第八意識。」那麼這個說法依舊不通，不通的道理在前面已經爲諸位講過了，這裡就不再重複。所以說，他們既然還是在意識的範圍中，那當然就是沒有脫離六識論的範圍囉！所以他們仍然會落在我見中，本質還是六識論者，仍然是執著於意識常住的思想，那就跟常見外道一樣無法斷我見！

那麼接著說呢，他們還會繼續傳播錯誤的佛法演變的史觀。可是三乘菩提的內涵是永遠不會有演變的，因爲解脫道的實證涅槃永遠都是滅盡五陰十八界，意識永遠都是一定要被滅除的；然而滅盡意識等五陰以後並不是斷滅空，因爲滅盡之後在無餘涅槃中，仍然有個本際─就是入胎識如來藏─常住不滅，祂是不受時空限制的。而聲聞解脫道這個正理是永遠都不會被演變的，所以眞正的二乘菩提是永遠不可能有所演變的；會演變的當然就是那些凡夫論師們持續在演變，都屬於六識論的凡夫論師們在演變。而六識論者，他們都是發源於聲聞法部派佛教，是從上座部聲聞法中分裂出來的部派佛教裡的那一些凡夫僧所寫的論，不斷地演變他們所不曾實證的大乘佛法。而聲聞法中的六識論者就這樣主張，把這個聲聞法─二乘法─中的凡夫論師弘法的演變狀況，套到大乘佛法的弘傳事相上面來，然後說大乘佛法也有演變，這其實是移花接木啦！

接著說，兩千五百年來，大乘菩薩所弘揚的法義從來不曾演變過，眞悟的菩薩僧團也始終不曾分裂過；到今天依舊是第八識如來藏妙法在弘傳著，始終如一。至於大乘般若中所說的實相，那是萬法的根源；萬法的根源就是本住法，就是第八識如來藏；祂是十方三世一切法界的根源，也是十方三世法界的眞實相。既然稱爲實相，就表示祂是永遠不變的，是恆，是常，是無始無終永遠如一而不可能會有演變，這樣才能夠穿越時空嘛！所以，凡是有演變的佛法，都是凡夫的揣測與想像，那都不是眞正的佛法；凡是會演變的都不是實相法，都不離意識境界，因爲他們一定會受時空限制而只能夠存在一世，也會被眞悟者質疑而不得不演變，所以都不是眞正的正法。這就是說，凡是會演變的法，不管它是二乘菩提或者大乘菩提，都是六識論的凡夫論師以意識思惟所得的相似佛法，那並不是三乘賢聖所證的眞正佛法。

源自聲聞法部派佛教中的應成派中觀，自從滲入大乘法佛教中以來，一直都是六識論者的代表；傳到西藏以後，應成派中觀藉著政治勢力而大大弘揚起來；自續派中觀勢力比較小，但同樣都是六識論者。傳到台灣以後，則有顯教中的大法師主動繼承應成派中觀的六識論邪見，廣爲著述而大力弘揚起來

[43]。而他們所謂的第七意識、第八意識，其實仍然是意識，仍然是第六意識；所以第七意識與第八意識的說法，都只是妄想施設而不可能成立；既然都是意識，就是第六識，就不應該建立第七識與第八識的名稱。所有的意識都只是一世住，不論粗細，都不可能穿越時空來往三世。都是只能存在一世的生滅境界，那當然不能超越意識所住的時空的侷限啦！所以想要超越時空，一定要超越意識；當然超越意識的前提，就是要先如實知道意識是生滅的。

好！那麼接著說，第七識意根雖然不是第六意識，不是從意識中細分出來的；祂雖然是意識生起之時的憑藉，無始以來仍然穿越時空而不曾一刹那中斷過；祂也不受限於意識的生滅境界，然而這個意根仍然是可滅法，仍不是究竟穿越時空的心。因爲祂必須要依附於第八識如來藏才能存在，而祂也是阿羅漢入涅槃時必須要滅除的虛妄心。而這個意根就是處處作主、刹那刹那作主的心，就是眠熟而意識斷滅以後，悶絕而意識斷滅以後，祂仍然在了知重大法塵變動的心。總而言之，意根的定義呢，作一個很簡單的界定與說明，依照一般人所能理解的方式來說，我們就稱祂爲**直覺**。當你醒著的時候，

---

43 案：即是釋印順及其繼承人。

那個直覺就是意根（當然直覺也有意識的成分在裡面）；但是你睡著無夢的時候、悶絕的時候，意根還是在，那就不叫作直覺，因為祂那時沒有意識來配合，所以祂的知覺就紆曲了！得要先把意識喚醒以後，祂才能夠以直覺來作主。好！這就是極簡單的解說意根，希望今天在座之中若有初學佛的人，可以稍微懂得意根的一些法義。

接著說，住於第六意識境界的人，即使他宣稱是開悟了、證眞如了，其實仍然是意識覺知心；因為他們所悟、所證的眞如心，仍然是意識，就不是眞的開悟。又為什麼說是意識呢？因為那個心能夠了知時間、空間，所以那個心仍然住於時空中，那就不是穿越時空的心囉！不能穿越時空、不能超越時空，那當然不是金剛心嘛！而且這個意識心也只能存在一世，不是從前世移轉過來，也不能去至未來世，所以一樣不能穿越時空。第八識如來藏是永無壞滅的時候啦！因為祂是萬法的根源嘛！萬法既然都從祂出生，怎麼有能力回過頭來滅祂呢？所以無法可以滅祂，因此說祂性如金剛；乃至十方諸佛也不可能壞滅祂，所以講解這個心的經典就叫作《金剛經》。由這個金剛心而可以度到無生無死的彼岸去！這個才是眞正穿越時空的心！

接著說，這個第八識如來藏出生的五陰，住在時間、空間中，可是這個如來藏心從來不在時空中，也從來不了知時空，這才是眞正的超意識境界，這就是菩薩摩訶薩所證的實相法界的境界。而這個金剛心與三界有情的五陰不一不異，祂永遠是不生不滅、不來不去、不增不減、不垢不淨，所以祂是不生不死的心，這才是眞正的中道。五陰境界中—意識是識陰所攝—是不可能有佛法般若中道的，證得這個第八識中道心，才是眞正懂得中道觀行的人，才是眞正親證般若中觀的人。因爲五陰是生滅法，不可能不生不死；意識是生滅法，不可能不生不死；有生有死就不可能是中道境界。若以意識來思惟想像中道，那畢竟只是思惟與想像，不是親證的，當然不可能親證中道觀行的內容，不可能懂得中觀。

那麼這個中道心是一切有情各自本有的，而且是從來不可能壞滅的這個中道心，乃至集合十方諸佛無邊無盡的威神之力爲一個最大的威力，也無法壞滅一隻螞蟻的第八識中道心阿賴耶識，因此 佛陀就說這個心是金剛心，又名如來藏。因爲這個心不受時空限制，是萬法的根源，宇宙中找不到任何一個法可以壞滅祂，所以祂才是我們大家在父母未生我們以前的本來面目，這就是禪宗所證悟的本地風光。

這個如來藏是萬法的根源。爲什麼是萬法的根源？我把祂作一個總結說：因爲祂出生有情。一切有情不論生在人間，生在三惡道，生在欲界天，生在色界、無色界天的五陰或者四陰，都是由這個如來藏所生的，所以叫作「三界唯心」。三界境界都是由這個金剛心所生，如果沒有這個心就沒有三界世間，所以說「三界唯心」。祂出生一切有情，然後才有萬法，所以祂是萬法的根源。這個如來藏金剛心也出生了世界，也就是出生了宇宙。宇宙是從哪裡來的？是因爲有眾生的五陰就會有宇宙；有眾生的如來藏要出生五陰，那當然就要先出生宇宙山河大地！那麼宇宙就是這樣來的；所以宇宙萬法的根源，就是這個能穿越時空的如來藏金剛心，宇宙就是由所有有情的如來藏心共同變現出來的。

那麼這個心也是出生淨土的心。我舉一個例子來說，極樂世界的蓮花（可能要多給我十分鐘，好不好？大概就可以結束哦！我講得很趕哦！從來沒有這麼趕），（大眾鼓掌……）好！謝謝喔！我們繼續趕啦！因爲要留時間給大家解答問題。譬如說極樂世界的蓮花是怎麼出生的？當你們大家念 阿彌陀佛，發願求生極樂世界，阿彌陀佛並沒有幫你造一朵蓮花來等你哦！而是因爲你發願要往生極樂世界，所以你的如來藏依據祂的不可知執受的功德，就在極樂世界的七寶池中變出來而生了一朵蓮花等著你，極樂世界的蓮花是這樣來的。

那麼，我前一次來高雄演講的時候，有人問過這個問題，我曾經答覆過說：我親見到極樂世界有我的蓮花，那還叫作蓮苞！是青紫色的，散發出青光，也就是說它那個青光裡面夾著很多白色白光、金色金光……等五彩繽紛！主要以青光為主，太漂亮了！所以我有把握說，我一定能生極樂！可是（大眾鼓掌……）先別鼓掌哦！先別鼓掌！後來因為我看見說，未來這九千多年正法可憂！所以我又改變了心意，我說我得要留下來（大眾鼓掌……良久），謝謝！我得要盯著這正法九千多年不要被人家提前給中斷了！所以那朵蓮花就消失了（大眾笑……）。那請問（大眾鼓掌……），請問那朵蓮花是誰生的？是由誰作主而出生的？由我來作主，不是 阿彌陀佛作主。

所以《勝鬘經》說：「攝受眾生就是攝受佛土！」就是這個道理。阿彌陀佛攝受了眾生，有很多很多眾生願意生到極樂世界去，那麼極樂世界國土就越來越擴大。為什麼呢？因為 阿彌陀佛的如來藏會跟想要往生極樂世界的眾生的如來藏，共同變生出更大的七寶池，於是就會有更多的七寶池與蓮花；所以 阿彌陀佛攝受眾生時，就是攝受祂的極樂世界佛土。將來諸位也是一樣要攝受眾生，不要作自了漢；你若是作自了漢，不攝受眾生，將來就沒有佛土，那麼將來成佛的時候，只有自己一個人成佛，就沒有弟子。我想世間不可能有這樣的佛喔！所以一定要利益眾生，要攝受眾生；只要你有一點成就，你就應該奉獻給眾生哦！好！那麼既然金剛心如來藏能夠出生淨土與穢土，當然祂就是眾生的本源，也是淨土的本源嘛！所以這個心能穿越時空，不受時空的限制，這當然就是宇宙的本源。

那麼，科學家們從物理現象、天文現象，想要探究到宇宙的本源，那是永遠不可能探知的！所以一萬年後必然還是探究不到本源，只能夠探究到世界的生、住、異、滅的現象，而始終不能知道爲什麼會這樣。那麼，諸位如果能夠證得這個能穿越時空的金剛心如來藏，那你就可以自由自在地穿越時空；縱使世世都要被人家罵、被人家糟蹋、被人家暗殺而死，也要繼續來人間遊戲：一面遊戲被殺掉，一面遊戲被毀謗，都沒關係！都不求名聞利養，什麼都不求，就只是要利益眾生。被殺了，換一個身體再來；因爲死了，也是在如來藏中死，不曾外於如來藏，三大阿僧祇劫的普賢行就這樣行！所以，普賢行，善財童子五十三參，參完五十三位善知識，完成五十二個階位的菩薩位，叫作完成普賢行；結果都是在哪裡行普賢行？原來都只是在 彌勒菩薩那個大寶樓閣之中行完普賢行。這普賢行完成以後，由 文殊菩薩指往求見 彌勒菩薩時，彌勒菩薩帶著 善財童子進去遊歷的那個大寶樓閣，就是如來藏。

那麼當你證得這個如來藏了，無關生死；死的時候跟大家輕輕鬆鬆的 say goodbye。我們台中講堂的詹欣德老菩薩就是這樣！他死的時候是快快樂樂地死，想像不到吧？因為他知道，自己只是在如來藏中死；那麼，下一輩子出生時還是在自己的如來藏中出生；出生了以後，這證悟的種子流注出來以後又會再開悟，又可以繼續行菩薩道；所以他臨行的時候，笑著跟大家說：「再見！」三度揮手說：「再見！」這不是很自在嗎？那他死了，他「脫死」以後是脫到哪裡去？脫到自己底如來藏裡去；他也知道未來世還是要從如來藏那裡生，這叫作「了生」。這「了生、脫死」原來都是如來藏！這樣就是「了生、脫死」。

因此菩薩縱使還未遠離胎昧，依舊可以無所畏懼；不管人間多麼痛苦，只要 佛陀指示說：「你繼續來人間。」你就繼續來，沒有別的想法，這才是菩薩。那，為什麼能夠這樣？因為你住於生死涅槃不二的境界中了嘛！你很清楚知道說：這智慧是無關如來藏的，如來藏不管你什麼智慧、不智慧的；但是你若證得了如來藏，你就會有實相般若智慧。你證得如來藏，這樣就不怕生死，你就能夠穿越時空；無妨下一世換一件新的五陰來穿，你又繼續來人間啦！那麼，這樣你就生起了實相智慧啦！你就成爲菩薩摩訶薩！那麼今天要講的就講到這裡！（大眾鼓掌……）

謝謝大家！這是我講得最快、最乾淨俐落的一次，因爲我慣於小法廣說、細法廣說深說！今天終於能夠把握時間講完，雖然也超過了八分多鐘啦！那麼下面是，諸位有寫了問題，請把那個問題的收集箱提上來，我們要當場答覆一些問題。那，諸位大德！如果你們趕時間的話，在這個問題解答的時間裡可以隨時離開，沒關係！而想要聽的人可以繼續留下來，想要洗手當然更可以去！

開放現場即時問答：

葉經緯教授：好！我們現在進入自由提問的時間，剛才我們已經從各區的義工菩薩們那裡，蒐集來寫在紙條上面的問題，那我們把所有的問題都集中在前面的這個透明大箱子裡面，然後我們會隨機抽出。平實導師實際上很想回答現場所有的問題，但是因為時間非常地有限，所以我們在這兒就要隨機抽出問題來回答；那麼沒有時間回答到的問題，我們將會陸陸續續地在《正覺電子報》的〈般若信箱〉裡面，一一答覆。請各位大德上正覺同修會相關的網站[44]，下載《正覺電子報》參閱，就可以看到有〈般若信箱〉。那麼〈般若信箱〉，我們也會視這個回答內容的分類與程度，於數量適當的時候集結出版[45]，敬請大家期待！那麼，接下來就由我在這裡來公開抽出題目。

平實導師：請唸給大家聽，再給我！

葉經緯教授：第一個題目是：哦！這是一個封死的信封，是不是不容

---

44 「正智書香園地」網址：http://books.enlighten.org.tw/book.aspx?kind=5

45 編案：《遠惑趣道》目前已出版兩輯，後面陸續出版中。

易拆？

平實導師：唸給大家聽，拆開來看沒關係！如果有牽涉到他發問者個人的隱私，那就不要講；若沒有隱私，就把它唸出來，好不好？他有沒有寫「密啓」？有沒有寫？他的信封有沒有寫「密啓」？「密啓」就是不讓人家唸！就不要唸它！

葉經緯教授：哦！上面只有寫恭呈 蕭導師閱，但是這個似乎不是一個公開的問題。

平實導師：閱？

葉經緯教授：是！是！

平實導師：是閱還是請問？您看一下他是請問還是閱讀？如果是要我閱讀的，就不能公開它！

葉經緯教授：這個看起來是要請您閱讀！

平實導師：哦！那就留著等一下再看，我們再抽別的。

葉經緯教授：這個問題是請問 平實導師：對修習七個脈輪相關之法的

人，如何引導或破疑，來到正覺？

平實導師：修習什麼？謝謝！七個脈輪哦！修習七個脈輪，是哦？（葉老師將問題紙遞給平實導師）好！好！謝謝！修習七個脈輪，這個是屬於密宗傳出來的法，藏傳佛教密宗這個法是從印度教的瑜伽術中傳出來的哦！對於修習七種脈輪相關之法的人，如何引導或破疑，來到正覺？嗯：這其實並不容易！因爲他會修習這個中脈，去觀想頂輪、心輪乃至海底輪等等，這一些人是比較喜歡事相法的人，因爲這都是屬於意識觀想的境界，以及練氣的境界。但是諸位可能不瞭解，他們修這個脈輪的觀想以及練氣的目的，是爲了後面的雙身法而作準備的。所以，一般說來，如果他涉入不深的話，你可以告訴他：「**這是五陰的境界。**」因爲這個要依色陰才有，也要依識陰來作觀想才有，依色陰與識陰共同配合，才能夠修成這七個脈輪，才能夠練成寶瓶氣。所以這是屬色陰、五陰所攝的法；那跟穿越時空無關，是意識境界，也是五陰的境界！如果你想讓他轉入正法的話，應該告訴他：「**這是五陰的法，這五陰法是流轉生死的法，不能使人脫離生死、超越生死。**」就這樣告訴他，那麼也許他就可以聽得進去啦！好！再來下一個再抽一張！

葉經緯教授：現在我們抽出下一個問題，有三個小問題：

第一個：心不能觸色法，不能了別五塵，如來藏變現內相分又是如何變現？

第二個：心法與色法如何能觸受？

第三個：六入與六處的差異？

平實導師：好！謝謝！！這一張是有三個題目。心當然不能觸色法，這個心不觸色法，講的是我們的妄心七個識；這七個識不可能接觸色法，所以從眼識、耳識……到意識、意根都接觸不到色法，因爲心是精神，不能接觸色法；而六塵是屬於色法，這六塵既是色法，當然心不能接觸啊！可是我們實際上爲什麼又能接觸到？因爲（這個問題其實剛才我已經說明過了），就是外相分與內相分的題目：我們如來藏出生了五色根，所以藉五色根接觸外面的六塵，然後變生了內六入，才又變生了內相分的六塵；這內六塵是在我們的勝義根裡面，勝義根是在頭腦（頭腦就是我們的勝義根，五根的勝義根）。那麼五根中這個勝義根中的內相分六塵，是由如來藏變現出來的，不是外相分的六塵。

譬如說，我們眼根所見的色塵（眼球所見的色塵）是顚倒的；我相信諸位讀過理化，或者你拿一個凸透鏡或者水晶球來做實驗，都可以證明；當它透光，比如說一根蠟燭的影像，透過一個凸透鏡，投射到牆壁的時候，它的影像是上下顛倒的，所以我們眼球裡面所看見的色塵其實也是上下顛倒的；但是我們的覺知心所看見的色塵卻不是上下顛倒，而是正立的！這表示我們所看見的這個色塵影像不是外相分色塵，而是內相分色塵。這樣講，諸位就明白了！

那麼內相分六塵既是由如來藏藉這個五色根，來攝取外六塵而變現這個內相分六塵在我們的勝義根中，所以我們看到的色塵影像是正立的，而不像眼球視網膜中的影像是倒立的，原因就在這裡。這就是如來藏變現內相分的過程哦！那麼內相分的六塵雖然是色法，卻是自心如來藏所變現的帶質境，與外六塵的色法不同，所以能被自心如來藏變現出來的識陰六識心所接觸，因爲都是自心裡的見分與相分，就不會有心不觸外塵的問題存在了！唯識學中所說心不能觸塵，所說的心是指識陰六識，所說的塵是指外相分六塵。這樣，大家都可以懂得這個唯識學法相的意思了。

第一個小題說，剛才那個心不觸色法……喔！不能了別五塵，這個還沒有解答！這個「心不觸色法」，能觸色法的心，不能解釋爲妄心七個識，而是如來藏！只有如來藏才能接觸外六塵等色法，所以，在二乘阿羅漢他們迴小向大之前所寫的論之中，也說這一個入胎識出生名色的心叫作「**色識**」，色就是物質。「**物質識**」是說這一個如來藏心——這個入胎識，祂叫作色識，「**色識**」就是說祂能夠接觸物質。那麼不但阿羅漢寫的論中有如此說，在大乘經中也有這麼說。譬如《楞伽經》中 佛陀有說：如來藏有「**大種性自性**」，就是說如來藏能夠變現宇宙中的極微四大，所以就能夠憑著業力來把宇宙中的四大集合起來，變成一個宇宙，所以祂叫作「**色識**」。那這個色識——這個如來藏心，是可以觸色法的，是能夠直接觸到外六塵的。而「**心不能觸色法**」是指妄心七個識，那麼「**心不能了別六塵**」，這一句則是指這個如來藏心，祂從來都不了別六塵。要這樣解釋，否則就會跟法界的實相不符合囉！

那麼第二小題說：「**心法與色法如何能觸受？**」喔！這剛剛就已經講解過了：因為能觸受的覺知心與被觸受的內六塵，都是同一個如來藏心所變現的。譬如說七識心能觸六塵，六塵是色法，那麼這個色法是如來藏心所變現的內相分；而這個五陰身中的妄心七識心，也是如來藏所變現的。既然內相分的六塵色法是如來藏變現的，了知色法、觸受色法的妄心七個識也是如來藏變現的，當然這個心就因此而能夠觸受自己的內相分色法。本來覺知心是無形無色的，怎能觸受外色法呢？當然不可能觸受！但是因爲如來藏變現了內相分的六塵，變現了這個五色根、這個色身，所以當六塵與覺知心都同樣是如來藏變現的時候，自己的覺知心就能夠觸受自己的內相分六塵，是因爲這樣而能觸受的。

那麼第三個小題問：「六入與六處的差異？」處是處所的處啦！六處是從十二處中分割出來說的哦！十二處是六根與六塵，六根與六塵都是有處所的，所以叫作十二處。爲什麼有處所呢？譬如說：眼根，眼根的浮塵根在我們的臉上，看得見！浮於臉的表面，所以叫作浮塵根。但是眼根的勝義根就是我們頭腦中掌管視覺的那個部分，那就是眼根的勝義根。那眼根的浮塵根、勝義根都有處所，這就是眼處，稱爲眼處。耳根、身根、舌根、鼻根也是一樣，那麼乃至意根也是如此；意根在我們五陰出生的時候，意根就跟我們的五陰在一起，所以也有處所，那麼有處所，就稱爲處。那這六根就稱爲六處。這六處都是如來藏金剛心所出生的，有了這六處，如來藏心才能藉這六處直接接觸外塵，然後「如鏡現像」——在大乘經中說「如鏡現像」——映現出了內相分的六塵。當這內相分的六塵出現了，六根觸六塵時就出生了六識，所以這六識才能夠去了別六塵。

當這內相分、外相分的六塵進入時都叫作六入。外相分的六塵從我們的浮塵根進入的時候，是由色識如來藏所接觸的，就稱爲外六入；那麼如來藏在我們的勝義根裡面變現出內相分的六塵時，是由妄心七轉識所接觸的，這叫作內六入。內六入、外六入是《阿含經》中所講過的法，那麼既有六入就是已有六處存在，而顯現出來的一些六入現象。若沒有六處就不會有六入，所以想要有六入，就必須先出生六處，然後依六處來出生六入的功能，這就是六入跟六處的差異。六處是有處所的，但是六入是六處接受六塵的現象，這叫作六入！這個差異就這樣解釋完了，我們再抽一張，我們會繼續解答到六點鐘！

葉經緯教授：有三個小題：

第一、請問 平實導師：如來藏如何生出六根？

第二、前五識和意識和意根如何作用？

第三、知如來藏後如何修持？

平實導師：好！謝謝！嗯…如來藏如何出生六根？很多人都想知道。唉！老實講，我也很想知道！我們知道如來藏有大種性自性，所以祂怎麼出生六根？我就說給諸位聽。如來藏，阿羅漢們又叫祂作「色識」，就是說「祂是物質識，祂能接觸物質」。那爲什麼祂能接觸物質？因爲祂有大種性自性。換句話說，祂有這個自性能出生宇宙中的四大，所以宇宙中地、水、火、風並不是天然而有的，不是自然有，而是宇宙中所有的有情眾生的如來藏共同變生出來的，所以阿羅漢說祂叫作「色識」。那麼在大乘經典《楞伽經》中說祂這個功能叫作「大種性自性」。祂有大種性自性，是說祂能出生地水火風等四大種；那麼既能出生四大種，祂當然就能接觸四大種。

譬如說妄心就沒有這個功能，妄心就好比光，遇到了玻璃的時候會穿過去，不會留在玻璃上；如果光能留在玻璃上，那麼白天照明了一天，玻璃到晚上時應該非常亮，應該叫作夜明窗。可是實際上不行，光會透過去，留不住，因爲它無法接觸玻璃。那麼你如果拿一個能接觸物質的東西，譬如說一團泥巴，往玻璃窗一丟！它就黏住了。色識如來藏就是有這個功能，因爲宇宙中的地水火風是由如來藏自己變生的，所以祂可以接觸四大，因此祂入母胎中就能接觸受精卵，然後就跟受精卵互相攀緣住，這個時候是「識緣名色，名色緣識」的最初步的開始，祂就離不開母胎了。好！然後藉著這個受精卵，如來藏再從母體之中的血液裡吸取地水火風，就開始製造了這身體五根；而意根是無始以來，就跟如來藏同時存在著；那麼這時候再藉母血來製造五根以後，當然就六根具足了嘛！

也許有人懷疑說：「你亂講！我這個身體明明是我媽媽生的，你怎麼說是我的如來藏生的？」那麼請你回家以後，問問令堂說：「媽媽！你懷我的時候，有沒有今天觀想幫我製造一根指頭？明天再觀想幫我製造一根又一根頭髮？有沒有？」你媽媽一定說：「傻孩子！怎麼問這個傻問題！」因爲媽媽只是提供環境、提供資源，媽媽並沒有製造你這個身體。媽媽是提供環境與資源，讓你的如來藏可以用大種性自性來製造出你這個身體。如來藏就這樣出生了六根！

那第二個小題：「前五識、意識和意根如何作用？」這在前面我都有講過了，是不是？眼識的作用就是在了別色塵，主要是在了別青黃赤白。那麼色塵中的青黃赤白，它只是顯色；那如果這個色塵再細分下去，還有形色、表色、無表色，都叫作法處所攝色。這就不是眼識所了別的囉！這已經是意識所了別的囉！那麼，耳識也是一樣！譬如一個聲音出現的時候，那個聲音的本身是耳識所了別的，耳識只了別這個；可是那個聲音究竟是什麼聲音？是好聽的聲音？或者難聽的聲音？或者說它是有意義的、沒有意義的聲音？

那已經是法處所攝聲，那就是意識所了別的囉！那就不是耳識所了別囉！那麼同樣的道理，鼻識、舌識、身識也是如此。

好！那麼意識就在五塵（法處所攝的五塵）上面去作了別，然後在這一些法處所攝的五塵上面，衍生出來的譬如形而上學或者形而下學，全都一樣；乃至世間法等等，或者三乘菩提等法，全部都是意識所了別的。

好！那意根在做什麼？意根就在攀緣一切法，包括你上一世的臭骨頭！如果你的上一世的子孫沒有幫你處理好，讓你的臭骨頭浸水或者怎麼樣了，你的意根會感受到而你自己覺知心並不知道，於是發動如來藏的不可知執受，就去找上一輩子的那個兒子的麻煩，他就病痛纏身。而你上一輩子生的那個兒子，可能正好是現在你家隔壁那個老爺爺。那他因為病痛而到處請問，問來問去終於知道：「噢！是我家先人的風水沒有弄好。」原來就是你上一輩子那個臭骨頭被水泡了！意根攀緣，不喜歡！就找他的麻煩，他就有病痛了。於是他趕快去找人來幫忙遷葬，弄好了，那他就健康沒事了！意根也會這樣運作！好厲害！

包括你發願想要去極樂世界，你心心念念想著極樂世界，然後就促使如來藏在極樂世界的七寶池中，產生了一朵很漂亮的蓮苞，在那邊等著你，意根也會這樣運作哦！但是意根所運作的範圍太廣了，眞要講起來，眞的叫作說之不盡。因爲成佛的關鍵就在意根，經由意根來把如來藏中所有的功能差別全部發起具足圓滿，那就是獲得一切種智成就圓滿；成就一切種智就是成佛，那是三大阿僧祇劫的事。老實說，意根的內涵，我可以跟你們說很多、很多、很多！但是，我自己也覺得自己所知太少哦！譬如說二地菩薩，二地滿心菩薩可以改變自己的內相分；但是這個改變還是跟意根有密切的關係，也是意根在作用！那三地住地心菩薩可以改變別人的內相分，只是他不許做，做了就得下地獄哦！那爲什麼他能這樣做？也跟意根有關係，但卻不是意根自己直接做，而是要操控如來藏去做。

所以意根的法太多了！實在很難完全瞭解，這是到佛地才能究竟瞭解的！好！所以你假使要去問說「意根如何作用？」我就針對大家所能瞭解的加以說明：**意根能夠作用的主要部分就是處處作主**。譬如說，你聽到我在這裡說法，心裡覺得：「哎呀！說得太好了！」你很讚歎！所以你不由得就鼓掌。爲什麼就鼓掌？是因爲意根下的決定。意識認爲說：「欸！這個說得太好了！應該要鼓掌！要鼓勵、鼓勵，才會講更好的法！」好了！於是呢（大眾鼓掌……）對不起哦！我不是叫你們鼓勵我啦！而是說意識會這樣想：「我們有鼓勵，那麼就有互動！那善知識就願意講更深妙的法！所以我們應該要鼓勵！」所以意根就下了決定鼓掌。因爲意識這樣的判斷，意根就下了決定。但意根下這個決定時，神不知鬼不覺，於是你的手就主動開始鼓掌了！就這樣子，這就是意根啦！日常生活中是誰在作主？大多數是意根作主！這一個處處作主的就是意根！而有時候你覺得不方便鼓掌，心想：「那我點個頭認同也行啦！」於是就點頭了。點頭認同，誰下令點頭的？不是覺知心，而是意根。

可是意根很笨，意根往往把覺知心據爲己有，爲什麼呢？因爲覺知心自己是不能操控的，可是覺知心往往是反過來教導意根說：「作主的就是覺知心自己。」所以意根又認爲說自己就是覺知心，意根就這樣被覺知心所騙，然後就繼續輪轉生死。這裡面很複雜，很難一時半刻說得清楚啦！所以你問這個意根如何運作？我就是簡單說到這裡喔！

那第三個小題說：「知道如來藏以後，如何修持？」這個很簡單！知道如來藏以後，你就死了嘛！（眾笑……）因爲你已經把自己否定了嘛！所以在理上就已經死了。雖然五陰還活蹦亂跳，但理上你已經死了。你既然已經死了，就轉依如來藏了：你觀察如來藏，如來藏完全沒有五陰的我性，完全不想去作好壞的分別，也不想去分別說：「啊！人家是不是在責備我？」也不想分別。而如來藏也不貪，如來藏也不會生氣；那你理上五陰已經死了，就轉依如來藏這樣無貪無瞋的心性而行，這就是悟後的修持！好！就這樣簡單的答覆。好！再抽下一個，（大眾鼓掌……）你們現在鼓掌，是誰下決定？誰下決定拍手？意根！

葉經緯教授：下一個問題，請問 平實導師：明心是否由聽聞三乘菩提道熏習久了，而在家整理思惟，一切都了知了叫明心？還是要肉眼親見自身心及他人如來藏運作，才叫明心？請 平實導師開示！

平實導師：好！葉老師！你是不是把它和一和？嗯…因為這幾張，我覺得好像都是我們正覺裡的人問的，好像沒有看到外面人問的。那個信封裡面寫的又是要給我讀，不是要給我公開的。

好！「明心」並不是說由於聽聞三乘菩提久了，去整理思惟就叫作明心，而是要親自去證得第八識如來藏的所在；當你證得了祂，現觀祂如何運作，而且你還可以玩祂，並且認定祂才是自己的眞我，然後轉依祂的本來自性清淨涅槃而住，我見徹底斷除而不再常常生起貪、瞋、癡了，這才叫作明心啦！

得要轉依成功了，棄捨五陰我見等等，才能說是明心了。因此，你明心以後，那些祖師公案就可以通達。所以人家問：「如何是佛？」雲門禪師說：「胡餅！」明天有別人問：「如何是佛？」他說：「乾屎橛！」就是乾掉的大便！後天又有人問：「如何是佛？」他又說：「露柱！」大後天又有人來問，他說：「綠瓦！」總之他有無量無邊不同的話來回答。但是你如果聽聞三乘菩提熏習久了以後，你就能懂嗎？還是不能懂！可是雲門這一招你要是通了，那就是證得如來藏！你通了，證得如來藏，你這一招就通！你這一通，三乘經典就可以讀懂，而且不是憑思惟想像，而是眞正的懂哦！那麼因此說，明心是一定要親自證得這個第八識的所在，並且你還能玩祂，所以完全轉依祂而不再認定識陰覺知心的自己是眞我，這樣才叫明心！這時候公案就能七通八達啦！噢！這時候就可以親自看見自己的如來藏怎麼運作的，能看見自己如來藏在運作，就能看見別人的如來藏在運作。那這樣，才能叫作明心。所以不是熏習久了整理思惟，就叫明心哦！好！請再抽下一張！

葉經緯教授：第八識的見分意根因何當作相分？八識是否皆有見分相分？敬請導師開示！

平實導師：好！謝謝！第八識的見分，這個在這裡講，諸位聽不懂。八識心王每一個識都有四分，我曾經跟我們一位老師講過，以後就好像沒有什麼機會跟別的老師談這四分了。但是一般來說見分、相分，是把八識心王切割開來說的。也就是說，如來藏所出生的六塵屬於相分，如來藏所出生的七識心能了知這六塵，這叫作見分。最基本的唯識學是這樣來分見分與相分的。可是如果稍微深入一點，就說如來藏所生的這個五陰，叫作相分，也就是說這個色陰就叫作相分；而識陰就叫作見分，因爲這是被見的相以及能見的見。所以耳識能了知聲塵，也屬於見分，乃至意識能了知法塵，也屬於見分，那麼被了知的六塵就稱爲相分。

可是如果要談阿賴耶識，祂有沒有見分？有沒有相分？有！祂如果沒有見分，祂就不知道你在想什麼？但是祂明明「了眾生心行」，祂明明知道你在想什麼，所以可見祂有見分；否則的話，祂就不能稱爲第八「識」哦！也不能稱爲阿賴耶「識」哦！因爲「識」就是了別的意思嘛！可見祂也有見分。但是祂主要是出生相分六塵，給七轉識來了別。

可是阿賴耶識也有一個相分，叫作眞如。這就是說，阿賴耶識在運作的過程中，讓實證祂的人可以現觀到祂有眞實性、如如性；而這個眞實性與如如性，合起來就稱爲眞如；所以你證得阿賴耶識的時候，就能夠觀察祂的眞如；而眞如只是阿賴耶識運行過程中所顯示出來的眞實與如如的法性，是阿賴耶識心體運作時顯示出來的法相，眞如只是阿賴耶識的相分，所以《成唯識論》說：「**眞如亦是識之實性。**」意思就是在說：眞如是這個阿賴耶識運作時顯示出來的眞實存在的法性，就是阿賴耶識運作時的行相，所以阿賴耶識如來藏也有相分。那因爲這個部分很深，所以我們就不詳細一一來作說明，就只說八識心王都有見分相分，而且不只是見分與相分，一一心王都各有見分、自證分、證自證分以及相分。但是今天問題很多，我們沒有時間來作詳細地說明。請再抽下一張，邊邊的也可以抽！欸！對呀！

葉經緯教授：您解說意根與意識上時，提到「十八啦！烤香腸」等例子，您說意根作主要吃，但意識判斷說不要吃；意識既然是由意根所生，爲何能高於意根並作出不應賭博、吃肉的判斷？

平實導師：好！謝謝！我先要說明：意識不是由意根所生。我今天已經重複講了兩三遍了。今天下午我們都說意根是意識出生的因緣，只是一個藉緣，但是意識仍然是由如來藏所生，不是被意根所生。是由如來藏藉意根爲助緣來出生意識的，這一點要先說明。

好！那麼，意根作主要吃，意識判斷說：「不要吃、不要吃哦！」意識不是由意根所生，這張問題單子裡講的這一句要修正。那麼意識是依於意根而存在的，我已經講過好多遍了；意識是依於意根而存在，卻是被如來藏所生的。意識依意根而存在，同時也要依如來藏才能存在，意識不能自己存在，所以意識是依附於意根的，同時也是依附於如來藏哦！因為如來藏跟意根都是意識的俱有依。「俱」就是具足的具，加上個人字旁那個「俱」。意根與如來藏都是意識的俱有依，而意識是被如來藏出生，也是被意根所掌控的。所以，意識雖然判斷說不應該吃香腸，可是意根還是決定要吃香腸，祂被自己的那個貪味的習性所影響，所以就運作著你的腳走到香腸攤去了，因此意識還是被意根掌控的。好！再來下一題！

葉經緯教授：請教：清淨有為法是什麼？是生滅法嗎？如何修持？

平實導師：清淨有為法！哦！不是清淨有為法，因為清淨都一定是有為啦！清淨與污垢都是有為法啦！而我所說的是無漏有為法啦！

無漏有為法有很多，譬如說你以無生法忍或無生忍的解脫境界來修神通，那神通就成爲無漏的有爲法。因爲你這時不貪著五神通，你的五神通只是用來作爲利樂眾生的一個方便，作爲工具，那麼這個五神通就成爲無漏有爲法；因爲它是清淨的，但也是有爲法。

可是這五神通也可以變成有漏的有爲法，譬如還沒有見道的人，或者說還沒有到阿羅漢位，或者說還沒有入地，當他修學神通成功了，他用來獲取名聞，獲取利養，獲取別人的恭敬供養，那這個神通法就成爲有漏有爲法，那它就是染污的有爲法。所以染污有爲法、清淨有爲法，同樣都屬於有爲。但是如果依無生忍或無生法忍來修成神通、來利益有情，那這個神通就變成無漏的有爲法。如果是有染著心來用這神通去獲取名聞利養等等，那它就成爲有漏的有爲法。好！那，如何修持？那就是看你怎麼樣實證無生法。如果能夠證得無生法，那麼在斷盡我執以後，以無生法爲依止的有爲法，就成爲純粹的無漏的有爲法。好！好！再來下一題！

葉經緯教授：下一題，請問老師：

第一、龍樹菩薩不說第八識而主張中觀，是否也是六識論者？不就如老師所說的外道自性者？

第二、《金剛經》裡佛問須菩提是否自認爲已證阿羅漢果，須菩提的回答不認爲，而說「若我自認爲已證阿羅漢果則有我見，則不能爲已證阿羅漢果者」。請問老師：自稱已斷無我，或稱已證第八識，是否也有如上之矛盾？

第三、佛在許多經都不提第八識，如《金剛經》或《大般若經》，是否也如老師所說的六識自性外道？

平實導師：好！謝謝！每一張問題都有三個小題哦！嗯……看來是不可能答得完。好！

第一個問題：「龍樹菩薩不說第八識而主張中觀」，您這是不正確的說法。應成派中觀往往排除眞識如來藏而言中觀，以六識論曲解龍樹《中論》的眞義，每言龍樹論中並未言及第八識等名；但龍樹所言中觀的法體即是第八識如來藏，只是不說第八識如來藏罷了。

龍樹菩薩並不是主張六識論的人，他還是依第八識如來藏來講中道！那麼！龍樹菩薩的中道，如果你用意識心、用六識來講，一定會有破綻的。不論你怎麼講，不論講得多麼勝妙，都有破綻，一定會被破！一定會被證悟的菩薩所破！這是無法避免的宿命。但龍樹菩薩他的中觀、他的中道《中論》爲什麼證悟的菩薩們不能破他？是因爲他是依第八識來寫的。

而且，從另一個方面來說，龍樹菩薩的中道論所說，完全符合如來藏的體性，但卻不符合六識論，這也證明他是依八識論來寫《中論》的。

再從另一個方面來證明，龍樹菩薩的弟子提婆，譯名爲如來賢。如來賢是被外道所刺殺哦！但其實是應成派中觀的僧眾們派人刺殺他的，這在歷史上沒有記錄，但是我知道這個事情。提婆或者說如來賢，他被刺殺是什麼原因？是因爲他弘揚如來藏妙法，而他是龍樹菩薩的最重要的弟子。當龍樹菩薩故意跟他來討論說，如果用六識來寫、來講《中論》，能不能成立？就由龍樹菩薩用六識論來試著解釋中論，結果都被他的徒弟提婆破光了。由這個歷史典故也足夠證明，龍樹菩薩不是依六識論來寫《中論》的！那麼這個問題就這樣回答了！所以龍樹菩薩是依第八識的自性來寫《中論》的，因此他就不是我所破斥的自性見外道囉！

第二個問題：「佛在《金剛經》問須菩提：你是不是阿羅漢？須菩提說：我如果認爲我是阿羅漢，我就不是阿羅漢。」這裡面有一個最大的盲點在哪裡？就是在正覺出來弘法以前，大家都用意識來解說：「我證得如來藏的時候，不要執著我是如來藏。我證得阿羅漢的時候，不要執著我是阿羅漢，這樣我才是證得阿羅漢。」這個講法也沒有錯，但畢竟是意識境界，不是超意識的境界；因為這只是親證如來藏或親證阿羅漢的人所住境界而顯現出來的一個事相，但不是親證者的自住境界，像這樣解釋《金剛經》的人其實只是依文解義罷了！最多只能懂得二乘菩提，絕對無法理解大乘菩提的；但《金剛經》講的是金剛心如來藏的事，而不是二乘菩提的事。

二乘菩提就是禪宗六祖指責的「**將滅止生**」哦！所以就用滅一個能滅的法，也就是用四聖諦、八正道把五陰全部滅壞了；五陰滅壞了，不再出生五陰了，這樣成就阿羅漢果。那五陰既然否定了，為什麼還要說自己是阿羅漢呢？所以這是將滅止生的法，但這不是《金剛經》中所說的法哦！《金剛經》不是這樣解釋的，《金剛經》那一段經文的解釋是說：須菩提證得金剛心如來藏，而他依止於如來藏來看阿羅漢的境界，來看聲聞初果、二果、三果的境界，乃至來看菩薩的境界，來看諸佛時，既沒有諸佛、沒有菩薩，也沒有阿羅漢可說，所以須菩提依如來藏自身的立場，而不依七識心的立場來看阿羅漢的時候，就沒有阿羅漢可說了。這時候如果依如來藏而說證得阿羅漢果，那當然就不是阿羅漢，當然不會說自己是阿羅漢！

但這個道理是百年來的佛教界從來不知的，沒有人這樣講解過，然而實際上《金剛經》卻是這樣的意思。也就是說《金剛經》講的，就是《心經》

講的如來藏本身的境界，在如來藏自己境界中其實沒有一切法可說。譬如說如來藏離見聞覺知，從來不了別六塵，那請問你：你跟祂說五陰如何虛妄不眞，祂會聽嗎？祂都不聽！因爲祂不聞，祂離見聞覺知，祂從不了別六塵。那你爲祂說：「**斷我見如何、如何，證初果多麼好！**」祂會了別嗎？祂都不了別！以如來藏這個金剛心自己的境界來看，沒有所謂五陰，沒有所謂生死的流轉，也沒有所謂三乘菩提可說。所以諸位如果能夠實證如來藏，依如來藏這樣的自住境界來理解《金剛經》這一段經文，你就眞的通了。

所以你如果悟得如來藏的時候，你住在如來藏的境界中，依如來藏的立場來看待一切法的時候，沒有一切法可得，怎麼可能還有阿羅漢呢？所以如果證悟者說我是阿羅漢，那他就是依五陰而方便說，不是依金剛心的境界而說。假使我現在這樣說，有人起了煩惱說：「**欸！那你這樣講就是三乘菩提都是騙人的，都是假的嘛！**」對！我告訴你：都是假的！（**大眾笑……**）請諸位默誦一下《心經》：「**無眼、耳、鼻、舌、身、意，無色、聲、香、味、觸、法，無眼界乃至無意識界……。**」後來是什麼呢？是「**無智亦無得**」。「**無智亦無得**」是不是愚癡？白癡嘛！是不是這樣？但其實不是白癡！而是說，那是在講金剛心如來藏自己的境界，不是在講意識的境界。如果你以意識來看的話，可就有智亦有得：我悟了如來藏以後，我就有了這些法界實相的智慧，我就知道實相境界中是無智亦無得的，所以我解脫於一切現象界，這就是「無智亦無得」。

因此，依金剛心如來藏所住的境界來講，其中沒有所謂無明，也沒有明，所以沒有智慧可說；所以無無明，也沒有無明盡！《心經》不是這麼講的嗎？那正是講這個意思。這也就是須菩提說的：「我如果認為我是阿羅漢，我就不是阿羅漢。」因為金剛心如來藏不會說：「我是阿羅漢。」你如果以六識論來解釋《金剛經》，一定是依意識來理解、來解釋，可就有智亦有得，不可能「無智亦無得」，就一定破綻百出；如果遇到一個眞正證悟者，就可以寫出一本書來破你，那問題就很大囉！那我就這樣把這個問題答覆了。所以你的註腳說：「敬請不要迴避回答！」我沒有迴避，我已經回答了（大眾鼓掌……）。

好！還有第三個小題：「佛在許多經都不提第八識，如《金剛經》或《大般若經》，是否也如老師說的六識自性外道？」佛許多經中沒有講第八識嗎？我剛剛講了很久，說阿含諸經中也講八個識。好！那麼請問第二轉法輪諸經有沒有講非心心、無心相心、不念心、無住心、菩薩心，有沒有呢？那絕對不是講意識欸！意識是常常會起念的，怎麼能叫作不念心？意識是常常會憶念某些事情、某些法義的，怎麼能叫作不念心？意識是有覺知心、眾生心的法相的，怎麼能叫作無心相心呢？意識這個心是眾生所知的心，怎麼能叫作非心心呢？意識是永遠都有所住的，那不能叫作無住心欸！所以《金剛經》是不是有講非心心、不念心這個第八識？有！但是祂不用「第八識」的名稱，所以很多人讀不懂！

就好像很多的經典裡面不講內相分、外相分這個名詞，所以很多人以為說：內相分是你們正覺同修會自己創立的。其實不是！因為四大部阿含諸經裡面有講外六入、內六入，那不就是在講內相分與外相分了嗎？所以不要執言取義。如果只依照字面去認定的話，學佛可就學不成噢！所以《金剛經》祂講的是非心心，說祂是金剛心；就是講這個不念心，那不是講意識心；因為意識心也不是金剛性，夜夜都斷滅的覺知心，怎麼能叫作金剛心呢？是不是？所以般若部的經典中，確實是已經講過第八識的種種自性了，不是沒有講第八識。

好！那如果第三轉法輪的經典呢！那就講得更明白了！第三轉法輪經典，譬如說《楞伽經》，或者說《解深密經》，其他的譬如《不增不減經》或者《解節經》，或者《密嚴經》，或者《楞嚴經》，全都在講第八識，怎麼沒講呢？那都是不斷地在講如來藏、阿陀那識、阿賴耶識、異熟識、無垢識，不斷地在解說第八識，怎麼沒有講第八識呢？所以這些經都不是自性見外道，只有六識論者是自性見外道囉！不曉得諸位認不認同哦？（大眾鼓掌……）好！還有四分鐘喔！再抽一張！

葉經緯教授：下一個問題：**如何才算是盜法？用錄攝影器材與用心聽法，有何區別？如涉破壞正法比所謂的盜法來得重要，眞要是盜法，該受如何果報？**

平實導師：好！謝謝！哇！這個問的問題有點嚴重啦！不過要論當場問答，應該以剛才那一張問題來答才會精彩，一定是要這樣才會精彩哦！那如果是附和我，可就不精彩了！因爲聽起來就是官樣文章嘛！但是這一張好像，好像也沒有質疑的味道，答起來不會很精彩吧？我想，盜法哦！現在盜法很容易啦！因爲現在錄音筆或者手機、錄影，什麼器材都很容易，但這個都叫作盜法。佛陀告訴須深阿羅漢；須深本來是個盜法者，被外道派來盜法；佛陀知道他盜法，但是也故意幫他證悟二乘菩提成爲阿羅漢；那他成爲阿羅漢以後，須深知道 佛陀這個法眞實不欺，所以他知道自己有盜法重罪；因爲對 佛陀盜法的罪很重，即使證得阿羅漢果，捨報時也會失去解脫功果而下墮三塗。所以他證得阿羅漢果以前，當他聞 佛說法而得到法眼淨的時候就先向 佛陀懺悔。然後 佛陀跟他說：盜法的罪很重，譬如有一個人每天被三百支矛刺入身體，刺到體無完膚；每天都這樣，那當然很痛苦。但 佛陀說：盜法的罪遠甚於這個痛苦，因爲要下地獄，所受的痛苦遠不只這樣而已，所以那個苦很重。所以眞要是盜法的話，就趕快，當然在現場是不方便趕快把它刪除，所以回家以後，找個地方趕快把它刪除掉，就沒有盜法的果報了。

所以，這個是讓大家瞭解說盜法的果報是很嚴重的，但是希望你如果眞的想要得法，你就來學嘛！來學習以後，我們會幫助你嘛！因此也不需要盜法。因爲今天我也幫你取證了聲聞初果，也很不錯啦！所以盜法其實也沒有必要！因此請諸位不要再作攝錄的動作！那如果有，請諸位回家以後記得把它刪掉！因爲我這個人很低調；我在法上很高調，但在生活上我很低調，不想勞動別人，因此我這個人沒有侍者可用；所以我要出門買菜、買東西，我得要自己來。那如果誰把我照相了流通出去，喔！那問題很大！我又不想當大師被人服侍，不可能找一個人來當我的侍者，來爲我做事；那如果哪一天，我出門時有什麼意外，是因爲你把偷拍的照片流通出去而讓惡人認得我，造成我的意外，那你就有因果的問題囉！那個因果得要自己承擔囉！

我們是不是可以再找找看有沒有再一張紙條，由不是認同的人所問的反對的問題，好不好？再答最後一題好不好？

葉經緯教授：這個問題是：一段時間如一星期、兩星期的生活裡，其間不生不滅，如果也沒有記憶，這境界如何解釋？要可作意一至三秒鐘，其間色塵全景觀歷歷分明，但對色塵一概不知不認識爲何？

平實導師：這好像不是在質疑的問題吧？再找找看有沒有質疑的問題？這樣答起來才會精彩！讓大家不虛此行嘛！

葉經緯教授：臨終若只無相念佛，不持名念佛，也沒有人助念，阿彌陀佛會接引往生嗎？

平實導師：這也不是質疑的！

葉經緯教授：還要再嘗試嗎？導師！

平實導師：再試一張看看，好不好？從最底下的翻起來看看！

葉經緯教授：這個也不是質疑的：「末那識恆審思量……」

平實導師：算了，那就這一張好了，因爲這一張比較有可談性！「入一段時間，如一星期兩星期的生活裡，其間不生不滅，過後也沒有證境，這境界如何解釋？」這是指什麼？這個意思我不太瞭解，「進入一段期間，一星期或兩星期的生活中，其間不生不滅」，是怎麼樣叫不生不滅？是都不倒單，意識都沒有斷掉叫不生不滅嗎？還是什麼？我想應是這樣講吧！因爲這個問題，我不太清楚問問題者的意思，好像是說打坐一星期、兩星期意識都沒有中斷，所以沒有生滅，但是也沒有證境。這個其實叫作一念不生啦！或者叫作離念靈知啦！離念靈知有很多種不同的層次哦！我們在書裡面，忘了在哪一本書的扉頁裡，有列出離念靈知的十種或者十一種的層次出來[46]，但是這全部都是意識的境界。因爲你只要有六塵中的知，就是意識的境界，所

46 平實導師早於一九九七年七月印行的結緣口袋書《佛子之省思&眞假開悟之簡易辨正法》中，就已經開示過離念靈知的十五種粗略變相，歡迎讀者至正覺講堂各地共修處索取；或者附上回郵 3.5 元，寄至佛教正覺同修會 103 台北市承德路 3 段 277 號 9 樓索取；或至「正智書香園地」網站下載電子檔，網址：http://books.enlighten.org.tw/book.aspx?kind=1#bookdownload

以這個就叫作定境，屬於欲界定或者未到地定的定境，這個跟二乘菩提的實證無關啦！也跟大乘菩提的實證無關！但是還算不錯，這是屬於定境！

第二個問題說：「**可作意一至三秒鐘，可作意一到三秒鐘，那麼這一到三秒鐘的色塵對所有的景觀都歷歷分明，但是對色塵一概不了知、不認識，這是什麼？**」主要是這樣問，但這境界其實沒有不了知啦！因爲所謂離念靈知的不了知，並不是眞的不了知啦！譬如說，我從我口袋裡掏出一個東西來。欸！我拿……我會拿給諸位看，大家要小心看，因爲我只給大家看一會兒！我不會給大家看很久，那諸位看看我手裡有拿著什麼東西哦！我的功夫很好，我手掌一張開，馬上又會握下來，請諸位看看是什麼？眼睛睜大看好哦！（平實導師此時從口袋中掏東西，然後高舉手而握著拳，突然將拳頭張開，立刻又回握。）是什麼？（現場一位小朋友回答：沒有！）沒有東西！你看小朋友都知道是沒有東西，這開拳又握拳的時間有沒有超過一秒鐘？有沒有超過一秒鐘？沒有！我這麼一張開拳頭（導師再示範一次張手及握拳的動作）馬上抓下來，絕對沒有超過一秒鐘，連小朋友都看得清楚而了別完成了，所以一剎那間就知道我手中沒有東西；在這很短的時間裡都沒有語言文字出現，眞是離念靈知、一念不生，那，請問大家：有沒有一概不了知？已經都了知完成了！還（導師又示範一次張手、握拳）這樣，這樣一張開，馬上收下來，諸位都已經知道我手裡沒有東西囉！就是分別完成了嘛！

那我如果拿一個東西丟上空中而馬上接起來，你就知道有東西了，對不對？分別就這樣很快速地完成了。所以如果有人說：「我對境了了分明而不分別！」那叫作癡人說夢話！假使有人告訴你說：「我面對眼前的境界了了分明而不分別。」請問：「了了分明」是什麼意思？就是分別完成了嘛！否則怎能叫作了了分明？對不對？所以並不是說沒有語言文字在思惟就能叫作不分別。覺知心不論是有語言文字、沒有語言文字，都是在分別；意識心只要一生起，分別就完成了，只需要非常非常短的時間。

譬如說，覺知心初起的三個剎那，第一剎那叫作率爾初心，那時祂還不能分別，因爲還沒有第二剎那的境界可以供祂比對分別，這其實是不能分別而不是沒有在分別；第二個剎那的覺知心是尋求心，這時祂已經有第一剎那的境界可以作比對了別，已經可以分別了；到了第三剎那時的覺知心才叫作決定心，因爲能夠把第一剎那所知及第二剎那所知比對以後，再把第三剎那的所知重新比對而確定了，對境界的分別才能夠了別完成。但那三個剎那是很短、很短的時間欸！譬如說一念之間就有九十個剎那，一個剎那有九百個生滅，好！一念就等於什麼？相當於你眨個眼皮這樣而已！這就有九十個剎那了！所以你覺知心一旦生起，一旦見過了就了別完成，一旦耳聞就了別完成了。

譬如說你正在打坐，還沒有辦法進入二禪等至位，當然會聽到聲音；不管你是在欲界定、未到地定中，都會聽到聲音，乃至住於初禪中還會聽到。那時老爸在叫：「**阿狗！來一下！**」你需要不需要再於心中生起一句語言文字說：「**這是我老爸在叫我！**」才能知道是老爸嗎？不需要！你一聽聲音，他的話還沒講完，你就知道那是你的老爸在講話了！所以並不是說起作意很清楚分明，一秒鐘、三秒鐘之中都能不分別，不可能這樣的。因爲你一見、一聞的當下已經超過三剎那了，你就已經知道了，你的分別就已經完成了！

所以結論就是說：當意識心現起的時候，那就是分別完成了。所以當人家從遠遠的地方把一顆球踢過來的時候，你就知道那是球！不必心裡先生起語言文字說：「**那是球！**」然後才知道是球。所以當別人突然間向你撞過來的時候，你身體一閃，就閃過去了，不必等到心中用語言文字分別以後才決定要閃開。這表示說：覺知心**沒有語言文字時還是在分別**。所以離念靈知依舊是分別心，不管是多麼短的時間，你在一見或一知之下都已經分別完成了，只要一見就分別完成！所以，你對面的兒子突然間丟了一顆蘋果給你，你一伸手馬上就接了！除非你沒看見！所以，其實見的當下就是分別，所有的「見分」都是分別。那麼這樣說明了，不曉得您聽得有沒有滿意？那如果不滿意，就請您來正覺同修會共修。（大眾鼓掌……）好！我們超過預定時間八分鐘了，時間也很晚了！感謝各位來捧場！捧我這個人場，也是這場法會的盛事！在這裡還是感謝各位的捧場！謝謝各位！阿彌陀佛！

葉經緯教授：謝謝 平實導師精彩的講演跟開示！謝謝 平實導師及大家能讓（大眾起立鼓掌……，持續好幾分鐘）讓這一場法會能夠順利完成！我們有好些個對象、好些個單位也要感謝，首先我們要感謝台南市立文化中心、高雄市立圖書館、左營分局、左營分局的警察同仁，還有高雄市立交通大隊以及義警同仁、高雄巨蛋、友善的狗文化活動公司。那請大家為他們鼓掌！謝謝他們！（大眾鼓掌……）再來…再來…為這一次盛大的法會，正覺同修會裡面有許多的義工菩薩，已經連續工作了好多個月；有些人甚至是不眠不休，在今天會場中，各位都還可以看到他們許多辛勞的身影，請大家給他們熱烈的掌聲（大眾鼓掌……）同時…同時…我們也要特別感謝與會的來賓大德，正因為有你們的參與，才成就了這一場法界的盛事，請大家為自己鼓掌！

（大眾鼓掌……）那我們在這裡要宣布這一場法會圓滿的結束，讓我們用最熱烈的掌聲謝謝 平實導師！也恭請 平實導師下座休息！謝謝 平實導師！（大眾鼓掌……）

平實導師下座後，合十向大家說：謝謝大家！謝謝大家！阿彌陀佛！

葉經緯教授：恭送 平實導師！恭送親教師！謝謝大家！現在請大家先在原地就坐，我們等一下會宣布離場的輸運計劃，請大家稍微忍耐一下！

余正文老師：各位來賓、各位大德！各位辛苦了！阿彌陀佛！我們義工同修們非常的辛苦，但是縱然再怎麼辛苦，疏失還是在所難免。這一場的演講裡面，如果您在飲水方面有不方便，洗手方面有不方便，或是說空調的部分有不舒適的地方。在這邊，代表主辦單位跟各位深深地致上歉意！阿彌陀佛！（全部圓滿結束。）

佛教正覺同修會〈修學佛道次第表〉

第一階段

* 以憶佛及拜佛方式修習動中定力。
* 學第一義佛法及禪法知見。
* 無相拜佛功夫成就。
* 具備一念相續功夫—動靜中皆能看話頭。
* 努力培植福德資糧，勤修三福淨業。

第二階段

* 參話頭，參公案。
* 開悟明心，一片悟境。
* 鍛鍊功夫求見佛性。
* 眼見佛性〈餘五根亦如是〉親見世界如幻，成就如幻觀。
* 學習禪門差別智。
* 深入第一義經典。
* 修除性障及隨分修學禪定。
* 修證十行位陽焰觀。

第三階段

* 學一切種智真實正理—楞伽經、解深密經、成唯識論…。
* 參究末後句。
* 解悟末後句。
* 透牢關—親自體驗所悟末後句境界，親見實相，無得無失。
* 救護一切衆生迴向正道。護持了義正法，修證十迴向位如夢觀。
* 發十無盡願，修習百法明門，親證猶如鏡像現觀。
* 修除五蓋，發起禪定。持一切善法戒。親證猶如光影現觀。
* 進修四禪八定、四無量心、五神通。進修大乘種智，求證猶如谷響現觀。

佛菩提二主要道次第概要表——二道並修，以外無別佛法

佛菩提道——大菩提道

遠波羅蜜多

十信位修集信心——一劫乃至一萬劫

資糧位

初住位修集布施功德（以財施爲主）。

二住位修集持戒功德。

三住位修集忍辱功德。

四住位修集精進功德。

五住位修集禪定功德。

六住位修集般若功德（熏習般若中觀及斷我見，加行位也）。

外門廣修六度萬行

見道位

七住位明心般若正觀現前，親證本來自性清淨涅槃。

八住位起於一切法現觀般若中道。漸除性障。

十住位眼見佛性，世界如幻觀成就。

一至十行位，於廣行六度萬行中，依般若中道慧，現觀陰處界猶如陽焰，至第十行滿心位，陽焰觀成就。

一至十迴向位熏習一切種智；修除性障，唯留最後一分思惑不斷。第十迴向滿心位成就菩薩道如夢觀。

內門廣修六度萬行

初地：第十迴向位滿心時，成就道種智一分（八識心王一一親證後，領受五法、三自性、七種第一義、七種性自性、二種無我法）復由勇發十無盡願，成通達位菩薩。復又永伏性障而不具斷，能證慧解脫而不取證，由大願故留惑潤生。此地主修法施波羅蜜多及百法明門。證「猶如鏡像」現觀，故滿初地心。

二地：初地功德滿足以後，再成就道種智一分而入二地；主修戒波羅蜜多及一切種智。滿心位成就「猶如光影」現觀，戒行自然清淨。

解脫道：二乘菩提

→ 斷三縛結，成初果解脫

→ 薄貪瞋癡，成二果解脫

→ 斷五下分結，成三果解脫

入地前的四加行令煩惱障現行悉斷，成四果解脫，留惑潤生。分段生死已斷，煩惱障習氣種子開始斷除，兼斷無始無明上煩惱。

三地：二地滿心再證道種智一分，故入三地。此地主修忍波羅蜜多及四禪八定、四無量心、五神通。能成就俱解脫果而不取證，留惑潤生。滿心位成就「猶如谷響」現觀及無漏妙定意生身。

四地：由三地再證道種智一分故入四地。主修精進波羅蜜多，於此土及他方世界廣度有緣，無有疲倦。進修一切種智，滿心位成就「如水中月」現觀。

五地：由四地再證道種智一分故入五地。主修禪定波羅蜜多及一切種智，斷除下乘涅槃貪。滿心位成就「變化所成」現觀。

六地：由五地再證道種智一分故入六地。此地主修般若波羅蜜多——依道種智現觀十二因緣一一有支及意生身化身，皆自心眞如變化所現，「非有似有」，成就細相觀，不由加行而自然證得滅盡定，成俱解脫大乘無學。

七地：由六地「非有似有」現觀，再證道種智一分故入七地。此地主修一切種智及方便波羅蜜多，由重觀十二有支一一支中之流轉門及還滅門一切細相，成就方便善巧，念念隨入滅盡定。滿心位證得「如犍闥婆城」現觀。

八地：由七地極細相觀成就故再證道種智一分而入八地。此地主修一切種智及願波羅蜜多。至滿心位純無相觀任運恆起，故於相土自在，滿心位復證「如實覺知諸法相意生身」故。

九地：由八地再證道種智一分故入九地。主修力波羅蜜多及一切種智，成就四無礙，滿心位證得「種類俱生無行作意生身」。

十地：由九地再證道種智一分故入此地。此地主修一切種智——智波羅蜜多。滿心位起大法智雲，及現起大法智雲所含藏種種功德，成受職菩薩。

修道位

等覺：由十地道種智成就故入此地。此地應修一切種智，圓滿等覺地無生法忍；於百劫中修集極廣大福德，以之圓滿三十二大人相及無量隨形好。

妙覺：示現受生人間已斷盡煩惱障一切習氣種子，並斷盡所知障一切隨眠，永斷變易生死無明，成就大般涅槃，四智圓明。人間捨壽後，報身常住色究竟天利樂十方地上菩薩；以諸化身利樂有情，永無盡期，成就究竟佛道。

究竟位

近波羅蜜多

大波羅蜜多

圓滿波羅蜜多

七地滿心斷除故意保留之最後一分思惑時，煩惱障所攝色、受、想三陰有漏習氣種子全部斷盡。

煩惱障所攝行、識二陰無漏習氣種子任運漸斷，所知障所攝上煩惱任運漸斷。

斷盡變易生死
成就大般涅槃

圓滿成就究竟佛果

佛子蕭平實 謹製
（二〇〇九、〇二 修訂）
（二〇一二、〇二 增補）

佛教正覺同修會 共修現況 及 招生公告　2023/12/29

一、共修現況：（請在共修時間來電，以免無人接聽。）

台北正覺講堂 103 台北市承德路三段 277 號九樓 捷運淡水線圓山站旁 Tel..**總機** 02-25957295（晚上）（**分機：九樓**辦公室 10、11；知客櫃檯 12、13。 **十樓**知客櫃檯 15、16；書局櫃檯 14。 **五樓**辦公室 18；知客櫃檯 19。**二樓**辦公室 20；知客櫃檯 21。）
Fax..25954493

第一講堂　台北市承德路三段 277 號九樓

禪淨班：週一晚班、週三晚班、週四晚班、週五晚班、週六下午班、週六上午班（共修期間二年半，全程免費。皆須報名建立學籍後始可參加共修，欲報名者詳見本公告末頁。）

增上班：成唯識論釋：單週六晚班。雙週六晚班（重播班）。17.50～20.50。平實導師講解，2022 年 2 月末開講，預定六年內講完，僅限已明心之會員參加。

禪門差別智：每月第一週日全天　平實導師主講（事冗暫停）。

菩薩瓔珞本業經　本經說明菩薩道六度、十度波羅蜜多之修行，要先修十信位，於因位中熏習百法明門，再轉入初住位起修六種瓔珞，總共四十二位，即是十住位、十行位、十迴向位、十地位、等覺位、妙覺位，方得成就六種瓔珞成爲一生補處，然後成就佛道，名爲習種性、性種性、道種性、聖種性、等覺性、妙覺性；連同習種性前的十信位，共爲五十二階位實修完畢，方得成佛。於本經中亦說明大乘初見道的證眞如、發起般若現觀時，若有佛菩薩護持故，即得進第七住位常住不退，然後向上進發，速修佛菩提道。如是實修佛菩提道方是義學，而非學術界所說的相似佛法等玄學，皆是可修可證之法，全都屬於現法樂證樂住並且是現觀的佛法，顯示佛法眞是義學而非玄談或思想。本經已於 2023 年十二月中旬起開講，由平實導師詳解。每逢週二晚上開講，第一至第七講堂都可同時聽聞，歡迎菩薩種性學人，攜眷共同參與此殊勝法會現場聞法，不限制聽講資格。本會學員憑上課證進入第一至第四、第七講堂聽講，會外學人請以身分證件換證進入聽講（此爲大樓管理處安全管理規定之要求，敬請諒解）；第五及第六講堂（B1、B2）對外開放，不需出示任何證件，請由大樓側門直接進入。

第二講堂　台北市承德路三段 267 號十樓。

禪淨班：週一晚班。

進階班：週三晚班、週四晚班、週五晚班、週六早班、週六下午班。禪淨班結業後轉入共修。

增上班：成唯識論釋：單週六晚班，影音同步傳播。雙週六晚班（重播班）

菩薩瓔珞本業經：平實導師講解。每週二 18.50~20.50 影像音聲即時傳輸。

第三講堂　台北市承德路三段 277 號五樓。

增上班：成唯識論釋：單週六晚班，影音同步傳播。雙週六晚班（重播班）

進階班：週一晚班、週三晚班、週四晚班、週五晚班、週六下午班。

菩薩瓔珞本業經：平實導師講解。每週二 18.50~20.50 影像音聲即時傳輸。

第四講堂　台北市承德路三段 267 號二樓。

進階班：週一晚班、週三晚班、週四晚班（禪淨班結業後轉入共修）。

菩薩瓔珞本業經：平實導師講解。每週二 18.50~20.50 影像音聲即時傳輸。

第五、第六講堂

念佛班　每週日晚上，第六講堂共修（B2），一切求生極樂世界的三寶弟子皆可參加，不限制共修資格。

進階班：週一晚班、週三晚班、週四晚班。

菩薩瓔珞本業經：平實導師講解。每週二 18.50~20.50 影像音聲即時傳輸。第五、第六講堂爲開放式講堂，不需以身分證件換證即可進入聽講，台北市承德路三段 267 號地下一樓、地下二樓。每逢週二晚上講經時段開放給會外人士自由聽經，請由大樓側面梯階逕行進入聽講。**聽講者請尊重講者的著作權及肖像權，請勿錄音錄影，以免違法；若有錄音錄影被查獲者，將依法處理。**

第七講堂　台北市承德路三段 267 號六樓。

菩薩瓔珞本業經：平實導師講解。每週二 18.50~20.50 影像音聲即時傳輸。

正覺祖師堂　大溪區美華里信義路 650 巷坑底 5 之 6 號（台 3 號省道 34 公里處　妙法寺對面斜坡道進入）電話 03-3886110　　傳眞 03-3881692 本堂供奉　克勤圓悟大師，專供會員每年四月、十月各三次精進禪三共修，兼作本會出家菩薩掛單常住之用。開放參訪日期請參見本會公告。教內共修團體或道場，得另申請其餘時間作團體參訪，務請事先與常住確定日期，以便安排常住菩薩接引導覽，亦免妨礙常住菩薩之日常作息及修行。

桃園正覺講堂（第一、第二講堂）：桃園市介壽路 286、288 號 10 樓（陽明運動公園對面）電話：03-3749363（請於共修時聯繫，或與台北聯繫）

禪淨班：週一晚班（1）、週一晚班（2）、週三晚班、週四晚班、週五晚班。

進階班：週三晚班、週四晚班、週五晚班、週六上午班。

增上班：成唯識論釋。雙週六晚班（增上重播班）。

菩薩瓔珞本業經：平實導師講解。每週二晚上，以台北正覺講堂所錄 DVD 放映；歡迎會外學人共同聽講，不需出示身分證件。

新竹正覺講堂 新竹市東光路 55 號二樓之一　電話 03-5724297（晚上）

第一講堂：

禪淨班：週五晚班。

進階班：週三晚班、週四晚班、週六上午班。由禪淨班結業後轉入共修

增上班：成唯識論釋。單週六晚班。雙週六晚班（重播班）。

菩薩瓔珞本業經：平實導師講解。每週二晚上，以台北正覺講堂所錄 DVD 放映。歡迎會外學人共同聽講，不需出示身分證件。

第二講堂：

禪淨班：週一晚班、週三晚班、週四晚班、週六上午班。

菩薩瓔珞本業經：每週二晚上與第一講堂同步播放講經 DVD。

第三、第四講堂：裝修完畢，已經啓用。

台中正覺講堂 04-23816090（晚上）

第一講堂 台中市南屯區五權西路二段 666 號 13 樓之四（國泰世華銀行樓上。鄰近縣市經第一高速公路前來者，由五權西路交流道可以快速到達，大樓旁有停車場，對面有素食館）。

禪淨班：週四晚班、週五晚班。

進階班：週一晚班、週三晚班、週六上午班（由禪淨班結業後轉入共修）。

增上班：成唯識論釋。單週六晚班。雙週六晚班（重播班）。

菩薩瓔珞本業經：平實導師講解。每週二晚上，以台北正覺講堂所錄 DVD 放映。歡迎會外學人共同聽講，不需出示身分證件。

第二講堂 台中市南屯區五權西路二段 666 號 4 樓

禪淨班：週一晚班、週三晚班。

第三講堂台中市南屯區五權西路二段 666 號 4 樓

禪淨班：週一晚班。

第四講堂台中市南屯區五權西路二段 666 號 4 樓。

進階班：週三晚班、週四晚班、週五晚班、週六上午班，由禪淨班結業後轉入共修

菩薩瓔珞本業經：每週二晚上與第一講堂同步播放講經 DVD。

嘉義正覺講堂 嘉義市友愛路 288 號八樓之一　電話：05-2318228

第一講堂：

禪淨班：週四晚班、週五晚班、週六上午班。

進階班：週一晚班、週三晚班（由禪淨班結業後轉入共修）。

增上班：成唯識論釋。單週六晚班。雙週六晚班（重播班）。

菩薩瓔珞本業經：平實導師講解。每週二晚上，以台北正覺講堂所錄 DVD 放映。歡迎會外學人共同聽講，不需出示身分證件。

第二講堂 嘉義市友愛路 288 號八樓之二。

第三講堂 嘉義市友愛路 288 號四樓之七。

禪淨班：週一晚班、週三晚班。

台南正覺講堂

第一講堂 台南市西門路四段 15 號 4 樓。06-2820541（晚上）

禪淨班：週一晚班、週四晚班、週五晚班、週六下午班。

增上班：成唯識論釋。單週六晚班。雙週六晚班（重播班）。

菩薩瓔珞本業經：平實導師講解。每週二晚上，以台北正覺講堂所錄 DVD 放映。歡迎會外學人共同聽講，不需出示身分證件。

第二講堂 台南市西門路四段 15 號 3 樓。

菩薩瓔珞本業經：每週二晚上與第一講堂同步播放講經 DVD。

第三講堂 台南市西門路四段 15 號 3 樓。

進階班：週一晚班、週三晚班、週四晚班、週五晚班（由禪淨班結業後轉入共修）。

菩薩瓔珞本業經：每週二晚上與第一講堂同步播放講經 DVD。

高雄正覺講堂 高雄市新興區中正三路 45 號五樓 07-2234248（晚上）

第一講堂（五樓）：

禪淨班：週一晚班、週三晚班、週四晚班、週五晚班、週六上午班。

進階班：週六下午班（由禪淨班結業後轉入共修）。

增上班：成唯識論釋。單週六晚班。雙週六晚班（重播班）。

菩薩瓔珞本業經：平實導師講解。每週二晚上，以台北正覺講堂所錄 DVD 放映。歡迎會外學人共同聽講，不需出示身分證件。

第二講堂（四樓）：

進階班：週三晚班、週四晚班（由禪淨班結業後轉入共修）。

菩薩瓔珞本業經：每週二晚上與第一講堂同步播放講經 DVD。

第三講堂（三樓）：

進階班：週四晚班（由禪淨班結業後轉入共修）。

香港正覺講堂

香港新界葵涌打磚坪街 93 號維京科技商業中心A 座 18 樓。

電話：(852) 23262231

英文地址：18/F, Tower A, Viking Technology & Business Centre, 93 Ta Chuen Ping Street, Kwai Chung, N.T., Hong Kong.

禪淨班：單週六下午班、雙週六下午班、單週日上午班、單週日下午班、雙週日上午班

進階班：雙週六上午班（由禪淨班結業後轉入共修）。

增上班：每月第一雙週日下午及晚上班，以台北增上班課程錄成 DVD 放映之。

增上重播班：每月第二雙週日下午及晚上班，以台北增上班課程錄成 DVD 放映之。

不退轉法輪經詳解：平實導師講解。每週六、日 19:00～21:00，以台北正覺講堂所錄 DVD 放映；歡迎會外學人共同聽講，不需出示身分證件。

二、招生公告 本會台北講堂及全省各講堂、香港講堂，每逢**四月、十月**下旬開新班，每週共修一次（每次二小時。開課日起三個月內仍可插班）；各班共修期間皆爲二年半，全程免費，欲參加者請向本會函索報名表（各共修處皆於共修時間方有人執事，非共修時間請勿電詢或前來洽詢、請書），或直接從本會官方網站(http://www.enlighten.org.tw/newsflash/class)或成佛之道網站下載報名表。共修期滿時，若經報名禪三審核通過者，可參加四天三夜之禪三精進共修，有機會明心、取證如來藏，發起般若實相智慧，成爲實義菩薩，脫離凡夫菩薩位。

三、新春禮佛祈福 農曆**年假**期間停止共修：自農曆新年前七天起停止共修與弘法，正月 8 日起回復共修、弘法事務。新春期間正月初一～初七 9.00～17.00 開放台北講堂、正月初一~初三開放新竹、台中、嘉義、台南、高雄講堂，以及大溪禪三道場（正覺祖師堂），方便會員供佛、祈福及會外人士請書。

密宗四大派修雙身法，是外道性力派的邪法；又以生滅的識陰作為常住法，是常見外道，是假的藏傳佛教。

西藏覺囊巴以他空見弘揚第八識如來藏勝法，才是真藏傳佛教

佛教正覺同修會　弘法行事表

2023/11/29

1、**禪淨班**　以無相念佛及拜佛方式修習動中定力，實證一心不亂功夫。傳授解脫道正理及第一義諦佛法，以及參禪知見。共修期間：二年六個月。每逢四月、十月開新班，詳見招生公告表。

2、**進階班**　禪淨班畢業後得轉入此班，進修更深入的佛法，期能證悟明心。各地講堂各有多班，繼續深入佛法、增長定力，悟後得轉入增上班修學道種智，期能證得無生法忍。

3、**增上班 成唯識論釋**　詳解八識心王的唯識性、唯識相、唯識位，分說八識心王及其心所各別的自性、所依、所緣、相應心所、行相、功用等，並闡述緣生諸法的四緣：因緣、等無間緣、所緣緣、增上緣等四緣，並論及十因五果等。論中闡釋**佛法實證及成就的根本法即是第八識，由第八識成就三界世間及出世間的一切染淨諸法，方有成佛之道可修、可證、可成就，名爲圓成實性**。然後詳解末法時代學人極易混淆的見道位所函蓋的眞見道、相見道、通達位等內容，指正末法時代高慢心一類學人，於見道位前後不斷所墮的同一邪謬處。末後開示修道位的十地之中，各地所應斷的二愚及所應證的一智，乃至佛位的四智圓明及具足四種涅槃等一切種智之眞實正理。由平實導師講述，每逢一、三、五週之週末晚上開示，每逢二、四週之週末爲重播班，供作後悟之菩薩補聞所未聽聞之法。增上班課程僅限已明心之會員參加。未來每逢講完十分之一內容時，便予出書流通；總共十輯，敬請期待。(註：《瑜伽師地論》從 2003 年二月開講，至 2022 年 2 月 19 日已經圓滿，爲期 18 年整。)

4、**菩薩瓔珞本業經**　本經說明菩薩道六度、十度波羅蜜多之修行，要先修十信位，於因位中熏習百法明門，再轉入初住位起修六種瓔珞，總共四十二位，即是十住位、十行位、十迴向位、十地位、等覺位、妙覺位，方得成就六種瓔珞成爲一生補處，然後成就佛道，名爲習種性、性種性、道種性、聖種性、等覺性、妙覺性；連同習種性前的十信位，共爲五十二階位實修完畢，方得成佛。於本經中亦說明大乘初見道的證眞如、發起般若現觀時，若有佛菩薩護持故，即得進第七住位常住不退，然後向上進發，速修佛菩提道。如是實修佛菩提道方是義學，而非學術界所說的相似佛法等玄學，皆是可修可證之法，全都屬於現法樂證樂住並且是現觀的佛法，顯示佛法眞是義學而非玄談或思想。本經已於 2023 年十二月中旬起開講，由平實導師詳解。不限制聽講資格。

5、**精進禪三**　主三和尚：平實導師。於四天三夜中，以克勤圓悟大師及大慧宗杲之禪風，施設機鋒與小參、公案密意之開示，幫助會員剋期取證，親證不生不滅之眞實心——人人本有之如來藏。每年四月、十月各舉辦三個梯次；平實導師主持。僅限本會會員參加禪淨班共修期滿，報名審核通過者，方可參加。並選擇會中定力、慧力、福德三條件皆已具足之已明心會員，給以指引，令得眼見自己無形無相之佛性遍佈山河大地，眞實而無障礙，得以肉眼現觀世界身心悉皆如幻，具足成就如幻觀，圓滿十住菩薩之證境。

6、**阿含經**詳解　選擇重要之阿含部經典，依無餘涅槃之實際而加以詳解，令大眾得以現觀諸法緣起性空，亦復不墮斷滅見中，顯示經中所隱說之涅槃實際—如來藏—確實已於四阿含中隱說；令大眾得以聞後觀行，確實斷除我見乃至我執，證得**見到**眞現觀，乃至**身證**……等眞現觀；已得大乘或二乘見道者，亦可由此聞熏及聞後之觀行，除斷我所之貪著，成就慧解脫果。由平實導師詳解。不限制聽講資格。

7、**精選如來藏系經典**詳解　精選如來藏系經典一部，詳細解說，以此完全印證會員所悟如來藏之眞實，得入不退轉住。另行擇期詳細解說之，由平實導師講解。僅限已明心之會員參加。

8、**禪門差別智**　藉禪宗公案之微細淆訛難知難解之處，加以宣說及剖析，以增進明心、見性之功德，啓發差別智，建立擇法眼。每月第一週日全天，由平實導師開示，僅限破參明心後，復又眼見佛性者參加(事冗暫停)。

9、**枯木禪**　先講智者大師的《小止觀》，後說《釋禪波羅蜜》，詳解四禪八定之修證理論與實修方法，細述一般學人修定之邪見與岔路，及對禪定證境之誤會，消除枉用功夫、浪費生命之現象。已悟般若者，可以藉此而實修初禪，進入大乘通教及聲聞教的三果心解脫境界，配合應有的大福德及後得無分別智、十無盡願，即可進入初地心中。親教師：平實導師。未來緣熟時將於正覺寺開講。不限制聽講資格。

註：本會例行年假，自 2004 年起，改爲每年農曆新年前七天開始停息弘法事務及共修課程，農曆正月 8 日回復所有共修及弘法事務。新春期間（每日 9.00~17.00）開放台北講堂，方便會員禮佛祈福及會外人士請書。大溪區的正覺祖師堂，開放參訪時間，詳見〈正覺電子報〉或成佛之道網站。本表得因時節因緣需要而隨時修改之，不另作通知。

佛教正覺同修會　贈閱書籍 目錄　2021/8/30

1.**無相念佛**　平實導師著　回郵 36 元
2.**念佛三昧修學次第**　平實導師述著　回郵 52 元
3.**正法眼藏—護法集**　平實導師述著　回郵 76 元
4.**真假開悟簡易辨正法&佛子之省思**　平實導師著　回郵 26 元
5.**生命實相之辨正**　平實導師著　回郵 31 元
6.**如何契入念佛法門**（附：印順法師否定極樂世界）平實導師著　回郵 26 元
7.**平實書箋**—答元覽居士書　平實導師著　回郵 52 元
8.**三乘唯識**—如來藏系經律彙編　平實導師編　回郵 80 元
（精裝本　長 27 cm　寬 21 cm　高 7.5 cm　重 2.8 公斤）
9.**三時繫念全集**—修正本　回郵掛號 52 元（長 26.5 cm×寬 19 cm）
10.**明心與初地**　平實導師述　回郵 31 元
11.**邪見與佛法**　平實導師述著　回郵 36 元
12.**甘露法雨**　平實導師述　回郵 36 元
13.**我與無我**　平實導師述　回郵 36 元
14.**學佛之心態**—修正錯誤之學佛心態始能與正法相應 孫正德老師著 回郵52元
附錄：平實導師著**《略說八、九識並存…等之過失》**
15.**大乘無我觀**—《悟前與悟後》別說　平實導師述著　回郵 36 元
16.**佛教之危機**—中國台灣地區現代佛教之真相（附錄：公案拈提六則）
平實導師著　回郵 52 元
17.**燈 影**—燈下黑（覆「求教後學」來函等）平實導師著　回郵 76 元
18.**護法與毀法**—覆上平居士與徐恒志居士網站毀法二文
張正圜老師著　回郵 76 元
19.**淨土聖道**—兼評**選擇本願念佛**　正德老師著　**由正覺同修會購贈** 回郵 52 元
20.**辨唯識性相**—對「紫蓮心海《辯唯識性相》書中否定阿賴耶識」之回應
正覺同修會 台南共修處法義組 著　回郵 52 元
21.**假如來藏**—對法蓮法師《如來藏與阿賴耶識》書中否定阿賴耶識之回應
正覺同修會 台南共修處法義組 著　回郵 76 元
22.**入不二門**—公案拈提集錦 第一輯（於平實導師公案拈提諸書中選錄約二十則，
合輯爲一冊流通之）平實導師著　回郵 52 元
23.**真假邪說**—西藏密宗索達吉喇嘛《破除邪說論》真是邪說
釋正安法師著　上、下冊回郵各 52 元
24.**真假開悟**—真如、如來藏、阿賴耶識間之關係　平實導師述著　回郵 76 元
25.**真假禪和**—辨正釋傳聖之謗法謬說　孫正德老師著　回郵 76 元

26.**眼見佛性**—駁慧廣法師眼見佛性的含義文中謬說

游正光老師著　回郵 52 元

27.**普門自在**—公案拈提集錦 第二輯（於平實導師公案拈提諸書中選錄約二十則，合輯爲一冊流通之）平實導師著　回郵 52 元

28.**印順法師的悲哀**—以現代禪的質疑為線索　恒毓博士著　回郵 52 元

29.**識蘊真義**—現觀識蘊內涵、取證初果、親斷三縛結之具體行門。

—依《成唯識論》及《唯識述記》正義，略顯安慧《大乘廣五蘊論》之邪謬

平實導師著　回郵 76 元

30.**正覺電子報** 各期紙版本　免附回郵　每次最多函索三期或三本。

（已無存書之較早各期，不另增印贈閱）

31.**現代人應有的宗教觀**　蔡正禮老師 著　回郵 31 元

32.**遠惑趣道**—正覺電子報般若信箱問答錄　第一輯　回郵 52 元

33.**遠惑趣道**—正覺電子報般若信箱問答錄　第二輯　回郵 52 元

34.**確保您的權益**—器官捐贈應注意自我保護　游正光老師 著　回郵 31 元

35.**正覺教團電視弘法三乘菩提 DVD 光碟**（一）

由正覺教團多位親教師共同講述錄製 DVD 8 片，MP3 一片，共 9 片。有二大講題：一為「三乘菩提之意涵」，二為「學佛的正知見」。內容精闢，深入淺出，精彩絕倫，幫助大眾快速建立三乘法道的正知見，免被外道邪見所誤導。有志修學三乘佛法之學人不可不看。（製作工本費 100 元，回郵 52 元）

36.**正覺教團電視弘法 DVD 專輯**（二）

總有二大講題：一為「三乘菩提之念佛法門」，一為「學佛正知見（第二篇）」，由正覺教團多位親教師輪番講述，內容詳細闡述如何修學念佛法門、實證念佛三昧，以及學佛應具有的正確知見，可以幫助發願往生西方極樂淨土之學人，得以把握往生，更可令學人快速建立三乘法道的正知見，免於被外道邪見所誤導。有志修學三乘佛法之學人不可不看。（一套 17 片，工本費 160 元。回郵 76 元）

37.**喇嘛性世界**—揭開假藏傳佛教譚崔瑜伽的面紗　張善思 等人合著

由正覺同修會購贈　回郵 52 元

38.**假藏傳佛教的神話**—性、謊言、喇嘛教　張正玄教授編著

由正覺同修會購贈　回郵 52 元

39.**隨 緣**—理隨緣與事隨緣　平實導師述　回郵 52 元。

40.**學佛的覺醒**　正枝居士 著　回郵 52 元

41.**導師之真實義**　蔡正禮老師 著　回郵 31 元

42.**淺談達賴喇嘛之雙身法**—兼論解讀「密續」之達文西密碼

吳明芷居士 著　回郵 31 元

43.**魔界轉世**　張正玄居士 著　回郵 31 元

44.**一貫道與開悟**　蔡正禮老師 著　回郵 31 元

45.**博愛**—愛盡天下女人　正覺教育基金會 編印　回郵 36 元

46.**意識虛妄經教彙編**—實證解脫道的關鍵經文　正覺同修會編印　回郵36元

47.**邪箭囈語**—破斥藏密外道多識仁波切《破魔金剛箭雨論》之邪說
陸正元老師著　上、下冊回郵各52元

48.**真假沙門**—依　佛聖教闡釋佛教僧寶之定義
蔡正禮老師著　俟正覺電子報連載後結集出版

49.**真假禪宗**—藉評論釋性廣《印順導師對變質禪法之批判
及對禪宗之肯定》以顯示真假禪宗
附論一：凡夫知見　無助於佛法之信解行證
附論二：世間與出世間一切法皆從如來藏實際而生而顯
余正偉老師著　俟正覺電子報連載後結集出版　回郵未定

★ 上列贈書之郵資，係台灣本島地區郵資，大陸、港、澳地區及外國地區，請另計酌增（大陸、港、澳、國外地區之郵票不許通用）。尚未出版之書，請勿先寄來郵資，以免增加作業煩擾。

★ 本目錄若有變動，唯於後印之書籍及「成佛之道」網站上修正公佈之，不另行個別通知。

函索書籍請寄：佛教正覺同修會　103 台北市承德路 3 段 277 號 9 樓
台灣地區函索書籍者請附寄郵票，無時間購買郵票者可以等值現金抵用，但不接受郵政劃撥、支票、匯票。大陸地區得以人民幣計算，國外地區請以美元計算（請勿寄來當地郵票，在台灣地區不能使用）。欲以掛號寄遞者，請另附掛號郵資。

親自索閱：正覺同修會各共修處。　★請於共修時間前往取書，餘時無人在道場，請勿前往索取；共修時間與地點，詳見書末正覺同修會共修現況表（以近期之共修現況表爲準）。

註：正智出版社發售之局版書，請向各大書局購閱。若書局之書架上已經售出而無陳列者，請向書局櫃台指定洽購；若書局不便代購者，請於正覺同修會共修時間前往各共修處請購，正智出版社已派人於共修時間送書前往各共修處流通。 郵政劃撥購書及 大陸地區 購書，請詳別頁正智出版社發售書籍目錄最後頁之說明。

成佛之道 網站：http://www.a202.idv.tw　正覺同修會已出版之結緣書籍，多已登載於 成佛之道 網站，若住外國、或住處遙遠，不便取得正覺同修會贈閱書籍者，可以從本網站閱讀及下載。

＊＊假藏傳佛教修雙身法，非佛教＊＊

正智出版社 籌募弘法基金發售書籍目錄　2023/11/17

1.**宗門正眼**—公案拈提 第一輯 重拈　平實導師著　500 元

因重寫內容大幅度增加故，字體必須改小，並增爲 576 頁 主文 546 頁。比初版更精彩、更有內容。初版《禪門摩尼寶聚》之讀者，可寄回本公司免費調換新版書。免附回郵，亦無截止期限。（2007 年起，每冊附贈本公司精製公案拈提〈超意境〉CD 一片。市售價格 280 元，多購多贈。）

2.**禪淨圓融**　平實導師著　200 元（第一版舊書可換新版書。）

3.**真實如來藏**　平實導師著　400 元

4.**禪—悟前與悟後**　平實導師著　上、下冊，每冊 250 元

5.**宗門法眼**—公案拈提 第二輯　平實導師著　500 元

（2007 年起，每冊附贈本公司精製公案拈提〈超意境〉CD 一片）

6.**楞伽經詳解**　平實導師著　全套共 10 輯　每輯 250 元

7.**宗門道眼**—公案拈提 第三輯　平實導師著　500 元

（2007 年起，每冊附贈本公司精製公案拈提〈超意境〉CD 一片）

8.**宗門血脈**—公案拈提 第四輯　平實導師著　500 元

（2007 年起，每冊附贈本公司精製公案拈提〈超意境〉CD 一片）

9.**宗通與說通**—成佛之道 平實導師著 主文 381 頁 全書 400 頁售價 300 元

10.**宗門正道**—公案拈提 第五輯　平實導師著　500 元

（2007 年起，每冊附贈本公司精製公案拈提〈超意境〉CD 一片）

11.**狂密與真密 一～四輯**　平實導師著　西藏密宗是人間最邪淫的宗教，本質不是佛教，只是披著佛教外衣的印度教性力派流毒的喇嘛教。此書中將西藏密宗密傳之男女雙身合修樂空雙運所有祕密與修法，毫無保留完全公開，並將全部喇嘛們所不知道的部分也一併公開。內容比大辣出版社喧騰一時的《西藏慾經》更詳細。並且函蓋藏密的所有祕密及其錯誤的中觀見、如來藏見……等，藏密的所有法義都在書中詳述、分析、辨正。每輯主文三百餘頁　每輯全書約 400 頁　售價每輯 300 元

12.**宗門正義**—公案拈提 第六輯　平實導師著　500 元

（2007 年起，每冊附贈本公司精製公案拈提〈超意境〉CD 一片）

13.**心經密意**—心經與解脫道、佛菩提道、祖師公案之關係與密意　平實導師述　300 元

14.**宗門密意**—公案拈提 第七輯　平實導師著　500 元

（2007 年起，每冊附贈本公司精製公案拈提〈超意境〉CD 一片）

15.**淨土聖道**—兼評「選擇本願念佛」　正德老師著　200 元

16.**起信論講記**　平實導師述著　共六輯　每輯三百餘頁　售價各 250 元

17.**優婆塞戒經講記**　平實導師述著 共八輯 每輯三百餘頁 售價各 250 元

18.**真假活佛**—略論附佛外道盧勝彥之邪說（對前岳靈犀網站主張「盧勝彥是證悟者」之修正）　正犀居士（岳靈犀）著　流通價 140 元

19.**阿含正義**—唯識學探源　平實導師著　共七輯　每輯 300 元

20.**超意境** CD 以平實導師公案拈提書中超越意境之頌詞，加上曲風優美的旋律，錄成令人嚮往的超意境歌曲，其中包括正覺發願文及平實導師親自譜成的黃梅調歌曲一首。詞曲雋永，殊堪翫味，可供學禪者吟詠，有助於見道。內附設計精美的彩色小冊，解說每一首詞的背景本事。每片 280 元。【每購買公案拈提書籍一冊，即贈送一片。】

21.**菩薩底憂鬱** CD 將菩薩情懷及禪宗公案寫成新詞，並製作成超越意境的優美歌曲。 1.主題曲〈菩薩底憂鬱〉，描述地後菩薩能離三界生死而迴向繼續生在人間，但因尚未斷盡習氣種子而有極深沈之憂鬱，非三賢位菩薩及二乘聖者所知，此憂鬱在七地滿心位方才斷盡；本曲之詞中所說義理極深，昔來所未曾見；此曲係以優美的情歌風格寫詞及作曲，聞者得以激發嚮往諸地菩薩境界之大心，詞、曲都非常優美，難得一見；其中勝妙義理之解說，已印在附贈之彩色小冊中。 2.以各輯公案拈提中直示禪門入處之頌文，作成各種不同曲風之超意境歌曲，值得玩味、參究；聆聽公案拈提之優美歌曲時，請同時閱讀內附之印刷精美說明小冊，可以領會超越三界的證悟境界；未悟者可以因此引發求悟之意向及疑情，眞發菩提心而邁向求悟之途，乃至因此眞實悟入般若，成眞菩薩。 3.正覺總持咒新曲，總持佛法大意；總持咒之義理，已加以解說並印在隨附之小冊中。本 CD 共有十首歌曲，長達 63 分鐘。每盒各附贈二張購書優惠券。每片 320 元。

22.**禪意無限** CD 平實導師以公案拈提書中偈頌寫成不同風格曲子，與他人所寫不同風格曲子共同錄製出版，幫助參禪人進入禪門超越意識之境界。盒中附贈彩色印製的精美解說小冊，以供聆聽時閱讀，令參禪人得以發起參禪之疑情，即有機會證悟本來面目而發起實相智慧，實證大乘菩提般若，能如實證知般若經中的眞實意。本 CD 共有十首歌曲，長達 69 分鐘，每盒各附贈二張購書優惠券。每片 320 元。

23.**我的菩提路**第一輯　釋悟圓、釋善藏等人合著　售價 300 元

24.**我的菩提路**第二輯　郭正益等人合著　售價 300 元

（初版首刷至第四刷，都可以寄來免費更換爲第二版，免附郵費）

25.**我的菩提路**第三輯　王美伶等人合著　售價 300 元

26.**我的菩提路**第四輯　陳晏平等人合著　售價 300 元

27.**我的菩提路**第五輯　林慈慧等人合著　售價 300 元

28.**我的菩提路**第六輯　劉惠莉等人合著　售價 300 元

29.**我的菩提路**第七輯　余正偉等人合著　售價 300 元

30.**鈍鳥與靈龜**—考證後代凡夫對大慧宗杲禪師的無根誹謗。

平實導師著　共 458 頁　售價 350 元

31.**維摩詰經講記**　平實導師述　共六輯　每輯三百餘頁　售價各 250 元

32.**真假外道**—破劉東亮、杜大威、釋證嚴常見外道見　正光老師著　200 元

33.**勝鬘經講記**—兼論印順《勝鬘經講記》對於《勝鬘經》之誤解。
平實導師述　共六輯　每輯三百餘頁　售價250元
34.**楞嚴經講記**—平實導師述 共**15**輯，每輯三百餘頁 售價300元
35.**明心與眼見佛性**—駁慧廣〈蕭氏「眼見佛性」與「明心」之非〉文中謬說
正光老師著　共448頁　售價300元
36.**見性與看話頭** 黃正倖老師 著，本書是禪宗參禪的方法論。
內文375頁，全書416頁，售價300元。
37.**達賴真面目**—玩盡天下女人 白正偉老師 等著 中英對照彩色精裝大本 800元
38.**喇嘛性世界**—揭開假藏傳佛教譚崔瑜伽的面紗　張善思 等人著　200元
39.**假藏傳佛教的神話**—性、謊言、喇嘛教　正玄教授編著　200元
40.**金剛經宗通**　平實導師述　共九輯　每輯售價250元。
41.**末代達賴**—性交教主的悲歌　張善思、呂艾倫、辛燕編著 售價250元
42.**霧峰無霧**—給哥哥的信　辨正釋印順對佛法的無量誤解
游宗明 老師著　售價250元
43.**霧峰無霧**—第二輯—救護佛子向正道　細說釋印順對佛法的各類誤解
游宗明 老師著　售價250元
44.**第七意識與第八意識？**—穿越時空「超意識」
平實導師述　每冊300元
45.**黯淡的達賴**—失去光彩的諾貝爾和平獎
正覺教育基金會編著　每冊250元
46.**童女迦葉考**—論呂凱文〈佛教輪迴思想的論述分析〉之謬。
平實導師 著 定價180元
47.**人間佛教**—實證者必定不悖三乘菩提
平實導師 述，定價400元
48.**實相經宗通**　平實導師述　共八輯　每輯250元
49.**真心告訴您(一)**—達賴喇嘛在幹什麼？
正覺教育基金會編著　售價250元
50.**中觀金鑑**—詳述應成派中觀的起源與其破法本質
孫正德老師著　分為上、中、下三冊，每冊250元
51.**藏傳佛教要義**—《狂密與真密》之簡體字版　平實導師 著 上、下冊
僅在大陸流通　每冊300元
52.**法華經講義**—平實導師述　共二十五輯　每輯三百餘頁 售價300元
53.**西藏「活佛轉世」制度**—附佛、造神、世俗法
許正豐、張正玄老師合著　定價150元
54.**廣論三部曲**—郭正益老師著　定價150元
55.**真心告訴您(二)**—達賴喇嘛是佛教僧侶嗎？
—補祝達賴喇嘛八十大壽
正覺教育基金會編著　售價300元
56.**次法**—實證佛法前應有的條件
張善思居士著　分為上、下二冊，每冊250元

57.**涅槃**—解說四種涅槃之實證及內涵　平實導師著 上、下冊 各350元
58.**佛藏經講義**—平實導師述　共二十一輯 每輯三百餘頁 售價300元。
59.**成唯識論**—大唐 玄奘菩薩所著鉅論。重新正確斷句，並以不同字體及標點符號顯示質疑文，令得易讀。全書288頁，精裝大本400元。
60.**大法鼓經講義**—平實導師述　共六輯 每輯三百餘頁 售價300元
61.**成唯識論釋**—詳解大唐玄奘菩薩所著《成唯識論》，平實導師著述。共十輯，每輯內文四百餘頁，12級字編排，於每講完一輯的分量以後即予出版，2023年五月底出版第一輯，以後每七到十個月出版一輯，每輯400元。
62.**不退轉法輪經講義**—平實導師講述 2024年1月30日開始出版　共十輯 每二個月出版一輯，每輯300元
63.**解深密經講義**—平實導師述 約四輯　將於重講後整理出版
64.**菩薩瓔珞本業經講義**—平實導師述 約○輯　將於《解深密經講義》出版後整理出版。
65.**假鋒虛焔金剛乘**—揭示顯密正理，兼破索達吉師徒《般若鋒兮金剛焰》釋正安法師著 簡體字版 即將出版 售價未定
66.**廣論之平議**—宗喀巴《菩提道次第廣論》之平議　正雄居士著 約二或三輯　俟正覺電子報連載後結集出版　書價未定
67.**八識規矩頌**詳解　○○居士 註解　出版日期另訂　書價未定。
68.**中觀正義**—註解平實導師《中論正義頌》。○○法師（居士）著　出版日期未定　書價未定
69.**中論正義**—釋龍樹菩薩《中論》頌正理。孫正德老師著　出版日期未定　書價未定
70.**中國佛教史**—依中國佛教正法史實而論。○○老師 著　書價未定。
71.**印度佛教史**—法義與考證。依法義史實評論印順《印度佛教思想史、佛教史地考論》之謬說　正偉老師著　出版日期未定　書價未定
72.**阿含經講記**—將選錄四阿含中數部重要經典全經講解之，講後整理出版。平實導師述　約二輯　每輯300元　出版日期未定
73.**實積經講記** 平實導師述　每輯三百餘頁 優惠價300元 出版日期未定
74.**修習止觀坐禪法要講記**　平實導師述　每輯三百餘頁 將於正覺寺建成後重講、以講記逐輯出版　出版日期未定
75.**無門關**—《無門關》公案拈提　平實導師著　出版日期未定
76.**中觀再論**—兼述印順《中觀今論》謬誤之平議。正光老師著 出版日期未定
77.**輪迴與超度**—佛教超度法會之真義。○○法師（居士）著　出版日期未定　書價未定
78.**《釋摩訶衍論》平議**—對偽稱龍樹所造《釋摩訶衍論》之平議 ○○法師（居士）著　出版日期未定　書價未定

79.**正覺發願文**註解—以真實大願為因 得證菩提

正德老師著　出版日期未定　書價未定

80.**正覺總持咒**—佛法之總持　正圜老師著　出版日期未定　書價未定

81.**三自性**—依四食、五蘊、十二因緣、十八界法，說三性三無性。

作者未定　出版日期未定

82.**道品**—從三自性說大小乘三十七道品　作者未定　出版日期未定

83.**大乘緣起觀**—依四聖諦七真如現觀十二緣起 作者未定　出版日期未定

84.**三德**—論解脫德、法身德、般若德。　作者未定　出版日期未定

85.**真假如來藏**—對印順《如來藏之研究》謬說之平議　作者未定 出版日期未定

86.**大乘道次第**　作者未定　出版日期未定　書價未定

87.**四緣**—依如來藏故有四緣。　作者未定　出版日期未定

88.**空之探究**—印順《空之探究》謬誤之平議　作者未定 出版日期未定

89.**十法義**—論阿含經中十法之正義　作者未定　出版日期未定

90.**外道見**—論述外道六十二見　作者未定　出版日期未定

正智出版社有限公司 書籍介紹

禪淨圓融：言淨土諸祖所未曾言，示諸宗祖師所未曾示；禪淨圓融，另闢成佛捷徑，兼顧自力他力，闡釋淨土門之速行易行道，亦同時揭櫫聖教門之速行易行道；令廣大淨土行者得免緩行難證之苦，亦令聖道門行者得以藉著淨土速行道而加快成佛之時劫。乃前無古人之超勝見地，非一般弘揚禪淨法門典籍也，先讀爲快。平實導師著 200元。

宗門正眼—公案拈提第一輯：繼承克勤圜悟大師碧巖錄宗旨之禪門鉅作。先則舉示當代大法師之邪說，消弭當代禪門大師鄉愿之心態，摧破當今禪門「世俗禪」之妄談；次則旁通教法，表顯宗門正理；繼以道之次第，消弭古今狂禪；後藉言語及文字機鋒，直示宗門入處。悲智雙運，禪味十足，數百年來難得一睹之禪門鉅著也。平實導師著 500元（原初版書《禪門摩尼寶聚》，改版後補充爲五百餘頁新書，總計多達二十四萬字，內容更精彩，並改名爲《宗門正眼》，讀者原購初版《禪門摩尼寶聚》皆可寄回本公司免費換新，免附回郵，亦無截止期限）（2007年起，凡購買公案拈提第一輯至第七輯，每購一輯皆贈送本公司精製公案拈提〈超意境〉CD一片，市售價格280元，多購多贈）。

禪—悟前與悟後：本書能建立學人悟道之信心與正確知見，圓滿具足而有次第地詳述禪悟之功夫與禪悟之內容，指陳參禪中細微淆訛之處，能使學人明自眞心、見自本性。若未能悟入，亦能以正確知見辨別古今中外一切大師究係眞悟？或屬錯悟？便有能力揀擇，捨名師而選明師，後時必有悟道之緣。一旦悟道，遲者七次人天往返，便出三界，速者一生取辦。學人欲求開悟者，不可不讀。平實導師著。上、下冊共500元，單冊250元。

真實如來藏：如來藏眞實存在，乃宇宙萬有之本體，並非印順法師、達賴喇嘛等人所說之「唯有名相、無此心體」。如來藏是涅槃之本際，是一切有智之人竭盡心智、不斷探索而不能得之生命實相；是古今中外許多大師自以爲悟而當面錯過之生命實相。如來藏即是阿賴耶識，乃是一切有情本自具足、不生不滅之眞實心。當代中外大師於此書出版之前所未能言者，作者於本書中盡情流露、詳細闡釋。眞悟者讀之，必能增益悟境、智慧增上；錯悟者讀之，必能檢討自己之錯誤，免犯大妄語業；未悟者讀之，能知參禪之理路，亦能以之檢查一切名師是否眞悟。此書是一切哲學家、宗教家、學佛者及欲昇華心智之人必讀之鉅著。平實導師著　售價400元。

宗門法眼—**公案拈提**第二輯：列舉實例，闡釋土城廣欽老和尚之悟處；並直示這位不識字的老和尚妙智橫生之根由，繼而剖析禪宗歷代大德之開悟公案，解析當代密宗高僧卡盧仁波切之錯悟證據，並例舉當代顯宗高僧、大居士之錯悟證據（凡健在者，爲免影響其名聞利養，皆隱其名）。藉辨正當代名師之邪見，向廣大佛子指陳禪悟之正道，彰顯宗門法眼。悲勇兼出，強捋虎鬚；慈智雙運，巧探驪龍；摩尼寶珠在手，直示宗門入處，禪味十足；若非大悟徹底，不能爲之。禪門精奇人物，允宜人手一冊，供作參究及悟後印證之圭臬。本書於2008年4月改版，增寫為大約500頁篇幅，以利學人研讀參究時更易悟入宗門正法，以前所購初版首刷及初版二刷舊書，皆可免費換取新書。平實導師著　500元（2007年起，凡購買公案拈提第一輯至第七輯，每購一輯皆贈送本公司精製公案拈提〈超意境〉CD一片，市售價格280元，多購多贈）。

宗門道眼—**公案拈提**第三輯：繼宗門法眼之後，再以金剛之作略、慈悲之胸懷、犀利之筆觸，舉示寒山、拾得、布袋三大士之悟處，消弭當代錯悟者對於寒山大士……等之誤會及誹謗。亦舉出民初以來與虛雲和尚齊名之蜀郡鹽亭袁煥仙夫子——南懷瑾老師之師，其「悟處」何在？並蒐羅許多眞悟祖師之證悟公案，顯示禪宗歷代祖師之睿智，指陳部分祖師、奧修及當代顯密大師之謬悟，作爲殷鑑，幫助禪子建立及修正參禪之方向及知見。假使讀者閱此書已，一時尚未能悟，亦可一面加功用行，一面以此宗門道眼辨別眞假善知識，避開錯誤之印證及歧路，可免大妄語業之長劫慘痛果報。欲修禪宗之禪者，務請細讀。平實導師著　售價500元（2007年起，凡購買公案拈提第一輯至第七輯，每購一輯皆贈送本公司精製公案拈提〈超意境〉CD一片，市售價格280元，多購多贈）。

楞伽經詳解：本經是禪宗見道者印證所悟眞僞之根本經典，亦是禪宗見道者悟後起修之依據經典；故達摩祖師於印證二祖慧可大師之後，將此經典連同佛缽祖衣一併交付二祖，令其依此經典佛示金言、進入修道位，修學一切種智。由此可知此經對於眞悟之人修學佛道，是非常重要之一部經典。此經能破外道邪說，亦破佛門中錯悟名師之謬說，亦破禪宗部分祖師之狂禪：不讀經典、一向主張「一悟即成究竟佛」之謬執。並開示愚夫所行禪、觀察義禪、攀緣如禪、如來禪等差別，令行者對於三乘禪法差異有所分辨；亦糾正禪宗祖師古來對於如來禪之誤解，嗣後可免以訛傳訛之弊。此經亦是法相唯識宗之根本經典，禪者悟後欲修一切種智而入初地者，必須詳讀。平實導師著，全套共十輯，已全部出版完畢，每輯主文約320頁，每冊約352頁，定價250元。

宗門血脈—**公案拈提**第四輯：末法怪象—許多修行人自以爲悟，每將無念靈知認作眞實；崇尚二乘法諸師及其徒眾，則將外於如來藏之緣起性空—無因論之無常空、斷滅空、一切法空—錯認爲 佛所說之般若空性。這兩種現象已於當今海峽兩岸及美加地區顯密大師之中普遍存在；人人自以爲悟，心高氣壯，便敢寫書解釋祖師證悟之公案，大多出於意識思惟所得，言不及義，錯誤百出，因此誤導廣大佛子同陷大妄語之地獄業中而不能自知。彼等書中所說之悟處，其實處處違背第一義經典之聖言量。彼等諸人不論是否身披袈裟，都非佛法宗門血脈，或雖有禪宗法脈之傳承，亦只徒具形式；猶如螟蛉，非眞血脈，未悟得根本眞實故。禪子欲知佛、祖之眞血脈者，請讀此書，便知分曉。平實導師著，主文452頁，全書464頁，定價500元（2007年起，凡購買公案拈提第一輯至第七輯，每購一輯皆贈送本公司精製公案拈提〈超意境〉CD一片，市售價格280元，多購多贈）。

宗通與說通：古今中外，錯誤之人如麻似粟，每以常見外道所說之靈知心，認作眞心；或妄想虛空之勝性能量爲眞如，或錯認物質四大元素藉冥性（靈知心本體）能成就吾人色身及知覺，或認初禪至四禪中之了知心爲不生不滅之涅槃心。此等皆非通宗者之見地。復有錯悟之人一向主張「宗門與教門不相干」，此即尚未通達宗門之人也。其實宗門與教門互通不二，宗門所證者乃是眞如與佛性，教門所說者乃說宗門證悟之眞如佛性，故教門與宗門不二。本書作者以宗教二門互通之見地，細說「宗通與說通」，從初見道至悟後起修之道、細說分明；並將諸宗諸派在整體佛教中之地位與次第，加以明確之教判，學人讀之即可了知佛法之梗概也。欲擇明師學法之前，允宜先讀。平實導師著，主文共381頁，全書392頁，只售成本價300元。

宗門正道—公案拈提第五輯：修學大乘佛法有二果須證—解脫果及大菩提果。二乘人不證大菩提果，唯證解脫果；此果之智慧，名爲聲聞菩提、緣覺菩提。大乘佛子所證二果之菩提果爲佛菩提，故名大菩提果，其慧名爲一切種智—函蓋二乘解脫果。然此大乘二果修證，須經由禪宗之宗門證悟方能相應。而宗門證悟極難，自古已然；其所以難者，咎在古今佛教界普遍存在三種邪見：1.以修定認作佛法，2.以無因論之緣起性空—否定涅槃本際如來藏以後之一切法空作爲佛法，3.以常見外道邪見（離語言妄念之靈知性）作爲佛法。如是邪見，或因自身正見未立所致，或因邪師之邪教導所致，或因無始劫來虛妄熏習所致。若不破除此三種邪見，永劫不悟宗門眞義、不入大乘正道，唯能外門廣修菩薩行。平實導師於此書中，有極爲詳細之說明，有志佛子欲摧邪見、入於內門修菩薩行者，當閱此書。主文共496頁，全書512頁。售價500元（2007年起，凡購買公案拈提第一輯至第七輯，每購一輯皆贈送本公司精製公案拈提〈超意境〉CD一片，市售價格280元，多購多贈）。

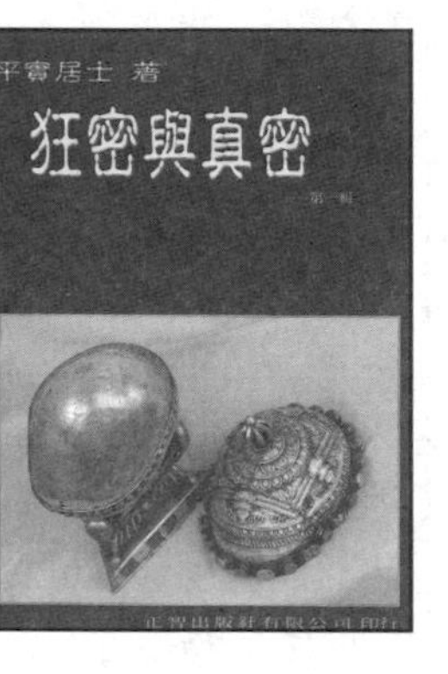

狂密與眞密：密教之修學，皆由有相之觀行法門而入，其最終目標仍不離顯教經典所說第一義諦之修證；若離顯教第一義經典、或違背顯教第一義經典，即非佛教。西藏密教之觀行法，如灌頂、觀想、遷識法、寶瓶氣、大聖歡喜雙身修法、喜金剛、無上瑜伽、大樂光明、樂空雙運等，皆是印度教**兩性生生不息思想**之轉化，**自始至終皆以如何能運用交合淫樂之法達到全身受樂**爲其中心思想，純屬欲界五欲的貪愛，不能令人超出欲界輪迴，更不能令人斷除我見；何況大乘之明心與見性，更無論矣！故密宗之法絕非佛法也。而其明光大手印、大圓滿法教，又皆同以常見外道所說**離語言妄念之無念靈知心**錯認爲佛地之眞如，不能直指不生不滅之眞如。西藏密宗所有法王與徒眾，都尚未開頂門眼，不能辨別眞僞，以**依人不依法、依密續不依經典**故，不肯將其上師喇嘛所說對照第一義經典，純依密續之藏密祖師所說爲準，因此而誇大其證德與證量，動輒謂彼祖師上師爲究竟佛、爲地上菩薩；如今台海兩岸亦有自謂其師證量高於 釋迦文佛者，然觀其師所述，猶未見道，仍在觀行即佛階段，尚未到禪宗相似即佛、分證即佛階位，竟敢標榜爲究竟佛及地上法王，誑惑初機學人。凡此怪象皆是狂密，不同於眞密之修行者。近年狂密盛行，密宗行者被誤導者極眾，動輒自謂已證佛地眞如，自視爲究竟佛，陷於大妄語業中而不知自省，反謗顯宗眞修實證者之證量粗淺；或如義雲高與釋性圓…等人，於報紙上公然誹謗眞實證道者爲「騙子、無道人、人妖、癩蛤蟆…」等，造下誹謗大乘勝義僧之大惡業；或以外道法中有爲有作之甘露、魔術……等法，誑騙初機學人，狂言彼外道法爲眞佛法。如是怪象，在西藏密宗及附藏密之外道中，不一而足，舉之不盡，學人宜應愼思明辨，以免上當後又犯毀破菩薩戒之重罪。密宗學人若欲遠離邪知邪見者，請閱此書，即能了知密宗之邪謬，從此遠離邪見與邪修，轉入眞正之佛道。平實導師著 共四輯 每輯約400頁（主文約340頁）每輯售價300元。

宗門正義—**公案拈提**第六輯：佛教有六大危機，乃是藏密化、世俗化、膚淺化、學術化、宗門密意失傳、悟後進修諸地之次第混淆；其中尤以宗門密意之失傳，爲當代佛教最大之危機。由宗門密意失傳故，易令 世尊本懷普被錯解，易令 世尊正法被轉易爲外道法，以及加以淺化、世俗化，是故宗門密意之廣泛弘傳與具緣佛弟子，極爲重要。然而欲令宗門密意之廣泛弘傳予具緣之佛弟子者，必須同時配合錯誤知見之解析、普令佛弟子知之，然後輔以公案解析之直示入處，方能令具緣之佛弟子悟入。而此二者，皆須以公案拈提之方式爲之，方易成其功、竟其業，是故平實導師續作宗門正義一書，以利學人。 全書500餘頁，售價500元（2007年起，凡購買公案拈提第一輯至第七輯，每購一輯皆贈送本公司精製公案拈提〈超意境〉CD一片，市售價格280元，多購多贈）。

心經密意—心經與解脫道、佛菩提道、祖師公案之關係與密意。 二乘菩提所證之解脫道，實依第八識心之斷除煩惱障現行而立解脫之名；大乘菩提所證之佛菩提道，實依親證第八識如來藏之涅槃性、清淨自性、及其中道性而立般若之名；禪宗祖師公案所證之眞心，即是此第八識如來藏；是故三乘佛法所修所證之三乘菩提，皆依此如來藏心而立名也。此第八識心，即是《心經》所說之心也。證得此如來藏已，即能漸入大乘佛菩提道，亦可因證知此心而了知二乘無學所不能知之無餘涅槃本際，是故《心經》之密意，與三乘佛菩提之關係極爲密切、不可分割，三乘佛法皆依此心而立名故。今者平實導師以其所證解脫道之無生智及佛菩提之般若種智，將《心經》與解脫道、佛菩提道、祖師公案之關係與密意，以演講之方式，用淺顯之語句和盤托出，發前人所未言，呈三乘菩提之眞義，令人藉此《心經密意》一舉而窺三乘菩提之堂奧，迥異諸方言不及義之說；欲求眞實佛智者、不可不讀！ 主文317頁，連同跋文及序文…等共384頁，售價300元。

宗門密意—**公案拈提**第七輯：佛教之世俗化，將導致學人以信仰作爲學佛，則將以感應及世間法之庇祐，作爲學佛之主要目標，不能了知學佛之主要目標爲親證三乘菩提。大乘菩提則以般若實相智慧爲主要修習目標，以二乘菩提解脫道爲附帶修習之標的；是故學習大乘法者，應以禪宗之證悟爲要務，能親入大乘菩提之實相般若智慧中故，般若實相智慧非二乘聖人所能知故。此書則以台灣世俗化佛教之三大法師，說法似是而非之實例，配合眞悟祖師之公案解析，提示證悟般若之關節，令學人易得悟入。平實導師著，全書五百餘頁，售價500元（2007年起，凡購買公案拈提第一輯至第七輯，每購一輯皆贈送本公司精製公案拈提〈超意境〉CD一片，市售價格280元，多購多贈）。

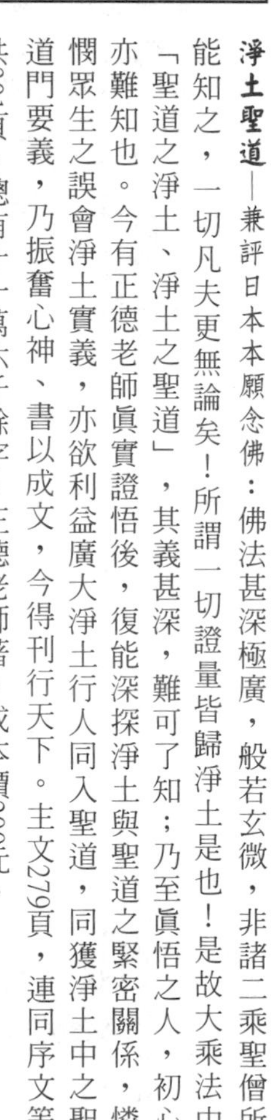

淨土聖道—兼評日本本願念佛：佛法甚深極廣，般若玄微，非諸二乘聖僧所能知之，一切凡夫更無論矣！所謂一切證量皆歸淨土是也！是故大乘法中「聖道之淨土、淨土之聖道」，其義甚深，難可了知；乃至眞悟之人，初心亦難知也。今有正德老師眞實證悟後，復能深探淨土與聖道之緊密關係，憐憫眾生之誤會淨土實義，亦欲利益廣大淨土行人同入聖道，同獲淨土中之聖道門要義，乃振奮心神、書以成文，今得刊行天下。主文279頁，連同序文等共301頁，總有十一萬六千餘字，正德老師著，成本價200元。

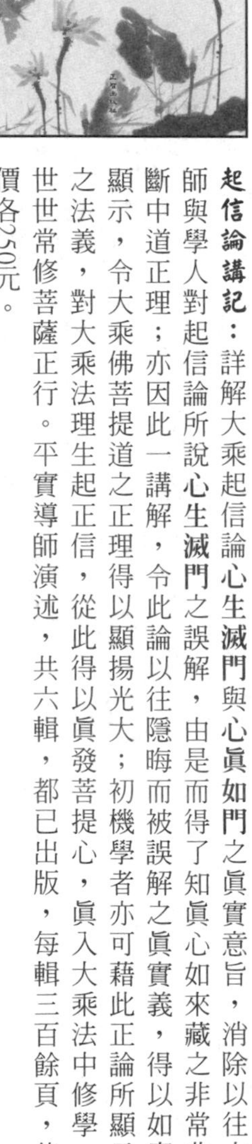

起信論講記：詳解大乘起信論**心生滅門**與**心眞如門**之眞實意旨，消除以往大師與學人對起信論所說**心生滅門**之誤解，由是而得了知眞心如來藏之非常非斷中道正理；亦因此一講解，令此論以往隱晦而被誤解之眞實義，得以如實顯示，令大乘佛菩提道之正理得以顯揚光大；初機學者亦可藉此正論所顯示之法義，對大乘法理生起正信，從此得以眞發菩提心，眞入大乘法中修學，世世常修菩薩正行。平實導師演述，共六輯，都已出版，每輯三百餘頁，售價各250元。

優婆塞戒經講記：本經詳述在家菩薩修學大乘佛法，應如何受持菩薩戒？對人間善行應如何看待？對三寶應如何護持？應如何正確地修集此世後世證法之福德？應如何修集後世「行菩薩道之資糧」？並詳述第一義諦之正義：五蘊非我非異我、自作自受、異作異受、不作不受……等深妙法義，乃是修學大乘佛法、行菩薩行之在家菩薩所應當了知者。出家菩薩今世或未來世登地已，捨報之後多數將如華嚴經中諸大菩薩，以在家菩薩身而修行菩薩行，故亦應以此經所述正理而修之，配合《楞伽經、解深密經、楞嚴經、華嚴經》等道次第正理，方得漸次成就佛道；故此經是一切大乘行者皆應證知之正法。平實導師講述，每輯三百餘頁，售價各250元；共八輯，已全部出版。

真假活佛—略論附佛外道盧勝彥之邪說：人人身中都有眞活佛，永生不滅而有大神用，但眾生都不了知，所以常被身外的西藏密宗假活佛籠罩欺瞞。本來就眞實存在的眞活佛，才是眞正的密宗無上密！諾那活佛因此而說禪宗是大密宗，但藏密的所有活佛都不知道、也不曾實證自身中的眞活佛。本書詳實宣示眞活佛的道理，舉證盧勝彥的「佛法」不是眞佛法，也顯示盧勝彥是假活佛，直接的闡釋第一義佛法見道的眞實正理。眞佛宗的所有上師與學人們，都應該詳細閱讀，包括盧勝彥個人在內。正犀居士著，優惠價140元。

阿含正義—唯識學探源：廣說四大部《阿含經》諸經中隱說之眞正義理，一一舉示佛陀本懷，令阿含時期初轉法輪根本經典之眞義，如實顯現於佛子眼前。並提示末法大師對於阿含眞義誤解之實例，一一比對之，證實唯識增上慧學確於原始佛法之阿含諸經中已隱覆密意而略說之，證實世尊確於原始佛法中已曾密意而說第八識如來藏之總相；亦證實世尊在四阿含中已說此藏識是名色十八界之因、之本—證明如來藏是能生萬法之根本心。佛子可據此修正以往受諸大師（譬如西藏密宗應成派中觀師：印順、昭慧、性廣、大願、達賴、宗喀巴、寂天、月稱、……等人）誤導之邪見，建立正見，轉入正道乃至親證初果而無困難；書中並詳說三果所證的**心解脫**，以及四果**慧解脫**的親證，都是如實可行的具體知見與行門。全書共七輯，已出版完畢。平實導師著，每輯三百餘頁，售價300元。

超意境CD：以平實導師公案拈提書中超越意境之頌詞，加上曲風優美的旋律，錄成令人嚮往的超意境歌曲，其中包括正覺發願文及平實導師親自譜成的黃梅調歌曲一首。詞曲雋永，殊堪翫味，可供學禪者吟詠，有助於見道。內附設計精美的彩色小冊，解說每一首詞的背景本事。每片280元。【每購買公案拈提書籍一冊，即贈送一片。】

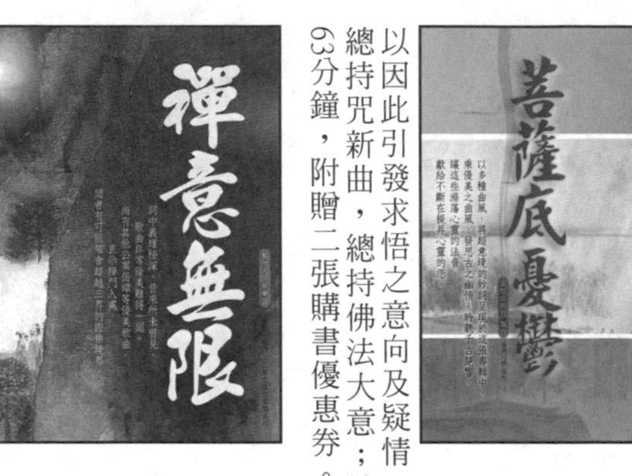

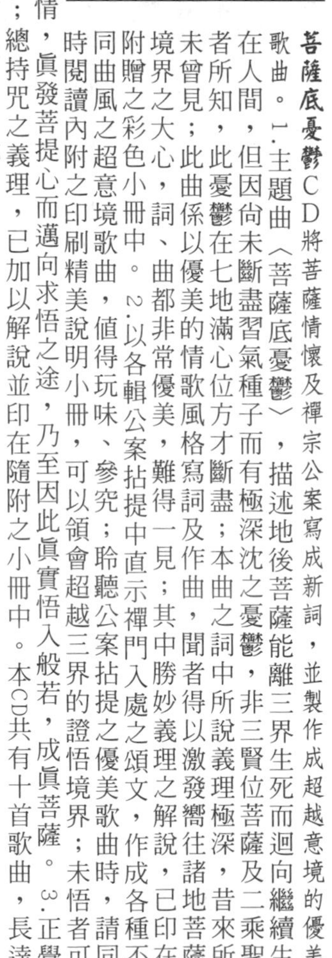

菩薩底憂鬱CD將菩薩情懷及禪宗公案寫成新詞，並製作成超越意境的優美歌曲。1.主題曲〈菩薩底憂鬱〉，描述地後菩薩能離三界生死而迴向繼續生在人間，但因尚未斷盡習氣種子而有極深沈之憂鬱，非三賢位菩薩及二乘聖者所知，此憂鬱在七地滿心位方才斷盡；本曲之詞中所說義理極深，昔來所未曾見；此曲係以優美的情歌風格寫詞及作曲，聞者得以激發嚮往諸地菩薩境界之大心，詞、曲都非常優美，難得一見；其中勝妙義理之解說，已印在附贈之彩色小冊中。2.以各輯公案拈提中直示禪門入處之頌文，作成各種不同曲風之超意境歌曲，值得玩味、參究；聆聽公案拈提之優美歌曲時，請同時閱讀內附之印刷精美說明小冊，可以領會超越三界的證悟境界；未悟者可以因此引發求悟之意向及疑情，眞發菩提心而邁向求悟之途，乃至因此眞實悟入般若，成眞菩薩。3.正覺總持咒新曲，總持佛法大意；總持咒之義理，已加以解說並印在隨附之小冊中。本CD共有十首歌曲，長達63分鐘，附贈二張購書優惠券。每片320元。

禪意無限CD 平實導師以公案拈提書中偈頌寫成不同風格曲子，與他人所寫不同風格曲子共同錄製出版，幫助參禪人進入禪門超越意識之境界。盒中附贈彩色印製的精美解說小冊，以供聆聽時閱讀，令參禪人得以發起參禪之疑情，即有機會證悟本來面目，實證大乘菩提般若。本CD共有十首歌曲，長達69分鐘，每盒各附贈二張購書優惠券。每片320元。

我的菩提路第一輯：凡夫及二乘聖人不能實證的佛菩提證悟，末法時代的今天仍然有人能得實證，由正覺同修會釋悟圓、釋善藏法師等二十餘位實證如來藏者所寫的見道報告，已爲當代學人見證宗門正法之絲縷不絕，證明大乘義學的法脈仍然存在，爲末法時代求悟般若之學人照耀出光明的坦途。由二十餘位大乘見道者所繕，敘述各種不同的學法、見道因緣與過程，參禪求悟者必讀。全書三百餘頁，售價300元。

我的菩提路第二輯：由郭正益老師等人合著，書中詳述彼等諸人歷經各處道場學法，一一修學而加以檢擇之不同過程以後，因閱讀正覺同修會、正智出版社書籍而發起抉擇分，轉入正覺同修會中修學；乃至學法及見道之過程，都一一詳述之。**本書已改版印製重新流通**，讀者原購的初版書，不論是第一刷或第二、三、四刷，都可以寄回換新，免附郵費。

我的菩提路第三輯：由王美伶老師等人合著。自從正覺同修會成立以來，每年夏初、冬初都舉辦精進禪三共修，藉以助益會中同修們得以證悟明心發起般若實相智慧；凡已實證而被平實導師印證者，皆書具見道報告用以證明佛法之眞實可證而非玄學，證明佛法並非純屬思想、理論而無實質，是故每年都能有人證明正覺同修會的「實證佛教」主張並非虛語。特別是眼見佛性一法，自古以來中國禪宗祖師實證者極寡，較之明心開悟的證境更難令人信受；至2017年初，正覺同修會中的證悟明心者已近五百人，然而其中眼見佛性者至今唯十餘人爾，可謂難能可貴，是故明心後欲冀眼見佛性者實屬不易。黃正倖老師是懸絕七年無人見性後的第一人，她於2009年的見性報告刊於本書的第二輯中，爲大眾證明佛性確實可以眼見；其後七年之中求見性者都屬解悟佛性而無人眼見，幸而又經七年後的2016冬初，以及2017夏初的禪三，復有三人眼見佛性，希冀鼓舞四眾佛子求見佛性之大心，今則具載一則於書末，顯示求見佛性之事實經歷，供養現代佛教界欲得見性之四眾弟子。全書四百頁，售價300元，已於2017年6月30日發行。

我的菩提路第四輯：由陳晏平等人著。中國禪宗祖師往往有所謂「見性」之言，所言多屬看見如來藏具有能令人發起成佛之自性，並非《大般涅槃經》中如來所說之眼見佛性。眼見佛性者，於親見佛性之時，即能於山河大地眼見自己佛性，亦能於他人身上眼見自己佛性及對方之佛性，如是境界無法為尚未實證者解釋；勉強說之，縱使真實明心證悟之人聞之，亦只能以自身明心之境界想像之，但不論如何想像多屬非量，能有正確之比量者亦是稀有，故說眼見佛性極為困難。眼見佛性之人若所見極分明時，在所見佛性之境界下所眼見之山河大地、自己五蘊身心皆是虛幻，自有異於明心者之解脫功德受用，此後永不思證二乘涅槃，必定邁向成佛之道而進入第十住位中，已超第一阿僧祇劫三分有一，可謂之為超劫精進也。今又有明心之後眼見佛性之人出於人間，將其明心及後來見性之報告，連同其餘證悟明心者之精彩報告一同收錄於此書中，供養真求佛法實證之四眾佛子。全書380頁，售價300元，已於2018年6月30日發行。

我的菩提路第五輯：林慈慧老師等人著，本輯中所舉學人從相似正法中來到正覺同修會的過程，各人都有不同，發生的因緣亦是各有差別，然而都會指向同一個目標—證實生命實相的源底，確證自己生從何來、死往何去的事實，所以最後都證明佛法真實而可親證，絕非玄學；本書將彼等諸人的始修及末後證悟之實例，羅列出來以供學人參考。本期亦有一位會裡的老師，是從1995年即開始追隨 平實導師修學，1997年明心後持續進修不斷，直到2017年眼見佛性之實例，足可證明《大般涅槃經》中世尊開示眼見佛性之法正真無訛，第十住位的實證在末法時代的今天仍有可能，如今一併具載於書中以供學人參考，並供養現代佛教界欲得見性之四眾弟子。全書四百頁，售價300元，已於2019年12月31日發行。

我的菩提路第六輯：劉惠莉老師等人著，本輯中舉示劉老師明心多年以後的眼見佛性實錄，供末法時代學人了知明心之異於見性本質，足可證明《大般涅槃經》中世尊開示眼見佛性之法正真無訛。亦列舉多篇學人從各道場來到正覺學法之不同過程，以及如何發覺邪見之異於正法的所在，最後終能在正覺禪三中悟入的實況，以證明佛教正法仍在末法時代的人間繼續弘揚的事實，鼓舞一切真實學法的菩薩大眾思之：我等諸人亦可有因緣證悟，絕非空想白思。約四百頁，售價300元，已於2020年6月30日發行。

我的菩提路第七輯：余正偉老師等人著，本輯中舉示余老師明心二十餘年以後的眼見佛性實錄，供末法時代學人了知明心異於見性之本質，並且舉示其見性後與平實導師互相討論眼見佛性之諸多疑訛處；除了證明《大般涅槃經》中世尊開示眼見佛性之法正眞無訛以外，亦得一解明心後尚未見性者之所未知處，甚爲精彩。此外亦列舉多篇學人從各不同宗教進入正覺學法之不同過程，以及發覺諸方道場邪見之內容與過程，最終得於正覺精進禪三中悟入的實況，足供末法精進學人借鑑，以彼鑑己而生信心，得以投入了義正法中修學及實證。凡此，皆足以證明不唯明心所證之第七住位般若智慧及解脫功德仍可實證，乃至第十住位的實證與當場發起如幻觀之實證，於末法時代的今天皆仍有可能。本書約四百頁，售價300元。

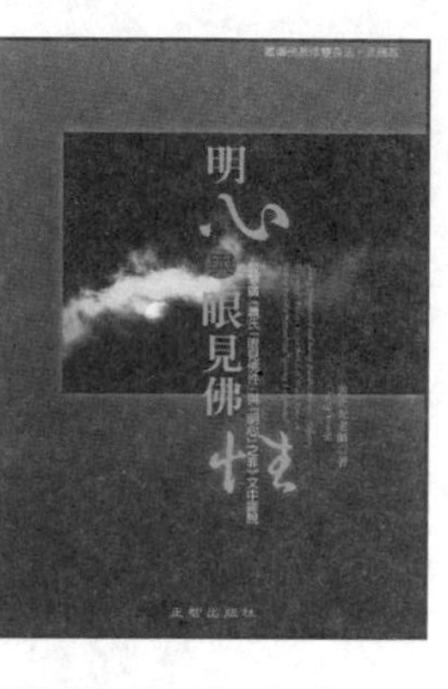

明心與眼見佛性：本書細述明心與眼見佛性之異同，同時顯示了中國禪宗破初參明心與重關眼見佛性二關之間的關聯；書中又藉法義辨正而旁述其他許多勝妙法義，讀後必能遠離佛門長久以來積非成是的錯誤知見，令讀者在佛法的實證上有極大助益。也藉慧廣法師的謬論來教導佛門學人回歸正知正見，遠離古今禪門錯悟者所墮的意識境界，非唯有助於斷我見，也對未來的開悟明心實證第八識如來藏有所助益，是故學禪者都應細讀之。游正光老師著　共448頁　售價300元

見性與看話頭：黃正偉老師的《見性與看話頭》於《正覺電子報》連載完畢，今結集出版。書中詳說禪宗看話頭的詳細方法，並細說看話頭與眼見佛性的關係，以及眼見佛性者求見佛性前必須具備的條件。本書是禪宗實修者追求明心開悟時參禪的方法書，也是求見佛性者作功夫時必讀的方法書，內容兼顧眼見佛性的理論與實修之方法，是依實修之體驗配合理論而詳述，條理分明而且極爲詳實、周全、深入。本書內文375頁，全書416頁，售價300元。

鈍鳥與靈龜：鈍鳥及靈龜二物，被宗門證悟者說爲二種人：前者是精修禪定而無智慧者，也是以定爲禪的愚癡禪人；後者是或有禪定、或無禪定的宗門證悟者，凡已證悟者皆是靈龜。但後者被人虛造事實，用以嘲笑大慧宗杲禪師，說他雖是靈龜，卻不免被天童禪師預記「患背」痛苦而亡：「**鈍鳥離巢易，靈龜脫殼難**。」藉以貶低大慧宗杲的證量；同時又將天童禪師實證如來藏的證量，曲解爲意識境界的離念靈知。自從大慧禪師入滅以後，錯悟凡夫對他的不實毀謗就一直存在著，不曾止息，並且捏造的假事實也隨著年月的增加而越來越多，終至編成「鈍鳥與靈龜」的假公案、假故事。本書是考證大慧與天童之間的不朽情誼，顯現這件假公案的虛妄不實；更見大慧宗杲面對惡勢力時的正直不阿，亦顯示大慧對天童禪師的至情深義，將使後人對大慧宗杲的誣謗至此而止，不再有人誤犯毀謗賢聖的惡業。書中亦舉出大慧與天童二師的證悟內容，證明宗門的所悟確以第八識如來藏爲標的，詳讀之後必可改正以前被錯悟大師誤導的參禪知見，日後必定有助於實證禪宗的開悟境界，得階大乘眞見道位中，即是實證般若之賢聖。全書459頁，售價350元。

維摩詰經講記：本經係 世尊在世時，由等覺菩薩維摩詰居士藉疾病而演說之大乘菩提無上妙義，所說函蓋甚廣，然極簡略，是故今時諸方大師與學人讀之悉皆錯解，何況能知其中隱含之深妙正義，是故普遍無法爲人解說；若強爲人說，則成依文解義而有諸多過失。今由平實導師公開宣講之後，詳實解釋其中密意，令維摩詰菩薩所說大乘不可思議解脫之深妙正法得以正確宣流於人間，利益當代學人及與諸方大師。書中詳實演述大乘佛法深妙不共二乘之智慧境界，顯示諸法之中絕待之實相境界，建立大乘菩薩妙道於永遠不敗不壞之地，以此成就護法偉功，欲冀永利娑婆人天。已經宣講圓滿整理成書流通，以利諸方大師及諸學人。全書共六輯，每輯三百餘頁，售價各250元。

真假外道：本書具體舉證佛門中的常見外道知見實例，並加以教證及理證上的辨正，幫助讀者輕鬆而快速的了知常見外道的錯誤知見，進而遠離佛門內外的常見外道知見，因此即能改正修學方向而快速實證佛法。游正光老師著。成本價200元。

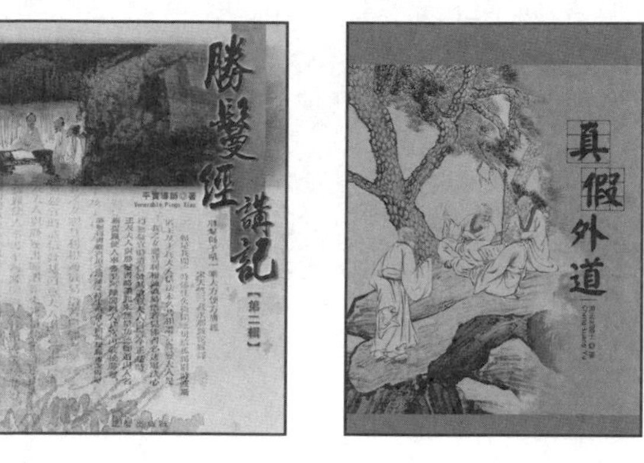

勝鬘經講記：如來藏爲三乘菩提之所依，若離如來藏心體及其含藏之一切種子，即無三界有情及一切世間法，亦無二乘菩提緣起性空之出世間法；本經詳說無始無明、一念無明皆依如來藏而有之正理，藉著詳解煩惱障與所知障間之關係，令學人深入了知二乘菩提與佛菩提相異之妙理；聞後即可了知佛菩提之特勝處及三乘修道之方向與原理，邁向攝受正法而速成佛道的境界中。平實導師講述，共六輯，每輯三百餘頁，售價各250元。

楞嚴經講記：楞嚴經係大乘祕密教之重要經典，亦是佛教中普受重視之經典；經中宣說明心與見性之內涵極爲詳細，將一切法都會歸如來藏及佛性—妙眞如性；亦闡釋五陰區宇及五陰盡的境界，作諸地菩薩自我檢驗證量之依據，旁及佛菩提道修學過程中之種種魔境，以及外道誤會涅槃之狀況，亦兼述明三界世間之起源，具足宣示大乘菩提之奧祕。然因言句深澀難解，法義亦復深妙寬廣，學人讀之普難通達，是故讀者大多誤會，不能如實理解佛所說之明心與見性內涵，亦因是故多有悟錯之人引爲開悟之證言，成就大妄語罪。今由平實導師詳細講解之後，整理成文，以易讀易懂之語體文刊行天下，以利學人。全書十五輯，全部出版完畢。每輯三百餘頁，售價每輯300元。

金剛經宗通：三界唯心，萬法唯識，是成佛之修證內容，是諸地菩薩之所修；般若則是成佛之道（實證三界唯心、萬法唯識）的入門，若未證悟實相般若，即無成佛之可能，必將永在外門廣行菩薩六度，永在凡夫位中。然而實相般若的發起，全賴實證萬法的實相；若欲證知萬法的眞相，則必須探究萬法之所從來，則須實證自心如來—金剛心如來藏，然後現觀這個金剛心的金剛性、眞實性、如如性、清淨性、涅槃性、能生萬法的自性性、本住性，名爲證眞如；進而現觀三界六道唯是此金剛心所成，人間萬法須藉八識心王和合運作方能現起。如是實證《華嚴經》的「三界唯心、萬法唯識」以後，由此等現觀而發起實相般若智慧，繼續進修第十住位的如幻觀、第十行位的陽焰觀、第十迴向位的如夢觀，再生起增上意樂而勇發十無盡願，方能滿足三賢位的實證，轉入初地；自知成佛之道而無偏倚，從此按部就班、次第進修乃至成佛。第八識自心如來是般若智慧之所依，般若智慧的修證則要從實證金剛心自心如來開始；《金剛經》則是解說自心如來之經典，是一切三賢位菩薩所應進修之實相般若經典。這一套書，是將平實導師宣講的《金剛經宗通》內容，整理成文字而流通之；書中所說義理，迴異古今諸家依文解義之說，指出大乘見道方向與理路，有益於禪宗學人求開悟見道，及轉入內門廣修六度萬行。已於2013年9月出版完畢，總共9輯，每輯約三百餘頁，售價各250元。

霧峰無霧—給哥哥的信　本書作者藉兄弟之間信件往來論義，略述佛法大義；並以多篇短文辨義，舉出釋印順對佛法的無量誤解證據，並一一給予簡單而清晰的辨正，令人一讀即知。久讀、多讀之後即能認清楚釋印順的六識論見解，與眞實佛法之牴觸是多麼嚴重；於是在久讀、多讀之後，於不知不覺之間提升了對佛法的極深入理解，正知正見就在不知不覺間建立起來了。當三乘佛法的正知見建立起來之後，對於三乘菩提的見道條件便將隨之具足，於是聲聞解脫道的見道也就水到渠成；接著大乘見道的因緣也將次第成熟，未來自然也會有親見大乘菩提之道的因緣，悟入大乘實相般若也將自然成功，自能通達般若系列諸經而成實義菩薩。作者居住於南投縣霧峰鄉，自喻見道之後不復再見霧峰之霧，故鄉原野美景一一明見，於是立此書名爲《霧峰無霧》；讀者若欲撥霧見月，可以此書爲緣。游宗明老師著　已於2015年出版　售價250元。

霧峰無霧—第二輯—救護佛子向正道 本書作者藉釋印順著作中之各種錯謬法義提出辨正，以詳實的文義一一提出理論上及實證上之解析，列舉釋印順對佛法的無量誤解證據，藉此教導佛門大師與學人釐清佛法義理，遠離岐途轉入正道，然後知所進修，久之便能見道明心而入大乘勝義僧數。被釋印順誤導的大師與學人極多，很難救轉，是故作者大發悲心深入解說其錯謬之所在，佐以各種義理辨正而令讀者在不知不覺之間轉歸正道。如是久讀之後欲得斷身見、證初果，即不爲難事；乃至久之亦得大乘見道而得證眞如，脫離空有二邊而住中道，實相般若智慧生起，於佛法不再茫然，漸漸亦知悟後進修之道。屆此之時，對於大乘般若等深妙法之迷雲暗霧亦將一掃而空，生命及宇宙萬物之故鄉原野美景一一明見，是故本書仍名《霧峰無霧》，爲第二輯；讀者若欲撥雲見日、離霧見月，可以此書爲緣。游宗明 老師著 已於2019年出版 售價250元。

假藏傳佛教的神話—性、謊言、喇嘛教 本書編著者是由一首名爲「阿姊鼓」的歌曲爲緣起，展開了序幕，揭開假藏傳佛教—喇嘛教—的神秘面紗。其重點是蒐集、摘錄網路上質疑「喇嘛教」的帖子，以揭穿「假藏傳佛教的神話」爲主題，串聯成書，並附加彩色插圖以及說明，讓讀者們瞭解西藏密宗及相關人事如何被操作爲「神話」的過程，以及神話背後的眞相。作者：張正玄教授。售價200元。

達賴真面目—玩盡天下女人：假使您不想戴綠帽子，請記得詳細閱讀此書；假使您不想讓好朋友戴綠帽子，請您將此書介紹給您的好朋友。假使您想保護家中的女性，也想要保護好朋友的女眷，請記得將此書送給家中的女性和好友的女眷都來閱讀。本書爲印刷精美的大本彩色中英對照精裝本，爲您揭開達賴喇嘛的眞面目，內容精彩不容錯過，爲利益社會大眾，特別以優惠價格嘉惠所有讀者。編著者：白志偉等。大開版雪銅紙彩色精裝本。售價800元。

喇嘛性世界—揭開假藏傳佛教譚崔瑜伽的面紗：這個世界中的喇嘛，號稱來自世外桃源的香格里拉，穿著或紅或黃的喇嘛長袍，散布於我們的身邊傳教灌頂，吸引了無數的人嚮往學習；這些喇嘛虔誠地爲大眾祈福，手中拿著寶杵（金剛）與寶鈴（蓮花），口中唸著咒語：「唵．嘛呢．叭咪．吽……」，咒語的意思是說：「我至誠歸命金剛杵上的寶珠伸向蓮花寶穴之中」！「喇嘛性世界」是什麼樣的「世界」呢？本書將爲您呈現喇嘛世界的面貌。當您發現眞相以後，您將會唸：「噢！喇嘛．性．世界，譚崔性交嘛！」作者：張善思、呂艾倫。售價200元。

末代達賴—性交教主的悲歌：簡介從藏傳僞佛教（喇嘛教）的修行核心—性力派男女雙修，探討達賴喇嘛及藏傳僞佛教的修行內涵。書中引用外國知名學者著作、世界各地新聞報導，包含：歷代達賴喇嘛的祕史、達賴六世修雙身法的事蹟，以及《時輪續》中的性交灌頂儀式……等；達賴喇嘛書中開示的雙修法、達賴喇嘛的黑暗政治手段；達賴喇嘛所領導的寺院爆發喇嘛性侵兒童；新聞報導《西藏生死書》作者索甲仁波切性侵女信徒、澳洲喇嘛秋達公開道歉、美國最大假藏傳佛教組織領導人邱陽創巴仁波切的性氾濫，等等事件背後眞相的揭露。作者：張善思、呂艾倫、辛燕。售價250元。

黯淡的達賴—失去光彩的諾貝爾和平獎：本書舉出很多證據與論述，詳述達賴喇嘛不爲世人所知的一面，顯示達賴喇嘛並不是眞正的和平使者，而是假借諾貝爾和平獎的光環來欺騙世人；透過本書的說明與舉證，讀者可以更清楚的瞭解，達賴喇嘛是結合暴力、黑暗、淫欲於喇嘛教裡的集團首領，其政治行爲與宗教主張，早已讓諾貝爾和平獎的光環染污了。本書由財團法人正覺教育基金會寫作、編輯，由正覺出版社印行，每冊250元。

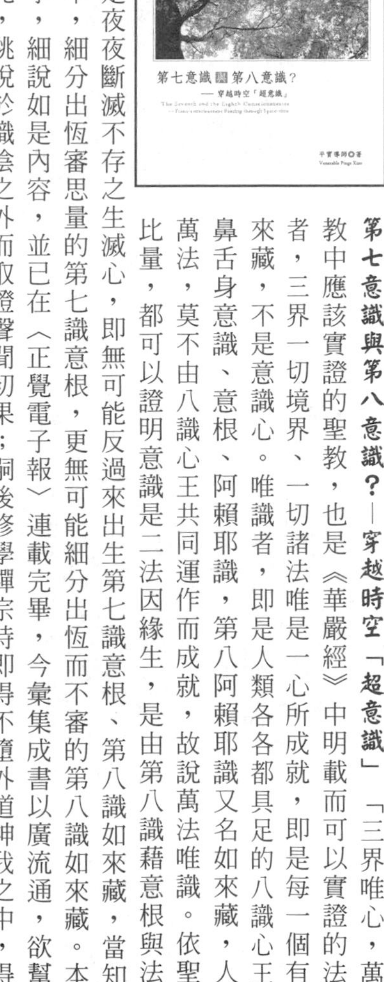

第七意識與第八意識？—穿越時空「超意識」 「三界唯心，萬法唯識」是佛教中應該實證的聖教，也是《華嚴經》中明載而可以實證的法界實相。唯心者，三界一切境界、一切諸法唯是一心所成就，即是每一個有情的第八識如來藏，不是意識心。唯識者，即是人類各各都具足的八識心王——眼識、耳鼻舌身意識、意根、阿賴耶識，第八阿賴耶識又名如來藏，人類五陰相應的萬法，莫不由八識心王共同運作而成就，故說萬法唯識。依聖教量及現量、比量，都可以證明意識是二法因緣生，是由第八識藉意根與法塵二法為因緣而出生，又是夜夜斷滅不存之生滅心，即無可能反過來出生第七識意根、第八識如來藏，當知不可能從生滅性的意識心中，細分出恆審思量的第七識意根，更無可能細分出恆而不審的第八識如來藏。本書是將演講內容整理成文字，細說如是內容，並已在〈正覺電子報〉連載完畢，今彙集成書以廣流通，欲幫助佛門有緣人斷除意識我見，跳脫於識陰之外而取證聲聞初果；嗣後修學禪宗時即得不墮外道神我之中，得以求證第八識金剛心而發起般若實智。平實導師 述，每冊300元。

童女迦葉考—論呂凱文〈佛教輪迴思想的論述分析〉之謬 童女迦葉是佛世率領五百大比丘遊行於人間的歷史事實，是以童貞行而依止菩薩戒弘化於人間的大菩薩，不依別解脫戒（聲聞戒）來弘化於人間。這是大乘佛教與聲聞佛教同時存在於佛世的歷史明證，證明大乘佛教不是從聲聞法中分裂出來的部派佛教的產物，卻是聲聞佛教分裂出來的部派佛教聲聞凡夫僧所不樂見的史實；於是古今聲聞法中的凡夫都欲加以扭曲而作詭說，更是末法時代高聲大呼「大乘非佛說」的六識論聲聞凡夫極力想要扭曲的佛教史實之一，於是想方設法扭曲迦葉菩薩為聲聞僧，以及扭曲迦葉童女為比丘僧等荒謬不實之論著便陸續出現，古時聲聞僧寫作的《分別功德論》是最具體之事例，現代之代表作則是呂凱文先生的〈佛教輪迴思想的論述分析〉論文。鑑於如是假藉學術考證以籠罩大眾之不實謬論，未來仍將繼續造作及流竄於佛教界，繼續扼殺大乘佛教學人法身慧命，必須舉證辨正之，遂成此書。平實導師 著，每冊180元。

人間佛教——實證者必定不悖三乘菩提　「大乘非佛說」的講法似乎流傳已久，卻只是日本人企圖擺脫中國正統佛教的影響，而在明治維新時期才開始提出來的說法；台灣佛教、大陸佛教的淺學無智之人，由於未曾實證佛法而迷信日本人錯誤的學術考證，錯認為這些別有用心的日本佛學考證的講法為天竺佛教的眞實歷史；甚至還有更激進的反對佛教者提出「**釋迦牟尼佛並非眞實存在，只是後人捏造的假歷史人物**」，竟然也有少數佛教徒願意跟著「學術」的假光環而信受不疑，亦導致部分台灣佛教界人士，造作了反對中國大乘佛教而推崇南洋小乘佛教的行為，使台灣佛教的信仰者難以檢擇，亦導致一般大陸人士開始轉入基督教的盲目迷信中。在這些佛教及外教人士之中，也就有一分人根據此邪說而大聲主張「大乘非佛說」的謬論，這些人以「人間佛教」的名義來抵制中國正統佛教，公然宣稱中國的大乘佛教是由聲聞部派佛教的凡夫僧所創造出來的。這樣的說法流傳於台灣及大陸佛教界凡夫僧之中已久，卻非眞正的佛教歷史中曾經發生過的事，只是繼承六識論的聲聞法中凡夫僧，以及別有居心的日本佛教界，依自己的意識境界立場，純憑臆想而編造出來的妄想說法，卻已經影響許多無智之凡夫僧俗信受不移。本書則是從佛教的經藏法義實質及實證的現量內涵本質立論，證明大乘佛法本是佛說，是從《阿含正義》尚未說過的不同面向來討論「人間佛教」的議題，證明「大乘眞佛說」。閱讀本書可以斷除六識論邪見，迴入三乘菩提正道發起實證的因緣；也能斷除禪宗學人學禪時普遍存在之錯誤知見，對於建立參禪時的正知見有很深的著墨。平實導師 述，內文488頁，全書528頁，定價400元。

實相經宗通：學佛之目的在於實證一切法界背後之實相，禪宗稱之為本來面目或本地風光，佛菩提道中稱之為實相法界；此實相法界即是金剛藏，又名佛法之祕密藏，即是能生有情五陰、十八界及宇宙萬有（山河大地、諸天、三惡道世間）的第八識如來藏，又名阿賴耶識心，即是禪宗祖師所說的眞如心，此心即是三界萬有背後的實相。證得此第八識心時，自能瞭解般若諸經中隱說的種種密意，即得發起實相般若——實相智慧。每見學佛人修學佛法二十年後仍對實相般若茫然無知，亦不知如何入門，茫無所趣；更因不知三乘菩提的互異互同，是故越是久學者對佛法越覺茫然，都肇因於尚未瞭解佛法的全貌，亦未瞭解佛法的修證內容即是第八識心所致。本書對於修學佛法者所應實證的實相境界提出明確解析，並提示趣入佛菩提道的入手處，有心親證實相般若的佛法實修者，宜詳讀之，於佛菩提道之實證即有下手處。平實導師述著，共八輯，已於2016年出版完畢，每輯成本價250元。

真心告訴您（一）—達賴喇嘛在幹什麼？ 這是一本報導篇章的選集，更是「破邪顯正」的暮鼓晨鐘。「破邪」是戳破假象，說明達賴喇嘛及其所率領的密宗四大派法王、喇嘛們，弘傳的佛法是仿冒的佛法；他們是假藏傳佛教，是坦特羅(譚崔性交)外道法和藏地崇奉鬼神的苯教混合成的「喇嘛教」，推廣的是以所謂「無上瑜伽」的男女雙身法冒充佛法的假佛教，詐財騙色誤導眾生，常常造成信徒家庭破碎、家中兒少失怙的嚴重後果。「顯正」是揭櫫眞相，指出眞正的藏傳佛教只有一個，就是覺囊巴，傳的是 釋迦牟尼佛演繹的第八識如來藏妙法，稱爲他空見大中觀。正覺教育基金會即以此古今輝映的如藏正法正知見，在眞心新聞網中逐次報導出來，將箇中原委「眞心告訴您」，如今結集成書，與想要知道密宗眞相的您分享。售價250元。

中觀金鑑—詳述應成派中觀的起源與其破法本質 學佛人往往迷於中觀學派之不同學說，被應成派與自續派所迷惑；修學般若中觀二十年後自以爲實證般若中觀了，卻仍不曾入門，甫聞實證般若中觀者之所說，則茫無所知，迷惑不解；隨後信心盡失，不知如何實證佛法；凡此，皆因惑於這二派中觀學說所致。自續派中觀所說同於常見，以意識境界立爲第八識如來藏之境界，應成派所說則同於斷見，但又同立意識爲常住法，故亦具足斷常二見。今者孫正德老師有鑑於此，乃將起源於密宗的應成派中觀學說，追本溯源，詳考其來源之外，亦一一舉證其立論內容，詳加辨正，令密宗雙身法祖師以識陰境界而造之應成派中觀學說本質，詳細呈現於學人眼前，令其維護雙身法之目的無所遁形。若欲遠離密宗此二大派中觀謬說，欲於三乘菩提有所進道者，允宜具足閱讀並細加思惟，反覆讀之以後將可捨棄邪道返歸正道，則於般若之實證即有可能，證後自能現觀如來藏之中道境界而成就中觀。本書分上、中、下三冊，每冊250元，已全部出版完畢。

法華經講義：此書爲平實導師始從2009/7/21演述至2014/1/14之講經錄音整理所成。世尊一代時教，總分五時三教，即是華嚴時、聲聞緣覺教、般若教、種智唯識教、法華時；依此五時三教區分爲藏、通、別、圓四教。本經是最後一時的圓教經典，圓滿收攝一切法教於本經中，是故最後的圓教聖訓中，特地指出無有三乘菩提，其實唯有一佛乘；皆因眾生愚迷故，方便區分爲三乘菩提以助眾生證道。世尊於此經中特地說明如來示現於人間的唯一大事因緣，便是爲有緣眾生「開、示、悟、入」諸佛的所知所見——第八識如來藏妙眞如心，並於諸品中隱說「妙法蓮花」如來藏心的密意。然因此經所說甚深難解，眞義隱晦，古來難得有人能窺堂奧；平實導師以知如是密意故，特爲末法佛門四眾演述《妙法蓮華經》中各品蘊含之密意，使古來未曾被古德註解出來的「此經」密意，如實顯示於當代學人眼前。乃至〈藥王菩薩本事品〉、〈妙音菩薩品〉、〈觀世音菩薩普門品〉、〈普賢菩薩勸發品〉中的微細密意，亦皆一併詳述之，可謂開前人所未曾言之密意，示前人所未見之妙法。最後乃至以〈法華大義〉而總其成，全經妙旨貫通始終，而依佛旨圓攝於一心如來藏妙心，厥爲曠古未有之大說也。平實導師述，共有25輯，已於2019/05/31出版完畢。每輯300元。

西藏「活佛轉世」制度——附佛、造神、世俗法：歷來關於喇嘛教活佛轉世的研究，多針對歷史及文化兩部分，於其所以成立的理論基礎，較少系統化的探討。尤其是此制度是否依據「佛法」而施設？是否合乎佛法眞實義？現有的文獻大多含糊其詞，或人云亦云，不曾有明確的闡釋與如實的見解。因此本文先從活佛轉世的由來，探索此制度的起源、背景與功能，並進而從活佛的尋訪與認證之過程，發掘活佛轉世的特徵，以確認「活佛轉世」在佛法中應具足何種果德。定價150元。

真心告訴您（二）—達賴喇嘛是佛教僧侶嗎？補祝達賴喇嘛八十大壽：這是一本針對當今達賴喇嘛所領導的喇嘛教，冒用佛教名相、於師徒間或師兄姊間，實修男女邪淫，而從佛法三乘菩提的現量與聖教量，揭發其謊言與邪術，證明達賴及其喇嘛教是仿冒佛教的外道，是「假藏傳佛教」。藏密四大派教義雖有「八識論」與「六識論」的表面差異，然其實修之內容，皆共許「無上瑜伽」四部灌頂爲究竟「成佛」之法門，也就是共以男女雙修之邪淫法爲「即身成佛」之密要，雖美其名曰「欲貪爲道」之「金剛乘」，並誇稱其成就超越於（應身佛）釋迦牟尼佛所傳之顯教般若乘之上；然詳考其理論，則或以意識離念時之粗細心爲第八識如來藏，或以中脈裡的明點爲第八識如來藏，或如宗喀巴與達賴堅決主張第六意識爲常恆不變之眞心者，分別墮於外道之常見與斷見中；全然違背 佛說能生五蘊之如來藏的實質。售價300元。

涅槃—解說四種涅槃之實證及內涵：眞正學佛之人，首要即是見道，由見道故方有涅槃之實證，證涅槃者方能出生死，但涅槃有四種：二乘聖者的有餘涅槃、無餘涅槃，以及大乘聖者的本來自性清淨涅槃、佛地的無住處涅槃。大乘聖者實證本來自性清淨涅槃，入地前再取證二乘涅槃，然後起惑潤生捨離二乘涅槃，繼續進修而在七地心前斷盡三界愛之習氣種子，依七地無生法忍之具足而證得念念入滅盡定；八地後進斷異熟生死，直至妙覺地下生人間成佛，具足四種涅槃，方是眞正成佛。此理古來少人言，以致誤會涅槃正理者比比皆是，今於此書中廣說四種涅槃、如何實證之理、實證前應有之條件，實屬本世紀佛教界極重要之著作，令人對涅槃有正確無訛之認識，然後可以依之實行而得實證。本書共有上下二冊，每冊各四百餘頁，對涅槃詳加解說，每冊各350元。

佛藏經講義：本經說明爲何佛菩提難以實證之原因，都因往昔無數阿僧祇劫前的邪見，引生此世求證時之業障而難以實證。即以諸法實相詳細解說，繼之以念佛品、念法品、念僧品，說明諸佛與法之實質；然後以淨戒品之說明，期待佛弟子四眾堅持清淨戒而轉化心性，並以往古品的實例說明歷代學佛人在實證上的業障由來，教導四眾務必滅除邪見轉入正見中，不再造作謗法及謗賢聖之大惡業，以免未來世尋求實證之時被業障所障；然後以了戒品的說明和囑累品的付囑，期望末法時代的佛門四眾弟子皆能清淨知見而得以實證。平實導師於此經中有極深入的解說，總共21輯，已於2022/11/30出版完畢，每輯三百餘頁，售價300元。

大法鼓經講義：本經解說佛法的總成：法、非法。由開解法、非法二義，說明了義佛法與世間戲論法的差異，指出佛法實證之標的即是法——第八識如來藏；並顯示實證後的智慧，如實擊大法鼓、演深妙法，演說如來祕密教法，非二乘定性及諸凡夫所能得聞，唯有具足菩薩性者方能得聞。正聞之後即得依於 世尊大願而拔除邪見，入於正法而得實證；深解不了義經之方便說，亦能實解了義經所說之眞實義，得以證法——如來藏，而得發起根本無分別智，乃至進修而發起後得無分別智；並堅持布施及受持清淨戒而轉化心性，得以現觀眞我眞法如來藏之各種層面。此爲第一義諦聖教，並授記末法最後餘八十年時，一切世間樂見離車童子以七地證量而示現爲凡夫身，將繼續護持此經所說正法。平實導師於此經中有極深入的解說，總共六輯，已於2023/11/30出版完畢，每輯三百餘頁，售價300元。

成唯識論釋：本論係大唐玄奘菩薩揉合當時天竺十大論師的說法加以辨正而著成，攝盡佛門證悟菩薩及部派佛教聲聞凡夫論師對佛法的論述，並函蓋當時天竺諸大外道對生命實相的錯誤論述加以辨正，是由玄奘大師依據無生法忍證量加以評論確定而成爲此論。平實導師弘法初期即已依於證量略講過一次，歷時大約四年，當時正覺同修會規模尚小，聞法成員亦多尚未證悟，是故並未整理成書；如今正覺同修會中的證悟同修已超過六百人，鑑於此論在護持正法、實證佛法及悟後進修上的重要性，已於2022年初重講，並已經預先註釋完畢編輯成書，名爲《成唯識論釋》，總共十輯，每輯目次41頁、序文7頁、每輯內文多達四百餘頁，並將原本13級字縮小爲12級字編排，以增加其內容；於增上班宣講時的內容將會更詳細於書中所說，涉及佛法密意的詳細內容只於增上班中宣講，於書中皆依佛誡隱覆密意而說，然已足夠所有學人藉此一窺佛法堂奧而進入正道、免入岐途。重新判教後編成的〈目次〉已經詳盡判定論中諸段句義，用供學人參考；是故讀者閱完此論之釋，即可深解成佛之道的正確內涵。本書總共十輯，預定每一輯內容講述完畢時即予出版，第一輯於2023年五月底出版，然後每七至十個月出版下一輯，每輯定價400元。

不退轉法輪經講義：世尊弘法有五時三教之別，分為藏、通、別、圓四教之理，本經是大乘般若期前的通教經典，所說之大乘般若正理與所證解脫果，通於二乘解脫道，佛法智慧則通大乘般若，皆屬大乘般若與解脫甚深之理，故其所證解脫果位通於二乘法教；而其中所說第八識無分別法之正理，即是世尊降生人間的唯一大事因緣。如是第八識能仁而且寂靜，恆順眾生於生死之中從無乖違，識體中所藏之本來無漏性的有為法以及真如涅槃境界，皆能助益學人最後成就佛道；此謂釋迦意為能仁，牟尼意為寂靜，此第八識即名釋迦牟尼，釋迦牟尼即是能仁寂靜的第八識真如；若有人聽聞如是第八識常住、如來不滅之正理，信受奉行之人皆有大乘實證之因緣，永得不退於成佛之道，是故聽聞釋迦牟尼名號而解其義者，皆得不退轉於無上正等正覺，未來世中必有實證之因緣。如是深妙經典，已由平實導師詳述圓滿並整理成書，於2024/01/30開始每二個月發行一輯，總共十輯，每輯300元。

修習止觀坐禪法要講記：修學四禪八定之人，往往錯會禪定之修學知見，欲以無止盡之坐禪而證禪定境界，卻不知修除性障之行門才是修證四禪八定不可或缺之要素，故智者大師云「性障初禪」；性障不除，初禪永不現前，云何修證二禪等？又：行者學定，若唯知數息，而不解六妙門之方便善巧者，欲求一心入定，未到地定極難可得，智者大師名之為「事障未來」：障礙未到地定之修證。又禪定之修證，不可違背二乘菩提及第一義法，否則縱使具足四禪八定，亦不能實證涅槃而出三界。此諸知見，智者大師於《修習止觀坐禪法要》中皆有闡釋。作者平實導師以其第一義之見地及禪定之實證證量，曾加以詳細解析。將俟正覺寺竣工啓用後重講，不限制聽講者資格；講後將以語體文整理出版。欲修習世間定及增上定之學者，宜細讀之。平實導師述著。

解深密經講義：本經是所有尋求大乘見道及悟後欲入地者所應詳讀串習的三經之一，即是《楞伽經》、《解深密經》、《楞嚴經》三經中的一經，亦可作爲見道眞假的自我印證依據。此經是 世尊晚年第三轉法輪時，宣說地上菩薩所應熏修之無生法忍唯識正義經典；經中總說眞見道位所見的智慧總相，兼及相見道位所應熏修的七眞如等法；亦開示入地應修之十地眞如等義理，乃是大乘一切種智增上慧學，以阿陀那識—如來藏—阿賴耶識爲成佛之道的主體。禪宗之證悟者，若欲修證初地無生法忍乃至八地無生法忍者，必須修學《楞伽經、解深密經、楞嚴經》所說之八識心王一切種智。此三經所說正法，方是眞正成佛之道；印順法師否定第八識如來藏之後所說萬法緣起性空之法，墮於六識論中而著作的《成佛之道》，乃宗本於密宗宗喀巴六識論邪思而寫成的邪見，是以誤會後之二乘解脫道取代大乘眞正成佛之道，承襲自古天竺部派佛教聲聞凡夫論師的邪見，尚且不符二乘解脫道正理，亦已墮於斷滅見及常見中，所說全屬臆想所得的外道見，不符本經、諸經中佛所說的正義。平實導師曾於本會郭故理事長往生時，於喪宅中從首七開始宣講此經，於每一七起各宣講三小時，至十七而快速略講圓滿，作爲郭老之往生後的佛事功德，迴向郭老早證八地、速返娑婆住持正法。茲爲今時後世學人故，已經開始重講《解深密經》，以淺顯之語句講畢後，將會整理成文並梓行流通，用供證悟者進道；亦令諸方未悟者，據此經中佛語正義修正邪見，依之速能入道。平實導師述著，全書輯數未定，每輯三百餘頁，預定於《不退轉法輪經講義》發行圓滿之後逐輯陸續出版。

菩薩瓔珞本業經講義：本經是律部經典，依之修行可免誤犯大妄語業。成佛之道總共有五十二階位，前十階位爲十信位，是對佛法僧三寶修學正確的信心，如實理解三寶的實質都是依第八識如來藏而成就的；然後轉入四十二個位階修學，才是正式修學佛道，即是十住、十行、十迴向、十地、等覺、妙覺，分別名爲習種性、性種性、道種性、聖種性、等覺性、妙覺性，所應修習完成的是銅寶瓔珞、銀寶瓔珞、金寶瓔珞、琉璃寶瓔珞、摩尼寶瓔珞、水精瓔珞，依於如是所應修學的內容及階位而實修，方是眞正的成佛之道。此經中亦對大乘菩提的見道提出了判位，名爲「第六般若波羅蜜正觀現在前」，說明正觀現時應該如何方能成爲眞見道菩薩，否則皆必退轉。平實導師述著，全書輯數未定，每輯三百餘頁，預定於《解深密經講義》出版發行圓滿之後逐輯陸續出版。

阿含經講記—小乘解脫道之修證：數百年來，南傳佛法所說證果之不實，所說解脫道之虛妄，所弘解脫道法義之世俗化，皆已少人知之；阿含解脫道從南洋傳入台灣與大陸之後，所說法義虛謬之事，亦復少人知之；今時台灣全島印順系統之法師居士，多不知南傳佛法數百年來所說解脫道之義理已然偏斜、已然世俗化、已非眞正之二乘解脫正道，猶極力推崇與弘揚。彼等南傳佛法近代所謂之證果者皆非眞實證果者，譬如阿迦曼、葛印卡、帕奧禪師、一行禪師……等人，悉皆未斷我見故。近年更有台灣南部大願法師，高抬南傳佛法之二乘修證行門爲「捷徑究竟解脫之道」者，然而南傳佛法縱使眞修實證，得成阿羅漢，至高唯是二乘菩提解脫之道，絕非究竟解脫，無餘涅槃中之實際尚未得證故，法界之實相尚未了知故，習氣種子待除故，一切種智未實證故，焉得謂爲「究竟解脫」？即使南傳佛法近代眞有實證之阿羅漢，尚且不及三賢位中之七住明心菩薩本來自性清淨涅槃智慧境界，則不能知此賢位菩薩所證之無餘涅槃實際，仍非大乘佛法中之見道者，何況彼等普未實證聲聞果乃至未斷我見之人？謬充證果已屬逾越，更何況是誤會二乘菩提之後，以未斷我見之凡夫知見所說之二乘菩提解脫偏斜法道，焉可高抬爲「究竟解脫」？而且自稱「捷徑之道」？又妄言解脫之道即是成佛之道，完全否定般若實智、否定三乘菩提所依之如來藏心體，此理大大不通也！平實導師爲令修學二乘菩提欲證解脫果者，普得迴入二乘菩提正見、正道中，是故選錄四阿含諸經中，對於二乘解脫道法義有具足圓滿說明之經典，預定未來十年內將會加以詳細講解，令學佛人得以了知二乘解脫道之修證理路與行門，庶免被人誤導之後，未證言證，梵行未立，干犯道禁自稱阿羅漢或成佛，成大妄語，欲升反墮。本書首重斷除我見，以助行者斷除我見而實證初果爲著眼之目標，若能根據此書內容，配合平實導師所著《識蘊眞義》《阿含正義》內涵而作實地觀行，實證初果非爲難事，行者可以藉此三書自行確認聲聞初果爲實際可得現觀成就之事。此書中除依二乘經典所說加以宣示外，亦依斷除我見等之證量，及大乘法中道種智之證量，對於意識心之體性加以細述，令諸二乘學人必定得斷我見、常見，免除三縛結之繫縛。次則宣示斷除我執之理，欲令升進而得薄貪瞋痴，乃至斷五下分結…等。平實導師將擇期講述，然後整理成書。共二冊，每冊三百餘頁。每輯300元。

總經銷： 聯合發行股份有限公司

231 新北市新店區寶橋路 235 巷 6 弄 6 號 4F

Tel.02－2917-8022（代表號） Fax.02－2915-6275（代表號）

零售：1.**全台連鎖經銷書局：**

三民書局、誠品書局、何嘉仁書店

敦煌書店、紀伊國屋、金石堂書局、建宏書局

諾貝爾圖書城、墊腳石圖書文化廣場

2.**台北市：**佛化人生 **大安區**羅斯福路 3 段 325 號 6 樓之 4　台電大樓對面

3.**新北市：**春大地書店 **蘆洲區**中正路 117 號

4.**桃園市：**御書堂 **龍潭區**中正路 123 號

5.**新竹市：**大學書局 **東區**建功路 10 號

6.**台中市：**瑞成書局 **東區**雙十路 1 段 4 之 33 號

佛教詠春書局 **南屯區**永春東路 884 號

文春書店 **霧峰區**中正路 1087 號

7.**彰化市：**心泉佛教文化中心 南瑤路 286 號

8.**高雄市：**政大書城 **前鎮區**中華五路 789 號 2 樓（高雄夢時代店）

明儀書局 **三民區**明福街 2 號

青年書局 **苓雅區**青年一路 141 號

9.**台東市：**東普佛教文物流通處 博愛路 282 號

10.**其餘鄉鎮市經銷書局：**請電詢總經銷**聯合**公司。

11.**大陸地區請洽：**

香港：樂文書店

銅鑼灣店 :香港銅鑼灣駱克道 506 號 2 樓

電話 : (852) 2881 1150 email: luckwinbs@gmail.com

廈門：廈門外圖臺灣書店有限公司

地址:廈門市思明區湖濱南路809 號 廈門外圖書城3 樓 郵編:361004

電話：0592-5061658（臺灣地區請撥打 86-592-5061658）

E-mail：JKB118@188.COM

12.**美國：世界日報圖書部：**紐約圖書部　電話 7187468889#6262

洛杉磯圖書部　電話 3232616972#202

13.**國內外地區網路購書：**

正智出版社 書香園地　http://books.enlighten.org.tw/

（書籍簡介、經銷書局可直接聯結下列網路書局購書）

三民 網路書局　http://www.sanmin.com.tw

誠品 網路書局　http://www.eslitebooks.com

博客來 網路書局　http://www.books.com.tw

金石堂 網路書局　http://www.kingstone.com.tw

聯合 網路書局　http:// www.nh.com.tw

附註：1.請儘量向各經銷書局購買：郵政劃撥需要八天才能寄到（本公司在您劃撥後第四天才能接到劃撥單，次日寄出後第二天您才能收到書籍，此六天中可能會遇到週休二日，是故共需八天才能收到書籍）若想要早日收到書籍者，請劃撥完畢後，將劃撥收據貼在紙上，旁邊寫上您的姓名、住址、郵區、電話、買書詳細內容，直接傳真到本公司 02-28344822，並來電 02-28316727、28327495 確認是否已收到您的傳真，即可提前收到書籍。 **2.**因台灣每月皆有五十餘種宗教類書籍上架，書局書架空間有限，故唯有新書方有機會上架，通常每次只能有一本新書上架；本公司出版新書，大多上架不久便已售出，若書局未再叫貨補充者，書架上即無新書陳列，則請直接向書局櫃台訂購。 **3.**若書局不便代購時，可於晚上共修時間向正覺同修會各共修處請購（共修時間及地點，詳閱**共修現況表**。每年例行年假期間請勿前往請書，年假期間請見共修現況表）。 **4.**郵購：郵政劃撥帳號 19068241。 **5.**正覺同修會會員購書都以八折計價（戶籍台北市者爲一般會員，外縣市爲護持會員）都可獲得優待，欲一次購買全部書籍者，可以考慮入會，節省書費。入會費一千元（第一年初加入時才需要繳），年費二千元。**6.尚未出版之書籍，請勿預先郵寄書款與本公司，謝謝您！** **7.**若欲一次購齊本公司書籍，或同時取得正覺同修會贈閱之全部書籍者，請於正覺同修會共修時間，親到各共修處請購及索取；**台北市讀者**請洽：103 台北市承德路三段 267 號 10 樓（捷運淡水線 圓山站旁）請書時間：週一至週五爲 18.00~21.00，第一、三、五週週六爲 10.00~21.00，雙週之週六爲 10.00~18.00 請購處專線電話：25957295-分機 14（於請書時間方有人接聽）。

敬告大陸讀者：

大陸讀者購書、索書捷徑（尚未在大陸出版的書籍，以下二個途徑都可以購得，電子書另包括結緣書籍）：

1.**廈門外國圖書公司**：廈門市思明區湖濱南路 809 號 廈門外圖書城 3F
　　郵編：361004　電話：0592-5061658　網址：http://www.xibc.com.cn/

2.**電子書**：正智出版社有限公司及正覺同修會在台灣印行的各種局版書、結緣書，已有『**正覺電子書**』陸續上線中，提供讀者於手機、平板電腦上購書、下載、閱讀正智出版社、正覺同修會及正覺教育基金會所出版之電子書，詳細訊息敬請參閱『正覺電子書』專頁：
http://books.enlighten.org.tw/ebook

關於平實導師的書訊，請上網查閱：
　　成佛之道　http://www.a202.idv.tw
　　正智出版社 書香園地　http://books.enlighten.org.tw/

中國網採訪佛教正覺同修會、正覺教育基金會訊息：

http://foundation.enlighten.org.tw/newsflash/20150817_1

http://video.enlighten.org.tw/zh-CN/visit_category/visit10

★ 正智出版社有限公司售書之稅後盈餘，全部捐助財團法人正覺寺籌備處、佛教正覺同修會、正覺教育基金會，供作弘法及購建道場之用；懇請諸方大德支持，功德無量。

★ 聲　明 ★

本社於 2015/01/01 開始調整本目錄中部分書籍之售價，以因應各項成本的持續增加。

＊ 喇嘛教修外道雙身法、墮識陰境界，非佛教 ＊

＊ 弘揚如來藏他空見的覺囊派才是真正藏傳佛教 ＊

售後服務──換書啓事（免附回郵） 2017/12/05

《楞伽經詳解》第三輯初版免費調換新書啓事：茲因 平實導師弘法早期尚未回復往世全部證量，有些法義接受他人的說法，寫書當時並未察覺而有二處（同一種法義）跟著誤說，如今發現已將之修正。茲爲顧及讀者權益，已開始免費調換新書；敬請所有讀者將以前所購第三輯（不論第幾刷），攜回或寄回本公司免費換新；郵寄者之回郵由本公司負擔，不需寄來郵票。因此而造成讀者閱讀、以及換書的不便，在此向所有讀者致上萬分的歉意，祈請讀者大眾見諒！

《楞嚴經講記》第 14 輯初版首刷本免費調換新書啓事：本講記第 14 輯出版前因 平實導師諸事繁忙，未將之重新閱讀而只改正校對時發現的錯別字，故未能發覺十年前所說法義有部分錯誤，於第 15 輯付印前重閱時才發覺第 14 輯中有部分錯誤尚未改正。今已重新審閱修改並已重印完成，煩請所有讀者將以前所購第 14 輯初版首刷本，寄回本公司免費換新（初版二刷本無錯誤），本公司將於寄回新書時同時附上您寄書來換新時的郵資，並在此向所有讀者致上最誠懇的歉意。

《心經密意》初版書免費調換二版新書啓事：本書係演講錄音整理成書，講時因時間所限，省略部分段落未講。後於再版時補寫增加 13 頁，維持原價流通之。茲爲顧及初版讀者權益，自 2003/9/30 開始免費調換新書，原有初版一刷、二刷書籍，皆可寄來本公司換書。

《宗門法眼》已經增寫改版爲 464 頁新書，2008 年 6 月中旬出版。讀者原有初版之第一刷、第二刷書本，都可以寄回本公司免費調換改版新書。改版後之公案及錯悟事例維持不變，但將內容加以增說，較改版前更具有廣度與深度，將更能助益讀者參究實相。

換書者**免附回郵**，亦無截止期限；舊書請寄：111 台北郵政 73-151 號信箱 或 103 台北市承德路三段 267 號 10 樓 正智出版社有限公司。舊書若有塗鴨、殘缺、破損者，仍可換取新書；但缺頁之舊書至少應仍有五分之三頁數，方可換書。所有讀者不必顧念本公司是否有盈餘之問題，都請踴躍寄來換書；本公司成立之目的不是營利，只要能眞實利益學人，即已達到成立及運作之目的。若以郵寄方式換書者，免附回郵；並於寄回新書時，由本公司附上您寄來書籍時耗用的郵資。造成您不便之處，再次致上萬分的歉意。

正智出版社有限公司 啓

免費換書公告

2023/7/15

《法華經講義》第十三輯初版免費調換新書啓事：本書因謄稿、印製等相關人員作業疏失，導致該書中的經文及內文用字將「**親近**」誤植成「清淨」。茲爲顧及讀者權益，自 2017/8/30 開始免費調換新書；敬請所有讀者將以前所購第十三輯初版首刷及二刷本，攜回或寄回本公司免費換新。錯誤更正說明如下：

一、第 256 頁第 10 行~第 14 行：【就是先要具備「**法親近處**」、「**眾生親近處**」；法**親近**處就是在實相之法有所實證，如果在實相法上有所實證，他在二乘菩提中自然也能有所實證，以這個作爲第一個**親近**處——第一個基礎。然後還要有第二個基礎，就是瞭解應該如何善待眾生；對於眾生不要有排斥或者是貪取之心，平等觀待而攝受、親近一切有情。以這兩個**親近**處作爲基礎，來實行其他三個安樂行法。】。

二、第 268 頁第 13 行：【具足了那兩個「**親近處**」，使你能夠在末法時代，如實而圓滿的演述《法華經》時，那麼你作這個夢，它就是如理作意的，完全符合邏輯去完成這個過程，就表示你那個晚上，在那短短的一場夢中，已經度了不少眾生了。

《大法鼓經講義》第一輯初版免費調換二版新書啓事：本書因校對相關人員作業疏失錯失別字，導致該書中的內文 255 頁倒數 5 行有二字錯植而無發現，乃「『**智慧**』的滅除不容易」應更正爲「『**煩惱**』的滅除不容易」。茲爲顧及讀者權益，自 2023/4/1 開始免費調換新書，或請自行更正其中的錯誤之處；敬請所有讀者將以前所購第一輯初版首刷及二刷本，攜回或寄回本公司免費換新。

《涅槃》下冊初版一刷至六刷**免費調換新書啓事**：本書因法義上有少處疏失而重新印製，乃第 20 頁倒數 6 行的「法智忍、法智」更正爲「**法智、類智**」，同頁倒數 4 行的「類智忍、類智」更正爲「**法智忍、類智忍**」；並將書中引文重新標點後重印。敬請讀者攜回或寄回本公司免費換新。

換書者**免附回郵**，郵寄者之回郵由本公司負擔，不需寄來郵票，亦無截止期限；同時對因此而造成讀者閱讀、以及換書的困擾及不便，在此向所有讀者致上最誠懇的歉意，祈請讀者大眾見諒！

正智出版社有限公司　敬啓

國家圖書館出版品預行編目資料

第七意識與第八意識？：穿越時空「超意識」/
平實導師作. -- 初版. -- 臺北市：正智,
2012.12
面； 公分

ISBN:978-986-6431-47-0 （平裝）

1.佛教教理

220.1 101024211

第七意識與第八意識？
——穿越時空「超意識」

作　者：平實導師
出版者：正智出版社有限公司
電　話：○二 28327495　28316727（白天）
傳　眞：○二 28344822
111 台北郵政 73-151 號信箱
郵政劃撥帳號：一九○六八二四一
正覺講堂：總機○二 25957295（夜間）
總經銷：聯合發行股份有限公司
231 新北市新店區寶橋路 235 巷 6 弄 6 號 4 樓
電　話：○二 29178022（代表號）
傳　眞：○二 29156275
初版首刷：二○一二年十月一日　二千冊
初版八刷：二○二三年十一月　二千冊
定　價：三○○元